Wolfgang Pohrt – Werke Band 10

Wolfgang Pohrt (* 5. Mai 1945; † 21. Dezember 2018) studierte Soziologie, Psychologie, Politische Wissenschaften und Volkswirtschaftslehre in Frankfurt und Berlin. 1976 erschien seine Dissertation »Theorie des Gebrauchswerts«. Er arbeitete von 1974 bis 1980 als Assistent am Lehrstuhl für Soziologie an der Universität in Lüneburg. Danach war er freier Publizist und veröffentlichte in zahlreichen Zeitschriften. Von 1990 bis 1994 erstellte er im Auftrag der von Jan Philipp Reemtsma ins Leben gerufenen Hamburger Stiftung zur Förderung von Wissenschaft und Kultur Studien über das »Massenbewusstsein« in Deutschland, die sich methodisch an Adornos »The Authoritarian Personality« orientierten. Im Auftrag dieser Stiftung arbeitete Pohrt 1995-1996 an einer Untersuchung über Bandenbildung. Danach Tätigkeiten in verschiedenen Forschungsbereichen. Erst 2011 schaltete sich Wolfgang Pohrt wieder in die öffentlichen Debatten ein, hielt Vorträge und publizierte weitere Bücher.

Edition
TIAMAT
Deutsche Erstveröffentlichung
Herausgeber:
Klaus Bittermann
1. Auflage: Berlin 2018
2. Auflage: Berlin 2020

www.edition-tiamat.de
ISBN: 978-3-89320-231-7

Wolfgang Pohrt

Werke
10

Herausgegeben von
Klaus Bittermann

* * *

Kapitalismus Forever 2012

Das allerletzte Gefecht 2013

Schöne neue Welt 2013

Texte & Interviews 2011-2014

Critica
Diabolis
253

Edition
TIAMAT

Wolfgang Pohrt

INHALT

Kapitalismus Forever

Das allerletzte Gefecht

Kapitalismus Forever

Über Krise, Krieg, Revolution, Evolution, Christentum und Islam

2012

Der Aufbruch ist ein Zusammenbruch

Die Finanzkrise hat Folgen. Steht der Sozialismus vor der Tür? Kommt er doch noch? Konservative laufen zu den Linken über, die angeblich alles schon längst gewusst haben. In der *Zeit* wird nach »Alternativen zum Kapitalismus« gesucht. Im *FAZ*-Feuilleton darf die eiserne Lady der Linkspartei gegen ungebremste neoliberale Politik wettern, welche Geldvernichtung betreibe und den Mittelstand ruiniere.

Sahra Wagenknecht also, die immer so aussieht, als käme sie frisch aus der Maske für einen Historienfilm im Zweiten. Auf echt geschminkt spielt die Rosa-Luxemburg-Doublette Kapitalschützerin und sorgt sich im Großkapitalistenblatt um den Mittelstand. So lustig war Volksfront noch nie.

In der Gesinnungsbranche geht es zu wie auf der Swinger-Party, Sodom und Gomorrha. Haben die alle gekokst? Jeder umarmt jeden, die Wagenknecht den Lafontaine, der Schirrmacher die Wagenknecht, den wiederum der Lafontaine usw. Ist das ein Remake von Lubitschs alter Stummfilmkommödie *Ehe im Kreis*?

Aber es kommt noch besser. Neuerdings werden wieder »Kapital«-Schulungskurse angeboten, wie in längst vergangenen Zeiten.

Das spricht für sich. Marxismus ist Schlafmittel, Beruhigungspille und Beschäftigungstherapie. Wir beobachten ihn immer dann, wenn die Leute lieber noch mal ein ganz dickes Buch lesen und danach gleich noch eins. Alles, bloß kein Krawall. Niemand wird enteignet. Die nächsten fünfzig Jahre ändert sich nichts, jedenfalls nichts von Bedeutung. Das ist die frohe Botschaft, die wir eintüten dürfen.

Occupy zum Beispiel: Die Sommercamps mitten in der City hat man sich abgeguckt von Gaddafi, der früher mit seinem Wanderzirkus durch die Hauptstädte getingelt ist und immer nur im mitgeführten Zelt geschlafen hat. Auch Gaddafi hatte übrigens unter der Zwangsidee gelitten, ein drittes System neben Kapitalismus und Kommunismus erdacht zu haben und es per »Grüner Revolution« realisieren zu müssen.

Bei Occupy ist es zwar keine One-Man-Show mehr, sondern es sind Massen, immerhin. Aber dafür sind die Massen anderswo nicht mehr. Um den Event-Tourismus zu den G8-Gipfeln ist es still geworden, oder haben diese Gipfel aufgehört? Also nichts Neues unter der Sonne.

Ich weiß, viele sehen das ganz anders. Sie glauben an den Slogan von der Welt im Wandel. Wenn ihre eigene soziale Lage sich ändert, dann meinen sie, es verändere sich die Welt, für deren Zentralgestirn sie sich offensichtlich halten. Sie gleichen Himmelsbetrachtern vor der kopernikanischen Wende. Ihr egozentrisches Weltbild täuscht ihnen tausend Weltuntergänge vor, von der Rente mit siebzig über die Niedriglohnjobs bis zum Verfall des Euro. Sie sehen sich selbst im Strudel rasanter Veränderungen, die aus ihrer Perspektive immer Veränderungen zum Schlechten sind. Dass es Menschen anderswo dafür besser geht, übersehen sie.

Oft fordern sie, das Alte zu bewahren, weil alles Neue nur eine Verschlechterung sei. Aber das war schon immer der Lebenstraum alter Männer. Auch insofern hat sich nichts verändert. In einem Zitat, das Ambler seinem Roman »Mit der Zeit« vorangestellt hat, heißt es: »Unsere älteren Männer haben Angst davor, dass sich die Hand der Zeit all dessen bemächtigt, woran sie geglaubt haben.« Man kommt eben in die Jahre, wo eine »flüchtige Ahnung des Scheiterns wie eine Vision des Todes selbst« erscheint.

Das Alte bewahren – der Bundespräsident hat das in seiner Weihnachtsansprache gefordert, er hat gesagt, dass Europa ein wertvolles Erbe sei, das erhalten werden müsse. Vor dem Bundespräsidenten hat es schon Papst Benedikt auf seiner Deutschland-Tournee gesagt. So klingt das, wenn sie aus dem letzten Loch pfeifen.

Jeder will ein Etwas erhalten, aus welchen notwendig doch wieder genau das hervorgehen muss, was er für eine schädliche Veränderung hält. Das Alte bewahren heißt, die Bedingungen konservieren zu wollen, unter denen sich alles das entwickelt hat, was heute abgelehnt wird. Wie wenn man dem Huhn sagt »Werde wieder ein Küken!« und dem Küken »Werde wieder ein Ei!« Selbst wenn es funktionieren würde, wäre nichts gewonnen, weil aus dem Ei ja wieder ein Küken wird und aus dem Küken ein Huhn usw.

Der Papst etwa würde die Kirche gern in den Zustand zurückversetzen, worin sie sich im Jahr 900 nach Christus befunden hatte. Dabei trug sie doch schon damals den Keim dessen in sich, was heute aus ihr geworden ist. Kommunisten wiederum denken voller Wehmut an die alte Arbeiterbewegung zurück. Aber die war doch schon immer der Schrott gewesen, als welcher sie sich 1914 entpuppte. Der Blick zurück ist ein Blick in den Spiegel. Und mit Entsetzen stellt man fest, dass es immer schon so war, wie es heute ist.

Die Veränderungen, die viele aus der älteren Generation zu erkennen meinen, sind oft nur eine Sinnestäuschung. Wir verändern uns, wir werden alt. Die Welt verändert sich nicht. Wenn eine Mühle tut, was sie immer tut, nämlich sich weiter zu drehen, ist das keine Veränderung, sondern Kontinuität.

Manchmal knirscht es dabei ein bisschen. »Rickeracke geht die Mühle mit Geknacke«, heißt es in »Max und Moritz«. In der Mühle knackt es, weil gerade Max & Moritz reingefallen sind. Es handelt sich aber um keine Knochenmühle, sondern eine Getreidemühle, und das Mahlwerk reagiert auf das Material, wofür es nicht ausgelegt ist, mit Misstönen. Aber deshalb bleibt die Mühle nicht stehen. Sie mahlt einfach weiter, und das ist es, was der Marxismus signalisiert.

Normalerweise ist er die Ruhe nach dem Sturm im Wasserglas. Also erst herrscht Bewegung, und wenn die nicht mehr weiter kann und zerfällt, kommt der Marxismus. Das war in der UdSSR so gewesen, das war in der DDR nicht anders, das war im ganzen früheren Ostblock so, und sogar in Kuba. Castro wurde Marxist, als er aufgehört hatte, Revolutionär zu sein. Heute ist es ähnlich und doch anders, die Sache fängt schon mit dem dicken Ende an, die Bewegungsphase wird übersprungen. Wie von 1000 Demonstrationskilometern erschöpft verkriechen sich die Leute in die Leseecke. Irgendwie ist das komisch. Andererseits passend dazu, dass heute schon Kita-Kinder unter Burnout-Syndrom leiden. So wird aus dem Aufbruch ein Zusammenbruch, und man kann das gar nicht mehr unterscheiden, ob einer sich aufrappelt oder zusammenkracht.

Bildung ist Verblödung

Wenn man sich dem Nest einer Amsel nähert, entsteht bei ihr ein Konflikt zwischen widerstreitenden Interessen. Einerseits drängt es sie, ihre Brut zu schützen. Anderseits zwingt der Selbsterhaltungstrieb sie dazu, die Flucht zu ergreifen. Sie macht dann folgendes: Sie fliegt fort, bleibt aber in der Nähe. Dort lässt sie sich nieder und fängt an, sich zu putzen. Aber nicht aus Eitelkeit, sondern weil ihr nichts Besseres einfällt. Auch Menschen fassen sich aus Ratlosigkeit gern an den Kopf oder sie fahren sich mit der Hand über die Stirn, wie wenn sie ein Haar wegstreichen würden. Eine ähnliche Reaktion ist der Marxismus.

Manche sagen, ein gutes Buch wie »Das Kapital« sei für den Leser immer ein Gewinn. Wenn sie statt »Leser« »Verleger« sagen würden, wäre es wenigstens betriebswirtschaftlich richtig. Die Nachtragenden unter diesen Leuten, die Gehässigen mit dem Elefantengedächtnis, halten mir dann auch noch vor, ich selbst hätte früher mal verlautbart, in Zeiten des Stillstands, also in Zeiten, in der es keine Bewegung gibt, sei die Beschäftigung mit Marx das Vernünftigste, was man machen kann.

Das war nicht der einzige Unfug, den ich gesagt oder zu Papier gebracht habe. Wie kann man Menschen empfehlen, dass sie ihr kurzes Leben, statt es zu genießen, mit dem »Kapital« vertrödeln? Allerdings habe ich damals noch keine Ossis gekannt, die kamen ja erst später. Bei den Ossis war Marx nämlich Pflichtlektüre gewesen, und man sieht doch, was dabei herausgekommen ist, nämlich die Ossis. Wenn jemand heute noch, in Kenntnis dieses

Sachverhalts, in Kenntnis der Ossis, von der »Kapital«-Lektüre als Breitensport sich eine geistige Ertüchtigung der Landsleute erhofft, dann leidet er unter Realitätsverlust. Also die Ossis kannte ich noch nicht, aber Adornos »Theorie der Halbbildung« kannte ich gut, und als ich selbst unterrichtete, habe ich um Marx stets einen ganz großen Bogen gemacht. In sechs Jahren gab es einen einzigen Versuch, zusammen mit Eike Geisel und Günther Mensching. Wir hatten »Zentralbegriffe der Marxschen Theorie« als Seminar angeboten, wenn ich es recht erinnere, und waren nur beschäftigt damit, die Schäden zu reparieren, welche die Kapitallektüre in den Köpfen der Studenten angerichtet hatte.

Klüger ist dabei keiner geworden, eher dümmer, insofern, als die Leute nun glaubten, für eine mitgebrachte Dummheit Bestätigung gefunden zu haben durch eine anerkannte Autorität, eben diesen Marx. Aus dem Zusammenhang gerissene und deshalb unverstandene Passagen bei Marx können auch Wasser auf die Mühlen der Freunde der Volksgemeinschaft sein. »Gemeinnutz vor Eigennutz«, die alte Naziparole – das ist es manchmal, was die Leute bei der Marx-Lektüre zu begreifen meinen.

Auch wenn die Kulturbranche aus nacktem Geschäftsinteresse das Gegenteil glauben muss: Die Menschen werden durch Bücher weder klüger noch dümmer, und das gilt für die heutigen Massenmedien auch, überhaupt gilt das für die ganze Bildung. Im ersten Weltkrieg hatten viele der Abiturienten, die sich als Freiwillige an die Front meldeten, ihren Hölderlin im Tornister. Wurde die Massenabschlachterei davon besser? Oder nehmen wir die Nazis: Wenn die Deutschen damals Analphabeten gewesen wären, hätten Plakate wie »Kauft nicht bei Juden« keine Chance gehabt, und *Der Stürmer* hätte nicht erscheinen können.

Man kann es auch grundsätzlicher fassen: Kein Mensch kommt so dumm auf die Welt, wie er später wird. Um *Bild*-Leser zu werden, muss er erst mal das Alphabet lernen. Und es ist ziemlich schwierig, eine 50-Millionen-Bevölkerung zu beherrschen, wenn die Leute nicht mal einen Strafzettel lesen können.

Jedes Buch ist ein toter Gegenstand. Es kann nur wirken, wenn ein Mensch danach greift und es aus dem Regal zieht. Was es dann, wenn danach gegriffen wird, bewirkt, hängt davon ab, wer es liest, und unter welchen Umständen er es liest. Die historische Erfahrung wie die Lebenserfahrung lehren: Wenn der Marxismus in Mode kommt, ist das ein Symptom der Flaute.

Das war schon immer so, angefangen mit Marx selbst. Sein »Kommunistisches Manifest« – ein großartiger Text – ist 1848 in London erschienen. Es spricht aus ihm die Erwartung, die Revolution stünde unmittelbar bevor. Aber daraus wurde nichts. Nichts passierte. Und deshalb, weil die Revolution endlos auf sich warten ließ, hatte Marx zwanzig Jahre Zeit, sich den ersten Band vom »Kapital« abzuquälen. Der erschien 1867.

Wenn man das Werk gründlich studiert – viele derer, die es zur Lektüre empfehlen, haben das nicht getan –, wird man feststellen, dass es nicht den revolutionären Tatendrang anstachelt oder weckt. Im Gegenteil: Je mehr man sich hineinvertieft, je besser man versteht, wie raffiniert dieser Kapitalismus funktioniert, desto weniger kann man irgendjemandem noch richtig böse sein, denn auch die Kapitalisten sind keine garstigen Raffzähne, sondern nur Marionetten an Strippen, die das Wertgesetz zieht. Im Maße, wie man sich bei der Lektüre dazu verführen lässt, in die Rolle eines allwissenden Gottes hineinzuschlüpfen, macht man Bekanntschaft mit der Tatsache, dass »alles verstehen« auch »alles verzeihen« heißt.

Schon Marx' Hauptwerk verdanken wir also der Tatsache, dass es, anders als erhofft, zum Kapitalismus keine Alternative gab. Andernfalls wäre Marx wohl Revolutionär geworden. Und Revolutionäre haben andere Sorgen, als furchtbar dicke Bücher zu schreiben oder auch nur zu lesen.

Linke sind heute Zankhähne in Filzpantoffeln

Wir, die Alten, die vor 40 oder 50 Jahren jung gewesen sind, kennen das aus unserer eigenen Geschichte. Der lange Marsch durch die vielen dicken blauen Bände begann, als wir auf der Straße nichts mehr zu tun hatten. Die große Vietnam-Demo in Berlin im Februar 1968 war der Kulminationspunkt der Protestbewegung und damit ihr natürliches Ende gewesen. Das Erreichbare war erreicht, die Bewegung konnte nicht mehr wachsen, und wenn eine Bewegung nicht mehr wächst, wenn sie sich nicht mehr bewegt, wenn sie stagniert, zerfällt sie.

Was sie zuvor zusammengehalten hatte, war ein Lebensgefühl, das ich selbst nicht mehr in meinem Kopf, sondern nur noch in meinen Notizen wiederfinde. Ich zitiere daraus:

> »Die Studentenrevolte als eine nichtproletarische und sich dennoch um sozialistische Inhalte organisierende Massenbewegung zeigt exemplarisch, dass der Kapitalismus eine Entwicklungsstufe erreicht hat, auf welcher er generell – fast unabhängig von der Klassenzugehörigkeit – unerträglich geworden ist.
>
> Wie sich die Chancen dafür, dass die objektive Unerträglichkeit der Erfahrung eines Menschen kommensurabel und damit für die Entwicklung seiner Lebensgeschichte bestimmend werde, nach Klassenzugehörigkeiten verteilen, ist keineswegs schon ausgemacht. Weder besteht eine Garantie dafür, daß diese Erfahrung

einem Arbeiter in den Schoß fällt, noch dafür, dass sie einem Kleinbürger ewig verschlossen bleibt.

Darüber zu sprechen ist schwer geworden, weil die Wörter ihre Bedeutung verloren. Habermas, dessen Theoriegeklapper die Verständigung behindert, ist kein Einzelfall. Er ging dem Verfall der Protestbewegung nur entschlossen voran. Als den engagierten Studenten Begriffe wie Kapital, Ausbeutung, Imperialismus noch Kristallisationskern verschiedenster Leiderfahrungen waren, hatte Habermas die Worte schon zum Material akademischer Tüfteleien entwertet.

Das Wegfiltern von Erfahrungsinhalten kennzeichnet die Begriffsbildung der Sozialforschung überhaupt: Arbeit für endloses monotones Leiden; Interaktion für Sprechen, Lachen, Gestikulieren; Rollenspiel für das wie eine Leichenhalle temperierte psychische Klima des Verkehrs unter den Menschen in der bürgerlichen Gesellschaft.

So beschnitten ist die Theorie ohnmächtig, wo ihr keine administrative Gewalt zur Seite steht. In ihr kommen keine individuellen und kollektiven Leiderfahrungen befreiend zur Sprache, die zu materieller Gewalt werden und als solche die Gesellschaft zertrümmern könnten. Der Filter, durch den die Erfahrungen gepresst werden, ehe sie in die Einöde sozialwissenschaftlichen Vokabulars münden, sind auf die Eliminierung der wirklichen Bedürfnisse lebendiger Menschen geeicht. Dass man in der neuen Linken heute von der geölten Maschine einer Partei träumt, ist kein Zufall. Eliminierung von Inhalten und Technokratisierung gehen Hand in Hand.

Wer anders als die administrative Gewalt eines Parteiapparates vermöchte auch dem monotonen Singsang von Kapitalismus und Imperialismus, Grund- und Nebenwiderspruch usw. zu praktischen Konsequenzen verhelfen.

Die gleichen Begriffe, deren aufschließende Kraft sich einst in der revolutionären Radikalität der Studentenrevolte zeigte, sind auf dem besten Weg, so inhaltsleer und tautologisch zu werden wie das Gebetsmühlengeklapper aus den Propagandaorganen des Ostblocks. Die Eindimensionalisierung der Sprache wird gegenwärtig von Teilen der neuen Linken selbst forciert. Die Studentenrevolte war eine sozialistische Bewegung von Kleinbürgern. Dieser Widerspruch zur orthodoxen Revolutionstheorie ist nicht zu verdrängen oder in diffamierender Absicht auszuspielen, sondern er ist festzuhalten als die lebensgeschichtliche Identität der einzelnen engagierten Studenten wie als Identität dieser Bewegung überhaupt.

Zu viele sind an der Geschichte dieser Bewegung zugrunde gegangen, manche durch Selbstmord – ein Grund mehr, die gespaltene Identität von friedlichem Kleinbürger und militanten Revolutionär ernst zu nehmen. Die lebensgeschichtlichen Klippen, an denen zu scheitern man permanent Gefahr läuft, haben ihre Schärfe vielleicht in folgendem Umstand: Während der Arbeiter der fragwürdig gewordenen orthodoxen Theorie zufolge schon durch seinen naturwüchsigen Zusammenhang mit der bürgerlichen Gesellschaft und in diesem Zusammenhang potentiell Revolutionär ist, wird es der Kleinbürger nur durch die radikale Liquidierung seines Zusammenhangs mit der bürgerlichen Gesellschaft. Seine Politisierung und Radikalisierung hat zur Voraussetzung die existenzielle Entscheidung, an seiner ursprünglichen naturwüchsigen Identität Selbstmord zu verüben. Das bedeutet: Bruch mit Familie, familiären Freundschaften, der Perspektive auf ein bürgerliches Leben, Studium, Beruf usw. Damit ist der revolutionäre Kleinbürger praktisch eine postrevolutionäre Existenz. Dem Umstand, daß die Utopie sein Lebenselexier ist, verdankt er seine eigentümliche kritische und antizipatorische Kraft wie das Prekäre seiner Existenz.

Nach vollbrachter Tat ist der Kleinbürger ein Deklassierter. Bei Gelegenheit einer Rezension nennt Benjamin den politisierten Intellektuellen einen ›Lumpensammler, frühe – im Morgengrauen des Revolutionstages‹. In diesem Zusammenhang ist Benjamins Mitteilung wichtig, dass im Milieu der Boheme zwischen Berufsverschwörern und Lumpenproletariat gar nicht mehr unterschieden werden konnte. Die Nachtasyle der Penner in Bahnhöfen und U-Bahnschächten haben mit der Revolution gemeinsam, dass sie jenseits der bürgerlichen Gesellschaft liegen. Für den deklassierten Kleinbürger ist die Revolution eine Existenzfrage, die er mit unerbittlicherer Radikalität beim geringsten Hoffnungsschimmer verfolgen wird als der Proletarier, der in der bürgerlichen Gesellschaft als Arbeiter immerhin auf seine Weise heimisch ist. Es ist kein Zufall, dass die Kontakte der Studentenbewegung zu anderen Gruppen sich auf ausgeflippte Proletarier – Rocker, Fürsorgezöglinge – beschränkten oder auf Arbeiter, die zur Deklassierung bereit waren und im Gefolge ihrer Politisierung ihren Job an den Nagel hängten.

Die Klassengesellschaft zerschlagen könnte heute heißen: die Deklassierung organisieren. Die Angestellten zu politisieren kann doch nur heißen, ihnen bewusst zu machen, dass sie keine Angestellten mehr sein wollen. Die Opel-Arbeiter politisieren kann doch nur heißen, ihnen klar zu machen, dass sie keine Opels mehr bauen und keine Arbeiter mehr sein wollen.

Die gediegenen, redlichen, rationalistischen, positiven, optimistischen, kurz spießigen Züge der Arbeiterbewegung sind heute allesamt obsolet geworden. Revolution kann in den kapitalistischen Metropolen nicht heißen: Aufbau des Sozialismus, sondern: Zertrümmerung der Warenwelt. Die erste Aufgabe des ›Hammerschlags der Revolution‹ wäre es, die physische Warenwelt zu zerklopfen. Diese Destruktionsarbeit wäre die einzig noch vorstellbare positive und sinnvolle.

Die Deklassierung organisieren könnte heißen: auf synthetischem Wege jene Erfahrungen herstellen, deren naturwüchsiges Zustandekommen bei den engagierten Studenten die Basis der existenziellen Entscheidung war, den Zusammenhang mit der bürgerlichen Gesellschaft zu liquidieren. Es ist keine Frage, dass eine Revolution in den kapitalistischen Metropolen ohne diese Entscheidung nicht auskommt. Die Strategie der unendlich vielen kleinen Vernunftsschritte im Lernprozess des Proletariats verrät nur den aufklärerischen Aberglauben an die Allmacht der Rationalität. Dass diese Konzeption idealistisch und voluntaristisch anmutet, daraus kann ihr kein Vorwurf gemacht werden. Für den traurigen und entmutigenden Umstand, dass es für die vernünftige Einrichtung der Welt wohl keinen machtvollen Garanten mehr gibt, sondern vorläufig nur die hilflose Geste eines entschiedenen Willens zum Besseren, ist sie gewiss nicht verantwortlich zu machen. Dass solche Überlegungen keine Schreibtisch-Esoterik sind, zeigen etwa die Sabotageakte junger weißer Arbeiter in den neuen Werken von General Motors. In solchen Aktionen haben sich Arbeiter von dem quietistischen Ammenmärchen befreit, je entwickelter der Kapitalismus, und je reicher und besser die Produktivkräfte, desto näher der Sozialismus. Hierbei wird aufgezeigt, dass es idiotisch ist, noch vom Doppelcharakter der Ware zu sprechen und mit der Wünschelrute nach produktiver Arbeit zu suchen, wo doch die Wertform die Naturalform längst total okkupiert hat. Revolutionär ist der Arbeiter heute eben nicht als produktiver, sondern nur noch als kollektiver Saboteur.

Die Revolution heute erfordert eine ganz andere Radikalität als im 19. Jahrhundert. Konnte man damals glauben, dass die gegenständliche Welt nur ihren Besitzer wechseln müsse und man danach frisch ans Werk gehen könne mit dem Aufbau einer vernünftigen Gesellschaft, so ist es heute notwendig, die gegenständliche Welt zu zerschlagen. Sie ist unbrauchbar, materialisierte Brutalität, materialisierte Isolierung – materialisierter Kapitalismus. Man steht gewissermaßen vor der Aufgabe, die Resultate einer hundertjährigen Fehlentwicklung beseitigen müssen, um wieder an den Punkt zu gelangen, wo die Revolution notwendig gewesen wäre, aber versäumt wurde. Der war vor 100 Jahren. Benjamin hat Recht, wenn er sagt, die Komplexität der Welt vereinfache sich sehr schnell, wenn man sie nur unter dem Aspekt betrachtet, was an ihr zerstörenswert ist.

›Wem der Boden nicht so heiß ist, dass er ihn lieber mit jedem anderen vertausche, als dass er da bliebe, dem habe ich nichts zu sagen. Aber auch wir ... meinen, daß wir denen, die angesichts des heraufkommenden Bombengeschwader des Kapitals noch allzu lang fragen, wie wir uns dies dächten, wie wir uns das vorstellten und was aus ihren Sparbüchsen und Sonntagshosen werden soll nach der Umwälzung, nicht viel zu sagen haben.‹ (Brecht, ›Gleichnis des Buddha vom brennenden Haus‹)

Brecht widerspricht hier dem Aberglauben, revolutionäre Radikalität wäre verbal, in rationaler Diskussion kommunikabel zu machen. In der Tat: Was haben wir dem Arbeiter zu sagen, der kleinbürgerlich um sein Sparbuch, sein Auto und seine Sonntagshosen fürchtet? Was hilft es, ihm den Terminus der Ausbeutung unter die Nase zu reiben, wenn dieser eine analytische Kategorie ist, von der alle erfahrbaren Inhalte abgezogen sind? Was hilft es auch, seine Ängstlichkeit zu beschwichtigen durch die Versicherung, für ihn und seine Habseligkeiten bestehe gar kein Risiko. Die durch die Ängstlichkeit geschärfte kleinbürgerliche Schlauheit ist zu gewitzigt, solche Versicherungen nicht als Betrug zu durchschauen. In der Tat würde eine wirkliche Revolution unter den kleinbürgerlichen Lebensgewohnheiten der Menschen gewaltig aufräumen. Dass keiner ungeschoren davonkäme, weiß jeder, spätestens seit der Kulturrevolution. Benjamins Forderung, die Revolution müsse ihre Energie nicht aus der spießigen Hoffnung auf das Wohlergehen der Enkelkinder beziehen, sondern aus dem Hass, die Generationen von Unterdrückten und Umgekommenen zu rächen, trifft den Kern. Die Sehnsucht nach einem glücklichen Leben kann sich gegenwärtig nicht als Hoffnung auf eine bessere Zukunft konkretisieren, sondern nur als die unumstößliche Gewissheit, dass ein Leben unter diesen Verhältnissen nicht lebenswert ist. Mit dieser Gewissheit verlieren die kleinbürgerlichen Ängste den totalitären Charakter, sämtliche Lebensäußerungen zu beherrschen.«*

* Dieser Text entstand 1972 und erschien unter dem Titel »Arbeiter und Kleinbürger« und unter dem Pseudonym Wolfgang Trakl ursprünglich in *Diskus*, April 1974. Außerdem wurde der Text auch in Wolfgang Pohrt »Werke Bd. 1« aufgenommen. (A.d.H.)

Und heute? Wir dürfen uns für den Mindestlohn und die Anhebung von Hartz-IV begeistern. Viele Menschen brauchen das Geld. Aber für 100 Euro mehr im Monat militante, strapaziöse und riskante Massendemonstrationen im Regierungsviertel veranstalten? Es lohnt sich einfach nicht.

Als die revolutionäre Radikalität, welche die Protestbewegung zusammengehalten hatte, erloschen war, begann die Dominanz der Partikularinteressen. Es kristallisierten sich aus der Protestbewegung die vielen verschiedenen sozialen Gruppen heraus, die sich nebenbei von dieser Bewegung die Erfüllung ihrer Wünsche versprochen hatten – verhinderte Autorenfilmer und Schriftsteller, die Schwulen, die Lesben, Anhänger der Vielweiberei, Nacktbader und Freikörperkulturelle, Landkommunarden, Körnerfresser, Gesundheitsapostel, Jesuslatscher, Jutefreaks, Hausbesetzer, Frauenrechtlerinnen, Männerbündische, Antiautoritäre und solche, die gern selbst nach Oben kommen und deshalb das Establishment abservieren wollten.

Und dann gab es noch die Lehrer, echte Lehrerstudenten oder Studierende von Studienfächern, bei denen es zum Brotberuf in der Schule kaum Alternativen gibt. Schon die Bolschewiki hatten das Problem, dass unter den Mitgliedern die Lehrer in der Überzahl waren. Lehrer besitzen eine natürliche Neigung zum Dogmatismus und zur Engstirnigkeit. Es gibt Leute, welche den Dogmatismus der KPDSU aus der Berufszugehörigkeit ihrer nach Anzahl bedeutendsten Mitgliedergruppe ableiten.

Diese Gruppe war auch im SDS stark vertreten gewesen – Germanistik, Geschichte etc. Die Geisteswissenschaftler hatten sich nach dem Zusammensacken der Protestbewegung als Quartier fürs Überwintern den Marxismus ausgesucht, und sie stellten sich dabei nicht ungeschickt an. Nach der Devise »Konkurrenz ist gut fürs Geschäft« verteilten sie sich auf verschiedene, einander heftig befehdende Vereine, so dass es nun neben den eigentlichen Marxisten die Marxisten-Leninisten gab, die Maoisten, die Trotzkisten etc. Ein kluger Schachzug, weil durch den Streit zwischen ihnen alle diese gegeneinander rivalisierenden Gruppen beschäftigt waren. Denn eine andere Beschäftigung hätten sie nicht gefunden, weil es für sie keine gab, und Mitglieder erwarten von ihrem Verein, dass er ihr Leben mit Beschäftigung, d.h. mit Sinn erfüllt.

Es scheint sich dabei um eine Naturkonstante zu handeln. Verhaltensforscher fanden heraus, dass unter Stressbedingungen der Streit beim Überleben hilft. Sie setzen dazu in einem Rattenkäfig den Metallrost unter Strom. War nur eine Ratte allein im Käfig, ging sie jämmerlich ein. Waren mehrere Ratten im Käfig, fingen sie an, einander zu beißen. Am Ende des Experiments waren sie verletzt, aber sie hatten überlebt.

Die Frauenbewegung hat das Kapital vom Arbeitskräftemangel befreit

Viele finden im Rückblick die Protestbewegung irgendwie liebenswert. Verblichenen soll man nichts Schlechtes nachsagen. »Irgendwie liebenswert« – ach ja, wir waren damals schon eine süße kleine Rasselbande. Das ist der Sound beim Klassentreffen vierzig Jahre später, wenn alle, die nun schon etwas aus dem Leim gegangen und verwittert sind, sich an die Zeit erinnern, wo sie noch anders ausgesehen haben. Das ist, was die Protestbewegung betrifft, heute die gängige Einschätzung im Feuilleton. Schließlich klopfen dort dauernd einander Leute anerkennend auf die Schulter, die alle aus dem gleichen Stall kommen, also unter dem gleichen Stallgeruch leiden und ihn verströmen.

Aber die Protestbewegung war nie liebenswert, sondern teils tragisch, teils ausgesprochen ekelhaft, mal abgesehen von ihren wenigen heroischen Momenten. Obwohl – wenn man die Sache aus der Perspektive der happy few betrachtet, aus der Perspektive der Publizisten und Verleger, die sich im Geschäft gehalten haben, mag man sie ja ganz neckisch finden. Für diejenigen, die jahrelang im Knast gesessen haben, die zu Tode gekommen oder sonstwie vor die Hunde gegangen sind, war sie es sicher nicht. Und für diejenigen, die doch etwas mehr wollten als die überfällige Modernisierung der BRD, war sie es auch nicht.

Ein Beispiel: Alle waren dafür, dass die Frau nicht länger an Heim und Herd, an Kinder und Küche gefesselt bliebe. Alle haben am Ende nicht die Frau von Heim und Herd, von Kindern und Küche befreit, sondern das Kapital vom Arbeitskräftemangel.

Das war die »Modernisierung«. Damit waren viele zufrieden, und manche waren darüber traurig. Traurig war, wer von der Frauenemanzipation sich einen Beitrag zur Emanzipation der Menschheit im revolutionären Sinne versprochen hatte, denn eingetreten war das Gegenteil. Zufrieden war, wer in der Existenz des Doppelverdienerehepaars als Mischung aus Zugewinngemeinschaft und Konsumgemeinschaft das Ziel seiner bescheidenen Wünsche gefunden hatte.

Zur Verniedlichung gehört natürlich die Verharmlosung, also die Meinung, die revolutionären Ambitionen damals seien realitätsfern und vor allem lächerlich gewesen. Und wieder sehen wir eine Verkehrung der Perspektive.

Aus der Perspektive des Gewinners sehen Verlierer immer lächerlich aus. Das heißt aber keineswegs, dass sie auch lächerlich gewesen waren. In den Jahren vor 1968 schien die ganze Welt im Aufbruch zu sein – Afrika, Asien, Lateinamerika –, und die Protestbewegung hat sich damals als Teil des internationalen Kampfes gegen Imperialismus und Kapitalismus verstanden, als »Teil des weltweiten Kampfes aller Menschen gegen Ausbeutung, Unterdrückung und tagtägliche Entmündigung«, wie es in einem Flugblatt für die große Vietnamdemo in Berlin im Februar 1968 hieß.

Solange die Protestbewegung noch auf dem Vormarsch war und Vitalität besaß, bis etwa 1968, hat natürlich keiner sich eine Revolution in Deutschland vorstellen können und sie sich ausmalen oder sogar vorantreiben wollen. Man hat sich für den Vietcong und die Guerilleros interessiert, aber doch um Gottes Willen nicht für das deutsche Proletariat oder überhaupt für die trostlose und langweilige Geschichte der deutschen Arbeiterbewegung. Mir geht das bis heute so. Die einzigen Namen, die ich kenne, sind Rosa Luxemburg und Karl Liebknecht. Und vielmehr als die Namen weiß ich von denen auch nicht. Man hat sich damals als verlängerter Arm der Befreiungsbewegungen in der Dritten Welt verstanden, auf sie projizierte man die eigenen Wünsche und Sehnsüchte, und in ihnen sah man den Ursprung einer kommenden Weltrevolution.

Die Phase »Student ans Band«, aus der dann schließlich bei den Ökos die Phase »Student aufs Land« wurde, kam erst später und war ein Verfallsprodukt, ebenso wie der sie begleitende Leninismus und der Proletkult oder die Hausbesetzerei. Statt »Weltrevolution in den Tropen« war die Perspektive nun »Bleibe daheim und nähre dich redlich«. Man versuchte noch eine Weile, mit linkem Getue den Schein zu wahren, man gab beispielsweise vor, sich aus revolutionären Motiven für den »roten Wedding« zu interessieren. Aber bald kam heraus, wohin die Reise wirklich ging: Richtung Heimat, Volk, Vaterland, eigene Hütte und Naturkost.

Oben bleiben!

Tatsache ist also, dass die spätere Entwicklung die Anfänge der Protestbewegung zu einer kindischen Illusion gemacht hat. Aber diese kindische Illusion war zugleich eine Vision, die sich auch als geschichtsbildend hätte entpuppen können. Sie war eine reale Macht, welche das Erkämpfen der winzigen kosmetischen Veränderungen, die allgemein geschätzt werden, erst möglich machte. Woodstock und der Protest gegen den Vietnamkrieg hängen zusammen. Aber natürlich ist jede funktionierende Bewegung ein ziemlich kompliziertes Ding. Damit sie funktioniert, müssen Menschen mit ganz verschiedenen Wünschen sich mit den Hauptforderungen identifizieren können. Glänzend gelungen ist das in Stuttgart bei den Protesten gegen die geplante Bahnhofsgruft. Die Kampfparole, die bei Kundgebungen und Demos gerufen wurde, hieß einfach nur »Oben bleiben!«

Schlichtweg genial. »Oben bleiben!« – das ist der kategorische Imperativ aller Arrivierten. So denken die Bessergestellten, die in Halbhöhenlage wohnen, über den Autoabgasen und dem Pöbel. So denken die abstiegsbedrohten Mittelständler. So denkt überhaupt jeder, der noch einen unter sich hat.

Von mir selbst hatte ich geglaubt, dass es mir eigentlich nur darum ginge, mich bei Bahnreisen nicht wie die Kanalratte in der Rohrpost fühlen zu müssen. Der Zug ist das einzige Verkehrsmittel, mit dem man noch vor sich hin dösend das Vorbeifliegen der Landschaft genießen kann, und ich liebe das.

Inzwischen bin ich mir meiner selbst nicht mehr so sicher. Ich sah auf den Demonstrationen zu viele Leute aus meiner Altersgruppe. Und als Rentner erkennt man, vielleicht ohne es selbst zu wissen, in der Parole »Oben bleiben!« noch einen tieferen Sinn, so tief wie die Grube, wie das Grab, das auf einen wartet. »Oben bleiben!« – so klingt es aus tausend Kehlen, wenn aus dem Greis wieder das Trotzköpfchen wird, weil er nicht ins Gras beißen will. Und dann heißt der Bahnchef, der S21 durchpaukt, auch noch »Grube«. Kein Wunder, dass er bei Rentnern nicht beliebt ist.

So ist das bei Bewegungen. Man weiß nicht, was die anderen wollen – das wäre noch verständlich. Schlimmer: Man weiß nicht mal genau, was man selbst will, und welche Saiten es waren, die in der eigenen Brust angeschlagen wurden. Eine plausible Rationalisierung hat man natürlich schnell zur Hand, zumal als Profi in der Branche Sinn & Bedeutung. Aber die wirklichen Motive und die treibende Kraft liegen oft viel tiefer und verborgen.

Und was am Ende bei so einer Bewegung herauskommen wird, das weiß man natürlich überhaupt nicht. Oft ist es das Gegenteil des Bezweckten. In Stuttgart zum Beispiel gleich zwei Übel statt nur einem, also nicht Bahnhofsgruft allein, sondern Bahnhofsgruft + Kretschmann. Wer weiß, wozu es gut ist. Auf einer der zahlreichen Demos wurde ein Plakat hochgehalten. Darauf stand: »Mappus war überheblich. Kretschmann ist erbärmlich.« Für ein Ministeramt, so die Erkenntnis, fressen die Grünen jedem aus der Hand. Und sie fressen alles, nicht nur Bio. Die Wege zur Weisheit sind eben oft beschwerlich und dornenreich. Und teuer. Vielleicht sollte man den Aufwand für die Milliardengruft unter dem Posten Volksbildungskosten verbuchen.

Lächerlich ist die Gegenwart, die Vergangenheit war es vergleichsweise nicht. Die Mao-Kittel und die Che-Guevara-Baskenmützen damals zum Beispiel sind nicht lächerlich, sondern Jugendtorheiten gewesen, die Protagonisten waren in einem Alter, wo man sich gern modisch kleidet. Lächerlich wird es erst, wenn heute in die Jahre gekommene Veteranen selbst das Mainzelmännchen machen und sich für Zeitungen ablichten und abbilden lassen, was sie nicht getan hatten, als sie noch jung gewesen waren.

Aber die Alterseitelkeit, wie man sie heute so oft beobachten kann, im Fernsehen bei Heiner Geißler oder gerade in der Meinungsbranche und in der schreibenden Zunft, ist wohl ein unausweichlich vergreisende Populationen begleitendes Dekadenzphänomen, großartig beschrieben von P.D. James in ihrem Roman »Das Land der leeren Häuser«. Die Über-30-Partys gibt es schon, die Über-60-Partys werden folgen. Einer, der das schon früh gesehen und in ein Bild gefasst hat, war Roman Polanski in seinem »Tanz der Vampire«. Die gruselig-komische Ballszene am Ende des Films entpuppt sich vierzig Jahre später als prophetisch.

Früher habe ich die Rentner verachtet, Leute, die nichts anderes tun und wollen als nicht abtreten und uralt werden. Schon der Gedanken an die Rente, selbst das Wort, war mir ein Graus. Und jetzt bin ich selbst eine dieser vegetierenden Mumien.

Aber die Pointe kommt noch: Ich stelle fest, dass ich genau dies eigentlich schon mein ganzes Leben lang gewesen bin, abgesehen von der kurzen Zeitspanne, als die Aussicht auf so ein schäbiges Leben das Motiv für den Protest gegen die Gesellschaft, den Imperialismus und was weiß ich noch alles gewesen ist, ein Motiv, das man dann später irgendwo zwischen Marx und Murks ganz aus den Augen verloren hat, wofür man am Ende die Quittung bekommt.

Es geht ums ungelebte Leben. Der Protest dagegen war damals die treibende Kraft hinter den Widerstandsaktionen gegen Notstandsgesetze, Institutsordnungen und all den Kram, an den man sich gar nicht mehr erinnert. Man hat in jeden Knochen gebissen, der einem hingeworfen wurde.

In jenem Teil des Stuttgarter Schlossparks, der nun bald Baugrube werden soll, haben sich Jungs von Robin Wood in schwindelnder Höhe Baumhütten gebaut. Die Bäume selbst sollen verteidigt werden und ein angeblich dort hausendes winziges Tier namens »Juchtenkäfer«, das ich noch nie gesehen habe. Lächerlich. So lächerlich wie unsere Aktionen gegen Notstandsgesetze und Institutsordnungen damals. Aber für die Jungs oben in den Bäumen ist es, zumal im Sommer, eine schöne Zeit, eine Gnadenfrist vor dem Abtauchen in die lebenslange Tretmühle, aus der es kein Entkommen mehr geben wird, und ein vielleicht letztmalig aufzuckender Widerstand dagegen. Und wenn ich nun diesen Jungs die Unsinnigkeit und Vergeblichkeit ihrer Aktionen unter die Nase riebe, dann wäre das so, wie wenn man einem zum Tode Verurteilten in die Henkersmahlzeit spuckt oder ihm erklärt, dass er eh keine Zeit haben wird, sie zu verdauen.

Weil die gesellschaftliche Deformation der Individuen viel tiefer reicht und immer wieder Adornos Wort bestätigt, wonach es kein richtiges Leben im falschen gibt, werden Kabarett und Satire matt und fade. Die Merkel durch den Kakao ziehen hat nur Sinn, wenn dabei herauskommt, wie vermerkelt man inzwischen selbst geworden ist, und dass es dazu der Merkel gar nicht bedurft hätte. Das schafft man ganz aus eigener Kraft. Denunziation ohne Selbstdenunziation ist öde.

Leider wird letztere gemieden und vermieden. Vor der eigenen Türe kehren will keiner. Es ist, ganz im Gegenteil, eine gewisse Selbstgefälligkeit zu konstatieren, vor allem in der Rückschau. Verlage wie Edition Tiamat in Berlin, *Konkret* in Hamburg, Ça Ira mit dem IFS in Freiburg, und auch die *taz* – sie alle und andere existieren inzwischen dreißig Jahre und länger, sie haben so lange durchgehalten, eine halbe Ewigkeit. Dort, wo sie jeweils angesiedelt sind, gehören sie schon zur Tradition, zur Lokalfolklore und zum kulturellen Erbe, sie sind mit den Jahren ein Partikel dessen geworden, was die Protestbewegung mit dem Ausdruck tiefster Verachtung als »Establishment« bezeichnet hatte. Sie sind eine Frequenz im monotonen Grundrauschen des Ensembles. Und ich beobachte interessiert, wie das eigene Durchhaltevermögen die Eigentümer oder Beteiligten mit unverkennbarem Stolz erfüllt, wo eigentlich Katzenjammer angebracht wäre. Sogar Betriebsjubiläen werden gefeiert wie bei Siemens oder Bosch. Es hatte eine Revolution werden sollen, und dann wurde es eine Papierschleuder im Dauerbetrieb. Ist das wirklich so toll? Ist es kein Elend, Bilanz zu ziehen und dabei feststellen zu müssen, dass man dreißig Jahre lang den gleichen Kram gemacht hat, ohne dass mehr als Lebenserhaltung dabei herausgekommen ist, und ohne Aussicht, dass es jemals anders werde?

Und ist es nicht symptomatisch, dass dieser naheliegende Gedanke heute rigoros verdrängt wird? Dass man sich heute durch genau die verlogenen und schwachsinnigen Lobhudeleien, die aus Anlass solcher Jubiläen produziert werden, diesen Nachrufen zu Lebzeiten, gebauchstreichelt fühlt, die früher einen Lachanfall ausgelöst hätten? Ein Titel von Christian Schultz-Gerstein fällt mir dazu ein, nur der Titel, ich weiß gar nicht mehr, um was es dort ging: »Kranzschleifen für das Leben.« Genial.

Was ist der Stolz aufs Durchhaltevermögen denn anderes als eine nachträgliche Preisgabe aller revolutionären Hoffnungen, und aller Hoffnungen der Jugend überhaupt? Spiegelt sich darin nicht genau die Lebensphilosophie des resignierten Spießbürgers, nämlich »Durchhalten!«, ganz gleich, ob man sich dabei marxistisch, kritisch, avantgardistisch, situationistisch, dadaistisch, kapitalistisch oder sonst wie kostümiert?

Wer etwas erreichen will, geht das Risiko ein, zu scheitern. Wer streitet oder kämpft, geht das Risiko ein, zu verlieren. Wer vor fünfzig Jahren eine andere Welt erstreiten wollte, ist gescheitert und er hat verloren. Der Niederlagen sollte man sich nicht schämen. Im Gegenteil, sie beweisen, dass man einmal etwas anderes wollte als das, was heute ist.

Nur mit Trostpreisen sollte man sich nicht behängen. Sie beweisen das Gegenteil. Aber das ist keine neue Erkenntnis, schrieb ich doch schon 1975:

> »Die Glücklicheren unter denen, die einst Schule und Hochschule radikal infrage stellten, die in aktiven Streiks die Abschaffung des Dozenten proklamierten und die Selbstorganisation des Studiums praktizierten, und die anhand der Thesen von *Il Manifesto* die Überflüssigkeit des Volksschullehrers diskutierten – sie sind nun selbst Lehrer an Schulen oder Hochschulen geworden. Diejenigen also, die einst die Zumutung empört zurückgewiesen hätten, durch ihre Arbeit in den Institutionen dieser Gesellschaft zur Funktionsfähigkeit des schlechten Ganzen beizutragen, und dies um den Preis, im Trott des bürgerlichen Berufsalltags selbst zur Schießbudenfigur mit schütterem Haar, verbitterter Seele, eisernem Pflichtgefühl und schlaffen Gliedern zu werden – sie alle sind entweder verbeamtet oder aber

verelendet, dequalifiziert, kaputt, inhaftiert oder tot. Den Davongekommenen, die teils auch die Revolution nicht ohne die Rückversicherung eines ordnungsgemäßen Studiums betrieben, teils rechtzeitig ihre akademische Resozialisierung einleiteten, meist aber einfach Glück hatten – ihnen erging es nicht anders als allen in dieser Gesellschaft, die sich überhaupt noch dazu aufraffen, etwas Substanzielles zu wollen: sie endeten als gescheiterte Existenzen. Daraus ist ihnen kein Vorwurf zu machen, wohl aber daraus, dass sie das unglückliche Bewußtsein davon verdrängen.

Auffällig ist ein eiserner Vorhang aus Optimismus, der wie eine Festung verteidigt wird und jede Verständigung unmöglich macht. Ohne es recht zu merken, haben die berufstätigen Linken von den Institutionen, die sie zu unterminieren glauben, deren eigentümliches Verhältnis zum Rest der Welt übernommen. Was in dieser nicht in Ordnung ist, reduziert sich dabei aufs Funktionelle. Die Missratenheit der Welt taucht nur noch in der Form auf, wie die Institutionen sie definieren: als Objekt der Macher und Organisatoren. In diesem Verhältnis zu den Unterprivilegierten, namentlich aber auch in diesem Verhältnis zu sich selbst, sind sämtliche alltäglichen Erfahrungen abgeblockt, an deren Radikalität sich die Revolution als lebendige Notwendigkeit erweisen würde: Grauen, Ekel, Entsetzen. Die Unfähigkeit, in sich selbst das trostlose Schicksal einer gescheiterten Existenz zu erkennen, entspricht der Fähigkeit, den Umstand, daß man ein paar armen Teufeln zu Almosen nach dem Bundessozialhilfegesetz verholfen hat, mit sichtlicher Befriedigung als Erfolgserlebnis zu verbuchen. Die Verhärtung gegen sich selbst korrespondiert dem sozialfürsorgerischen Verhältnis zu den anderen Menschen. Dessen Eiseskälte ist die Voraussetzung dafür, den Deformierten auch noch freundlich auf die Schulter zu klopfen. Als Objekte brauchen sie nicht ernst genommen zu werden. Ekel und Grauen, die das Wesen ihres wie des eigenen Daseins treffen würden, kann man sich daher sparen. Als Sterilität der eigenen Erfahrung haben auch die Linken den manipulativen Blick der Institutionen übernommen. Ihre voraussetzungslose Menschenfreundlichkeit verdankt sich dabei in Wahrheit weniger der politischen Überzeugung, als daß sie ein Erfordernis des Berufslebens ist: als Lehrer ist man gezwungen, mit den Schülern auszukommen, und sei es durch Anbiedern.«*

Wieder ein Beweis dafür, wie wenig sich die Zeiten geändert haben.

* Bei diesem längeren Selbstzitat handelt es sich um zwei Absätze aus einem Text, der unter dem Titel »Berufsperspektiven? Rede und Gegenrede« und unter dem Pseudonym Wolfgang Trakl im Juni 1975 im *Kursbuch* Nr. 40 erschien. Vollständig abgedruckt in Wolfgang Pohrt »Werke Bd. 9« (A.d.H.)

Abendland vs. Islam: Gottlose im Religionskrieg

Wer was erreicht hat, wer es zu was gebracht hat, lebt fortan mit der Sorge, es wieder zu verlieren. Europa hat Angst. Seit 100 Jahren ist das so, seit Oswald Spenglers »Untergang des Abendlandes«. Der vergreisende und lendenschwache Kontinent igelt sich ein und geht in Abwehrstellung, mal gegen die USA, mal gegen die fürchterlich fleißigen Chinesen, neuerdings bevorzugt gegen den Islam. Daraus resultiert die Standardfrage im aufgeklärten Politikdiskurs, ob man eine wirkliche Revolution mit Beteiligung des Volkes überhaupt noch gutheißen kann, wenn diese bedeutet, dass anschließend die Scharia wieder eingeführt wird, wie das wahrscheinlich in Ägypten der Fall sein wird.

Mit der Scharia kenne ich mich nicht so gut aus. Ich weiß nur so viel: Wenn ein Idiot heute weder von Religion noch von Politik und auch sonst keine Ahnung hat – von der »Scharia« quasselt er immer. Wenn es um den Islam geht, ist jeder Dorftrottel plötzlich Spezialist für Glaubensfragen, Orientalistik und Islamwissenschaft, ja sogar für Arabisch. In jedem Diskussionsforum im Internet gibt es faschistische Hetzer, die Koran-Suren angeblich aus dem Original zitieren, um zu beweisen, wie schrecklich und gefährlich der Islam sei. Diese Akribie erinnert an Eichmanns Judenreferat im Reichssicherheitshauptamt der SS, wo mit der Zeit die umfassendste Sammlung von Judaika zusammengetragen wurde und die Beflissensten unter den Mördern sogar Hebräisch gelernt hatten. Die kannten den Talmud besser als jeder Jude. Und so ist das heute auch. Die Moslemfresser können Koran-Suren zitieren, die einem Moslem mit Sicherheit unbekannt sind.

Breivik hat viele Brüder im Geiste.

Anzunehmen ist, dass im Koran tatsächlich einige unschöne Regeln stehen. Aber das ist bei allen monotheistischen Religionen so. Davor hatte man einen ganzen Haufen Götter, einen für den Krieg, einen für die Liebe etc. Jetzt hatte man nur noch einen. Um trotzdem gemäß den Vorschriften der Glaubenslehre leben zu können, brauchte man ein einziges Religionsbuch, worin alle Wechselfälle des Lebens berücksichtigt sind. Und das bedeutet, dass es wie im Bauernkalender zu jeder Regel eine andere gibt, die das genaue Gegenteil besagt. Religionsbücher sind Ratgeber für alle Lebenslagen.

Je nach Lebenslage sucht man sich im Religionsbuch die passende Stelle aus, eine passt immer. Wenn man seinen Feind töten kann, nimmt man »Auge um Auge, Zahn um Zahn«. Wenn man sich mit dem Feind lieber nicht anlegen will, weil er stärker ist, nimmt man »halte die andere Wange auch noch hin«. Oder Jesus als Wutbürger passt besser zu den eigenen Interessen, also die Geschichte, wie er die Händler aus dem Tempel vertrieben hat. Der Glaube und die Machthaber profitieren einerseits von dieser Flexibilität, andererseits bedeutet sie, dass Kriege noch heftiger werden als zuvor, weil es nicht mehr nur um materielle Dinge geht, sondern um die richtige Interpretation der Heiligen Schrift. Ich bin weder bibelfest noch könnte ich die zehn Gebote aufsagen. Mich interessieren diese Religionsbücher nicht. Ich will wissen, wie die Leute ticken, und das weiß ich. Nämlich so: Allah ist groß – aber ein Cadillac ist größer. Dem Iran geht es um Atomwaffen, nicht um fromme Sprüche.

Wir kennen den faulen Zauber doch von der Wiedervereinigung. Erst sagten die Ossis, dass es ihnen um die Freiheit ginge, auch so eine Religion. Das hätte ich mir noch gefallen lassen. Aber dann kam heraus, was sie wirklich wollten, nämlich unsere D-Mark. Und beim Geld hört die Freundschaft auf.

Überhaupt zeichnet sich das Entsetzen über die Frömmigkeit der Moslems durch einen Totalausfall jeglicher Selbstwahrnehmung aus. Wenn die Nachrichten melden, in einem islamischen Land habe eine islamische Partei die Wahl gewonnen, dann nicht ohne besorgten Unterton.

Ist es hier denn anders? Wir leben in einem Land, wo eine *Christlich* Demokratische Partei und eine *Christlich* Soziale Union zusammen mit der FDP an der Regierung sind, und wo dauernd mit dem »*christlichen Menschenbild*« herumgewedelt wird, welches unsere Verfassung präge.

Und wie war das mit der Homosexualität in Deutschland? Ich zitiere mal Wikipedia:

> »Der § 175 des deutschen Strafgesetzbuches existierte vom 1. Januar 1872 (Inkrafttreten des Reichsstrafgesetzbuches) bis zum 11. Juni 1994. Er stellte sexuelle Handlungen zwischen Personen männlichen Geschlechts unter Strafe. Bis 1969 bestrafte er auch die ›widernatürliche Unzucht mit Tieren‹ (ab 1935 nach § 175b ausgelagert).«

Ich habe die Zeit noch mitgekriegt, wo der Hotelier ein Doppelzimmer nur an nachweislich verheiratete Paare vermieten durfte, weil er sich andernfalls der Kuppelei strafbar machte. Und so lange ist es noch nicht her, dass eine »uneheliche Mutter« – so hieß die damals – sozial geächtet war. Kinder hatten dem heiligen Bund einer auf

Lebenszeit geschlossenen Ehe zu entstammen. Wenn nicht, dann war das nicht nur für die Mama, sondern auch für die Kinder ein Makel.

Die Moslems anzuschwärzen hilft also den Westlern, die eigene dunkle Vergangenheit zu verdrängen und den eigenen Dreck, der immer noch herumliegt, unter den Teppich zu kehren. Oder es hilft, dem Objekt eigener Begierden nahe zu sein, indem man sich bei anderen Personen darüber entrüstet.

Das ist zum Beispiel beim Thema »Zwangsverheiratung minderjähriger Mädchen durch ihre Eltern« in Internetforen zu beobachten. »Der Wüstling und die blütenreine Unschuld« – der Stoff, aus dem die Träume alter Männer sind. Von denen gibt es gerade hier eine ganze Menge, aber die fliegen lieber nach Thailand, wo man mit jungem Gemüse Spaß haben kann, ohne gleich Lebenslang zu kriegen.

Komisch, dass keiner Mitleid mit dem zwangsverheirateten Mann hat. Die gleiche Gewalt, die ihm das junge Mädchen zuführte, verhindert nämlich die Trennung von der Frau, die ihn hasst und ihren Hass auskosten wird, wenn die Zeit für das Altersmatriarchat gekommen ist.

Klar, es ist bitter für die Frau, einen Mann nehmen zu müssen, den sie nicht will. Das kommt aber auch ohne Zwangsheirat vor. Nämlich dann, wenn der Mann, den sie will, sie nicht will. Liebeskummer war früher ein häufiges Selbstmordmotiv.

Die Pointe bei der Geschichte: In der Türkei ist das Thema noch beliebter und populärer als hier. Es liefert den Stoff für eine sensationell erfolgreiche Telenovela, die im ganzen Land für Gesprächsstoff sorgt. Das Publikum leidet mit dem perfekt besetzten schönen jungen Mädchen und verabscheut den ebenso perfekt besetzten viel älteren und ekelerregenden Mann. Vermutlich würde die Serie auch in Deutschland ein Erfolg, in ganz Nahost wird sie es bestimmt.

Schade, dass es bei uns Herz & Schmerz-Geschichten von vergleichbarer Qualität nicht mehr gibt. Vielleicht sollte man das *Jus primae noctis* wieder einführen, nur damit man noch einmal den moralischen Triumph genießen kann, der sich bei der Abschaffung dieses Unrechts einstellt. Herrliche Zeiten, als Revolutionäre vor so einfach lösbaren Aufgaben gestanden haben. Aber diese Zeiten sind vorbei, nicht nur hier, auch in Ägypten. Bestimmt bricht in den arabischen Ländern nicht das Reich der Freiheit an. Vielmehr sind dort ein paar Nachhutgefechte im Gange, die hier schon abgeschlossen wurden. Und das Ende vom Lied wird der Kapitalismus sein, ob er sich nun christlich, islamisch, konfuzianisch oder sonstwie nennt.

Natürlich kann man einerseits sagen, dass durch Revolutionen alles nur noch schlimmer geworden ist. Die Französische Revolution hat der Menschheit den Nationalismus und die allgemeine Wehrpflicht gebracht. Letztere hat es möglich gemacht, dass die Gemetzel in den beiden Weltkriegen alle vorangegangenen in den Schatten stellten. Und ohne Demokratie kein NS-Regime. Anderseits: Niemand weiß, was uns geblüht hätte ohne die Französische Revolution.

Auf jeden Fall kann man von Menschen nicht verlangen, dass sie sich mit der Despotie und den Folterkellern eines Mubarak-Regimes abfinden sollen. Sie haben das volle Recht, es mit Gewalt zu stürzen, ohne zu bedenken, was nachher kommt. Und vielleicht kommt es bei ihnen ja nicht so schlimm, wie es bei uns gekommen ist.

Alle Wege führen zum Kapitalismus

Die kommunistische Gesellschaft wird also nicht das Resultat der Revolutionen in den arabischen Ländern sein. Warum sollten die Leute dort etwas schaffen, was bislang noch keinem gelungen ist? Und wenn nicht hier und nicht dort, wo dann? Vielleicht nirgends? Unabhängig von Zeit und Ort: Gibt es überhaupt eine Alternative zum Kapitalismus?

Ebenso gut könnte man fragen, ob es eine Alternative zum irdischen Leben gibt. Ich sehe keine, aber ich habe nichts gegen Leute, die daran glauben. Vielleicht brauchen sie das. Vielleicht braucht das der Kapitalismus.

Es ist doch so: Auf dieser Welt kann man nichts Gutes tun, ohne dass es zum Gedeihen des Kapitalismus beiträgt. Und wenn man was Schlechtes tut, nützt es ihm auch.

Das ist kein Bonmot, sondern Lebenserfahrung. Wir haben damals, in der Protestbewegung, als unbezahlte und übermotivierte Hilfskräfte des heimischen Kapitals der BRD-Gesellschaft den längst fälligen Modernisierungsschub verpasst. Wir haben das »Bildungsnotstandsland Bundesrepublik« (eine Parole aus den Anfängen der Protestbewegung) vor dem Abstieg in die Drittklassigkeit bewahrt. Es war eine nationale Schande, dass Deutschland bei den prozentualen Bildungsausgaben auf dem Niveau von Uganda lag, wie uns vorgerechnet wurde. Wir haben die Scharte ausgewetzt.

Uns ist es zu verdanken, dass heute an den Universitäten ein Fach namens Bildungsökonomie gelehrt wird. Die Fachleute können, so sagen sie, sogar eine Bildungsrendite berechnen. Wir haben damals dafür gesorgt, dass Milliarden in den Ausbau der Unis flossen und die Professorenzahl sich innerhalb kurzer Zeit vervielfacht hat.

Ziemlich drollig das Ganze, wenn man so zurückblickt. Es bestätigt sich die Regel: »Der Mensch denkt, Gott lenkt.« Nehmen wir die Zeichenkette »Gott« als Platzhalter für je nach Belieben Kapital, Wert, Geschichte, Vorsehung, Schicksal – es stimmt immer.

Und wie trickreich! Die Kraft des Glaubens an eine Revolution und die Begeisterung für sie der Stärkung des Kapitals dienstbar zu machen, das ist schon beinahe diabolisch.

Die Frauenemanzipation hat Deutschland die höchste Beschäftigungsquote seiner Geschichte beschert. Bezogen auf die Zahl der Erwerbsfähigen war die Zahl der Erwerbstätigen noch nie so hoch, vergangenes Jahr 41 Millionen.

Das ist das gesellschaftlich notwendige falsche Bewusstsein. Es funktioniert wie die Rübe, die man dem Esel an einer Art Angel vor die Nase hält, damit er den Karren zieht. Die Menschen müssen glauben, durch ihre Anstrengung etwas Erwünschtes zu bekommen oder zu erreichen. Dann spuren sie. Wenn sie wüssten, was tatsächlich dabei herauskommen wird, legten sie sich lieber wieder schlafen.

Und die Oktoberrevolution? War gar keine Revolution, sondern eine Kriegsfolge. Und es wurde damals nicht der Kapitalismus überwunden, von dem es in Russland viel zu wenig gab, sondern der Zarismus. In China gab es überhaupt keinen. Eine Kommunistische Partei in einem Land ohne Kapitalismus – ein Witz.

Es hat auch bei mir endlos gedauert, bis der Groschen

fiel. Aber nicht aus jugendlicher Begeisterung für die Bolschewiki von einst, sondern weil diese Geschichte mich derart angeödet hat, dass ich es nie über mich brachte, sie ein bisschen zu studieren. Ich verstehe bis heute nicht, wie man freiwillig Lenin lesen kann, von Mao Tsetung ganz zu schweigen. Lieber das Telefonbuch.

Gerade der Ostblock beweist: Alle Wege führen früher oder später zum Kapitalismus. Um einen konkurrenzfähigen und zeitgemäßen Kapitalismus zu entwickeln, haben China und Russland mehr als fünfzig Jahre Stalinismus bzw. Maoismus gebraucht. Das war kein Zuckerschlecken. Aber die Kinderarbeit in englischen Kohlegruben war auch keins, der Fortschritt kostet seinen Preis. Die Kleinen wurden mit fünf oder sechs Jahren ins Bergwerk gesteckt und haben nur in Ausnahmefällen ihren 20. Geburtstag erlebt. Sie hatten das Licht der Welt nur erblickt, um es gleich wieder verschwinden zu sehen.

Wenn man so sachlich, nüchtern und wahrheitsgetreu die Geschichte bilanziert, sind die Leute schnell verschnupft und es kommt mit Sicherheit die vorwurfsvolle Frage: Ist das nicht der gleiche Zynismus wie im »Dritten Mann«?

Wunderbarer Film, wunderbare Szene. Und Orson Welles, ausnahmsweise ein echtes Genie, hat die Szene selbst geschrieben, obwohl Carol Reed Regie führte. Sie geht so:

Die Spannung, ob der Schieber Harry Limes seinen Freund, den Western-Autor Holly Martins, in der Riesenradgondel hoch über der Stadt ermorden würde, ist vorbei. Die beiden sind wohlbehalten wieder gelandet, und zum Abschied gibt Harry seinem skrupulösen Freund ein paar aufmunternde Worte mit auf den Weg:

»Denk dran, was Mussolinis gesagt hat. In den dreißig Jahren unter den Borgias hat es nur Krieg gegeben, Terror, Mord und Blut. Aber dafür gab es Michelangelo, Leonardo da Vinci und die Renaissance. In der Schweiz herrscht brüderliche Liebe, 500 Jahre Demokratie und Frieden. Und was haben wir davon? Die Kuckucksuhr.«

Herzerfrischend. In dieser kurzen Sequenz, die so leichtfüßig daherkommt, ist alles über das abendländische Ineinander von Barbarei und Zivilisation gesagt, und es ist so formuliert, dass man weder Kulturgeschichte noch Philosophie studiert haben muss, um es zu verstehen. Ich liebe Zyniker, weil sie die Heuchler brüskieren.

In diesem Fall, also bei mir, ist es freilich eher eine Mischung aus Zynismus und Sarkasmus. Wie soll man anders als mit Sarkasmus auf das scheinheilige Geflenne im Westen über chinesische Arbeitsbedingungen in Kohlegruben reagieren? In einer vergleichbaren Phase seiner Entwicklung hat der Kapitalismus im Westen weit schlimmere Menschenopfer gefordert. Das, was dabei herausgekommen ist, nennt sich dann Zivilisation, und der Papst und der Bundespräsident wollen es bewahren. Kulturförderung und Kunstbeflissenheit allenthalben, nirgends mehr Benjamins Mahnung in den Hohlköpfen, bei der Bewunderung für die großen Kunstwerke der Vergangenheit nicht das Elend der Sklaven zu vergessen, die dafür schwitzen und sterben mussten. Obwohl, es wird besser, viele Provinztheater müssen schließen. Manchmal tut sogar die Schuldenbremse Gutes.

Alle sind doch für den Fortschritt, nämlich für den gewesenen. Also den Fortschritt, der das Ergebnis von unter anderem zwei Weltkriegen und einem 30jährigen Krieg gewesen ist, in welchem die Europäer einander beinahe ausgerottet hätten. Verglichen mit den Taten mordlustiger christlicher Gotteskrieger damals, als Protestanten gegen Katholiken kämpften, haben Sunniten und Schiiten miteinander heute im Irak nur ein bisschen Spaß.

Diesen Fortschritt wollen alle. Den wollen sie sogar bewahren. Und sie mögen es als pietätlos empfinden, an die Kosten dieses Fortschritts erinnert zu werden, aber Zynismus ist das leider nicht, nur eine Tatsachenfeststellung.

Noch eine Weltuntergangssekte: Verzweifelte Marxisten

Jetzt noch mal ganz ernst und ohne Blödelei die Frage: Was bedeutet es denn nun, wenn ein Schirrmacher von der *FAZ* einer Sahra Wagenknecht von der Linkspartei Avancen macht und wenn die *Zeit* »Alternativen zum Kapitalismus« sucht?

Ganz einfach: Es bedeutet, dass die Meinungsführer fühlen, was ich weiß: Es gibt keine Alternative zum Kapitalismus. Sie schwatzen darüber, weil es nur Geschwätz ist. Wie würden die Zeitungen wohl aussehen, wenn das Kapital tatsächlich bedroht wäre, wenn ein kommunistischer Umsturz auch nur als vage Möglichkeit am Horizont erschiene? Dann würde pausenlos »Die freie Gesellschaft und ihre Feinde« gedudelt, die Presse schösse aus allen Rohren.

Mit solchen Formulierungen handelt man sich nur Ärger ein. Wenn sie »kommunistischer Umsturz« hören, denken manche Leute sofort an die Partei, die immer Recht hat. Aber kommunistische Parteien sind heute nostalgische Traditionsvereine, eigentlich Folklore. Vor denen braucht sich niemand fürchten. Vielleicht erbarmen sich die Artenschützer dieser KPs, oder sie kommen ins Weltkulturerbe der UNESCO.

Jedenfalls werden sie nie wieder eine Massenbasis haben, weil es die Massen einfach nicht mehr gibt. Das Industrieproletariat ist heute in der BRD eine Minderheit, nicht umsonst heißt das Ding, worin wir leben, »Dienstleistungsgesellschaft«.

Andere Leute sind richtig gemein. Sie fassen mit der vollen Patschhand in die offene Wunde und fragen, was denn ein kommunistischer Umsturz eigentlich wäre. Genau das weiß ich nämlich auch nicht, und sie haben es gerochen. Ich weiß nur, was keiner ist. Aber wenn ich mal einen zu sehen bekäme, also so ein Ding, was ich nicht kenne, nämlich den kommunistischen Umsturz, dann, glaube ich, wäre es eine Offenbarung.

Stellen wir es uns wie bei Bildern vor. Könnte man, wenn man die Mona Lisa noch nie gesehen hat, sagen und beschreiben, wie das Bild aussehen muss? Unmöglich. Aber wenn man das Bild sieht, dann weiß man: Das ist es. Ähnlich bei aller wirklichen Kunst: Man sieht, hört, liest etwas, was man sich nie ausgemalt hatte, worauf man selbst nie gekommen wäre – und man versteht es sofort.

Das ist übrigens ein weiterer Grund, warum ich Marxisten wie Robert Kurz – der aus Marx einen Unheilspropheten macht, und der wie alle Sektenpriester ein baldiges Eintreten der geweissagten Katastrophe verkündet, ohne sich auf ein Datum festzulegen – für Totengräber der Revolution halte, harmlose Totengräber, denn die Leiche modert seit vielen Jahren im Grab. Wenn man erst mal zehn Jahre fulltime Marx büffeln muss, um gegen die bestehende Gesellschaft rebellieren zu wollen, wird die Rebellion nie stattfinden. Wer kann sich denn diesen Luxus leisten?

Und wenn er es kann, hat er sich nach zehn Jahren im Büffeln eingerichtet und büffelt einfach weiter. Was dabei rauskommt, hat man in *Konkret* (12/2011) nachlesen können. Das Blatt hatte eine Expertenkommission zusammengetrommelt und druckte nun Auszüge aus dem »Streitgespräch über den Kapitalismus in der Krise mit Thomas Ebermann, Michael Heinrich, Robert Kurz und

Joseph Vogl.« Gremliza löcherte die Runde mit der Frage, wie man sich den großen Kladderadatsch denn vorzustellen hätte, ob die Versorgung mit Lebensmitteln zusammenbräche etc.

Das hätte mich auch interessiert, aber die Wirtschaftsweisen schwiegen eisern. Mit solchen Trivialitäten geben sich Marxisten nicht ab. Stattdessen klang es so: »Der Kapitalismus, und da würde ich auch Robert Kurz recht geben, ist ein gerichteter Prozess.« Ich weiß nicht, wen dies sinnfreie akademische Geschwätz aufrütteln soll, mir fallen dabei die Augen zu.

Betrachten wir lieber die Tatsachen: Seit das Kapital existiert, stolpert es von einer Krise in die nächste. Dabei gedeiht es prächtig, Untergänge wirken aufs Kapital wie ein Jungbrunnen. Immer dann, wenn man meint, es sei am Verenden, ist es gerade dabei, neue Kräfte zu sammeln.

Wunderbar, dieses Kapital, einfach wunderbar. Sein einziger Daseinszweck besteht darin, sich zu vermehren – wie das Leben selbst. Und wie das Leben selbst schöpft es aus der Vergänglichkeit alles Irdischen seine ewige Kraft. Alles geht und ging irgendwann zu Bruch, wann und wo steht in den Geschichtsbüchern. Das scheint unvermeidlich. Aber als das Römische Reich kollabierte, da war es auch wirklich kaputt und weg, aus und vorbei. Wenn hingegen das Kapital zusammenbricht, was es wie alles Irdische von Zeit zu Zeit und sogar ziemlich oft tut, steht es danach umso besser da.

Die »zweite Natur«, wie Marx das Kapitalverhältnis gelegentlich auch nannte, weil es den Menschen mit der Macht einer fremden, undurchschauten und ungebändigten Naturgewalt entgegentritt, diese »zweite Natur« also gleicht der ersten auch in dem Sinne, dass ihr jedes Ende ein Anfang ist und das, was den Menschen als eine Katastrophe erscheint, nur ein verschwindendes Moment im unendlichen Prozess, welcher aus der Abfolge solcher Momente besteht.

Manche werden vielleicht einwenden: Trotzdem sind Konjunktur- und Krisenprognosen wichtig. Man muss schließlich wissen, was einem blüht. Wozu? Krisenprognosen sind so nützlich wie etwa die Diagnose, man sei unheilbar an Krebs erkrankt, oder wie die Vorhersage, der nächste Sommer werde Dauerregen bringen. Je später man das weiß, desto besser. Denn tun kann man dagegen nichts, das Wissen verdirbt einem nur im Voraus schon die Laune. Es gibt eben Dinge, die man besser nicht so genau weiß. Möchte jemand zum Beispiel heute schon sein genaues Sterbedatum kennen? Er hätte am Leben dann vermutlich nicht mehr viel Spaß.

Das einzig Gute an dem Krisengequatsche ist, dass es kein Mensch mehr ernst nimmt. Verglichen mit Konjunkturforschung ist Astrologie exakte Wissenschaft. Manche sagen auch: Aber Krisenprognosen sind sinnvoll, weil sie die Bevölkerung gegen das System mobilisieren, das solche Krisen hervorbringen.

Ach woher! Es ist doch so: In der Krise zeigt das Kapital den Menschen seine Krallen. Es zeigt ihnen, wie restlos abhängig von ihm sie sind. Nur das Kapital kann sie vor der Verelendung bewahren, nur das Kapital kann sie retten. Und wenn es zum ganz großen Kladderadatsch kommt, werden sie noch einmal von den Vorzügen und der Unausweichlichkeit der freien Marktwirtschaft überzeugt. Bricht alles zusammen, so ist das erste Pflänzchen, das in den Ruinen erblüht, der Schwarzmarkt. Viele verdanken ihm ihr Leben. Nur er kann die Versorgung der Bevölkerung noch halbwegs zustande bringen, wenn der Staat nicht mehr funktioniert. Und auf dem Schwarzmarkt werden die Vermögen verdient, die später das

Startkapital für florierende Unternehmen sind, wir kennen das doch aus der Nachkriegsgeschichte.

Wenn eine Partie zu Ende ist, beginnt die nächste. Neues Spiel, neues Glück, wie bei Monopoly. Marxisten begreifen natürlich nicht, wie simpel der Kapitalismus im Prinzip ist. Kein Experte gibt zu, dass seine Expertise sinnlos und nutzlos ist.

Wenn man als Marxist unter Marxisten so spricht, erntet man fassungsloses Staunen: Und du glaubst wirklich, dass das immer so weiter geht? Dass es nicht irgendwann den ganz großen Knall gibt? Damit ist natürlich ein Ereignis gemeint, das etwas ganz Neues, noch nie Dagewesenes wäre. Und daran glaube ich wirklich nicht. Dies Gerede vom »totalen Zusammenbruch« und der »Barbarei« ist nichts anderes als christliche Untergangsmystik. Schon Jesus hatte seinen Jüngern das Ende der Welt noch zu deren Lebzeiten prophezeit, als Ansporn, sich bei der Werbung neuer Mitglieder ein bisschen zu beeilen.

Auf den kapitalistischen Weltuntergang warten wir jetzt schon geschlagene 150 Jahre, und immer noch können die marxistischen Konjunkturastrologen uns kein Datum nennen. Sie vertrösten uns, sie wissen nur, der finale Zusammenbruch der Weltwirtschaft kommt ganz bestimmt, irgendwann – wie der jüngste Tag.

Also wenn es so lange dauert, dann kann ich auch gleich auf den Messias warten. Warum ausgerechnet auf die Katastrophe? Wenn schon Hokuspokus, dann wenigstens einer, der Freude macht.

Nicht, dass ich kein menschliches Verständnis für die Ideologie der Untergangsprognostiker aufbringen könnte. Sie erinnern an den Widerstand gegen Franco im Nachkriegsspanien. Es gab Untergrundorganisationen, es gab Attentatsversuche, keiner hat geklappt. Und irgendwann kam man als Beobachter zu dem Schluss, dass es die

Spanier aus eigener Kraft einfach nicht schaffen, ihren greisen Diktator abzuhalftern. Es blieb nur der Trost, dass Franco aus Altersgründen ohnehin bald sterben würde, und das hat er 1975 getan, mit 83 Jahren. Schade. Ich hätte ihm gerne weitere zwanzig Jahre gegönnt. Eine Bevölkerung, die es nicht schafft, ihren Diktator zu stürzen, hat es verdient, ihn behalten zu müssen.

Am Kapital murksen die Marxisten schon viel länger herum als die Spanier sich mit Franco abgemüht hatten, bei stetig schwindender Hoffnung, dass eine proletarische Revolution es einmal werde hinwegfegen können. Was dann noch bleibt, ist allein das sehnsüchtige Warten auf seinen natürlichen Tod, also den des Kapitals. Die Revolutionäre verwandeln sich dabei in Betschwestern. Mit ihren gemurmelten dunklen Ahnungen von einen bevorstehenden Ende wollen sie den Untergang des Kapitals herbeireden.

Natürlich ist das, was so martialisch als Hardcore-Marxismus daherkommt, nichts anderes als windelweicher sozialdemokratischer Dünnpfiff.

Was bedeutet es denn, wenn man in Theorie und Agitation einen künftigen Totalzusammenbruch des Kapitals an die Wand malt? Nichts anderes als dies: Das Schlimmste am Kapital ist, dass es irgendwann wieder verschwindet, und zwar nicht einfach nur in die Billiglohnländer, sondern ganz von dieser Welt. Und solchen Leuten, die sich um das Ende der kapitalistischen Klassenherrschaft sorgen, soll man glauben, dass sie diese Herrschaft stürzen wollen?

Sie sagen doch selbst, nur anders formuliert: Mit dem Kapitalismus, so, wie er ist, könnten wir ganz gut leben, wenn … ja wenn nicht eines Tages das dicke Ende käme in Gestalt der Barbarei oder was immer man sich ausmalen mag.

Das ist die Haltung derer, die sich ihre Marxismus-Nische gemütlich eingerichtet haben. Fachfremd und unwissenschaftlich werden sie denken, wenn sie bei Walter Benjamin lesen:

> »Der Begriff des Fortschritts ist in der Idee der Katastrophe zu fundieren. Dass es ›so weiter geht‹, ist die Katastrophe. Sie ist nicht das jeweils Bevorstehende, sondern das jeweilig gegebene. Strindbergs Gedanke: die Hölle ist nichts, was uns bevorstünde – sondern dieses Leben hier.«

Den Widerspruch, das Kapital einerseits ganz erträglich zu finden, es aber andererseits abschaffen zu wollen, lösen die Marxisten agitatorisch auf. Sie wollen den Menschen Angst machen, Angst vor einem ganz schrecklichen Ende in ferner Zukunft. Und diese Angst soll sie auf die Barrikaden treiben oder in die Arme der Linkspartei oder von wem auch immer – als wäre eine Revolution für bereits verängstigte Menschen was anderes als Selbstmord aus Angst vor dem Tod.

Darauf lassen sich die Leute nicht ein. Sie essen ja auch weiter, obgleich sie der festen Überzeugung sind, sich mit jedem Bissen zu vergiften. Irgendwann in unbekannter Zukunft an Pestizidrückständen zu verenden, ist eben doch viel angenehmer, als Übermorgen den Hungertod zu sterben.

Außerdem ist man gegen Weltuntergänge inzwischen ziemlich abgehärtet. Wider Erwarten haben wir die Pershing II, die AKWs, das Waldsterben, Tschernobyl, den Golfkrieg, die Schweinegrippe und den Klimawandel überlebt. Die Marxisten hätten ein bisschen früher aufstehen müssen, um ihre Weltuntergangsvision an den Mann zu bringen. Heute glaubt ihnen keiner mehr. Sie haben zu lange in die falsche Ecke geschaut und dabei den Untergang des Ostblock oder des Kommunismus verschlafen. Vor allem haben sie vergessen, dass sie diesen tatsächlichen Untergang weder geahnt noch geweissagt hatten, ein Umstand, der ihre prophetische Gabe stark in Zweifel zieht.

Man wird, wenn man so redet, gern gefragt, ob denn die Weltwirtschaftskrise von 1929 etwa keine Katastrophe gewesen wäre. Nein, war sie nicht. Man könnte sagen, dass das Kapital eine Katastrophe ist, die Katastrophe als Dauerzustand oder Daseinsform. Aber das Kapital selbst erleidet und kennt keine Katastrophen, ebenso wenig wie die Natur.

Nicht mal dies haben die Kapitalforscher kapiert. Überhaupt habe ich den Verdacht, dass sie schlichte Gemüter sind, die sich hinter einem bombastischen Vokabular verschanzen. Wenn man das weglässt, kommt eine erschrockene Oma zum Vorschein:

»Echt Wahnsinn, wie das Kapital immer mehr wird. Wo soll das noch hinführen? Wo soll das alles bloß enden? Das kann doch nicht gut gehen! (Tut's ja auch nicht. Keine Panik, Oma! Ein kräftiger Crash, und die Billionen sind wieder futsch. Nur nicht gleich die Nerven verlieren!)«

Ich habe jetzt den ganzen Gedanken skizziert, aber sie denken nur bis zur Hälfte. Den eingeklammerten Teil lassen sie weg.

Für die Natur ist jedes Ende ein Anfang. Als die Dinos abkratzten, bekamen die Säugetiere ihre Chance. Die waren vorher ganz klein gewesen und hatten sich tagsüber in Erdhöhlen vor ihren Fressfeinden, eben den Dinos, verstecken müssen. Wir leiden heute noch darunter, unter dem Leben unserer winzigen vierbeinigen Vorfahren als nachtaktive Erdhöhlenbewohner. Wir haben viel schlechtere Augen als Vögel und Reptilien. Wir können froh sein, dass wir überhaupt welche haben, denn unser Urahn war ein Maulwurf, und der ist bekanntlich blind.

Wenn die Dinos damals wie Menschen hätten denken und reden können, hätten sie geschrien: »Das ist eine Naturkatastrophe! Das ist der Weltuntergang!« Für sie schon. Für die Natur und die Welt aber nicht.

Die Natur kennt also keine Katastrophen. Und die »zweite Natur«, das Kapital, auch nicht. Geradezu wunderbar, wie es mit Naturkräften ausgestattet ist. Etwa so, wie ein Vulkanausbruch oder ein riesiger Waldbrand dafür sorgen, dass auf der Asche das eben noch von Lava oder Feuer vernichtete Grünzeug nachher umso prächtiger wächst.

Man muss sich einfach mal die Geschichte angucken. Nach dem Zweiten Weltkrieg kam in Deutschland das Wirtschaftswunder, in Frankreich, England und den USA kam die Flaute. Warum? Weil Bomber Harris mit seinen Geschwadern die deutsche Wirtschaft auf Sanierungskurs gebracht hatte, während die lächerlichen deutschen »Wunderwaffen« – V1, V2 und so was – ungefähr das Destruktionspotential der selbstgebastelten Hamas-Raketen hatten. Reine Terrorwaffen, und im Krieg vollkommen unbrauchbar.

Je mehr Katastrophe, desto besser für das Kapital. Alles muss kaputt sein, wie damals, dann gedeiht das Kapital am besten. Das ist heute noch so, das sieht man immer wieder.

Im Libanonkrieg, als israelische Bombenflugzeuge den Abrissbagger spielten – die Bewohner wurden vorher gewarnt und hatten die Gebäude geräumt –, stiegen die Aktien der internationalen Baukonzerne. Eigentlich keine schlechte Idee: Statt unappetitliche Gemetzel zu veranstalten haut man von Zeit zu Zeit die Sachen kaputt, dann haben die Leute nachher wieder Arbeit. Was uns natürlich vor die Frage stellt, ob es nicht etwa doch so ist, dass die Gattung Mensch im Kapitalverhältnis zu ihrer artgerechten Bestimmung gefunden hat. Könnte ja sein, wer weiß.

Wogegen eingewendet wird, dass das Kapital doch nur ein gesellschaftliches Verhältnis ist und kein Subjekt, das frei nach Brecht, einen Plan macht und ein schlaues Licht ist, und dann noch einen zweiten Plan macht, gehn tun sie aber beide nicht.

Das Kapital macht keinen Plan. Pläne machen immer Menschen. In diesem Fall die Kapitalisten. Und Pläne gehen oft schief, egal ob von Kapitalisten oder Kommunisten gemacht. Irren ist menschlich. Wenn ein Kapitalist irrt, verliert er. Manchmal passiert das vielen Kapitalisten. Aber es gibt immer einen Gewinner: Das Kapital.

Natürlich ist das Kapital ein gesellschaftliches Verhältnis. Und gerade deshalb ist es die bestimmende Macht über alle Menschen, wo dieses gesellschaftliche Verhältnis herrscht. Menschen sind nun mal gesellschaftliche Wesen.

Wenn man »nur« gesellschaftliches Verhältnis sagt, ist das falsch. Alles, was man ist oder sein kann, ist bestimmt durch das gesellschaftliche Verhältnis. Stellen wir uns mal vor, es wäre die Sklaverei. Dann ist man Sklave oder Sklavenhalter, ein Drittes gibt es nicht. Auch wenn ein Herr seinem Sklaven die Freiheit schenkt, kann der nicht einfach freier Schriftsteller werden. Er käme gar nicht auf diese Idee. Sondern als freier Mann würde er sofort selbst Sklaven kaufen.

Aber solche Finessen sind Marxisten-Tratsch. Für die Realpolitik sind sie bedeutungslos. In der Realpolitik zählt die glorreiche Linkspartei, und in der Linkspartei sitzen keine Marxisten, sondern Realpolitiker, die sich ein paar Prozent Wählerstimmen davon erhoffen, wenn sie die Partei zur Sprecherin des gesunden Volksempfindens machen. Also will die Linkspartei keinen kommunistischen Umsturz herbeiführen, sondern sie will die sogenannten Spekulanten zwiebeln. Und dazu haben alle nur eine Meinung: Ist das, nach der Finanzkrise 2008 und jetzt schon wieder, nicht vernünftig und verständlich?

Nein, ist es nicht. Es ist lächerlich. Es gibt nicht Spekulanten hier und rechtschaffene, grundsolide Fabrikanten dort. In Wahrheit ist jeder Kapitalist Spekulant. Der Schnürsenkelfabrikant spekuliert darauf, dass die Kunden seine Ware auch kaufen. Wenn Schnallenschuhe in Mode kommen, hat er Pech gehabt. Und seine Bank auch.

Das ist ja das Tolle am Kapitalismus, und das macht ihn jeder despotischen Regierung überlegen, dass es keine Sicherheit gibt. Alles ist Glaube, Liebe, Hoffnung. Eines Jeden Schicksal hängt davon ab, den Willen der schweigenden Götter zu erahnen. So ein Herrschaftssystem funktioniert viel besser als Befehl & Gehorsam.

Hitler und Stalin haben es auch gewusst: Nicht das Wort des Führers war Befehl, sondern sein Wille. Und den kannte man halt nicht. Den lernte man erst kennen, wenn es zu spät war. Also kann man sich nie bequem im Sessel zurücklehnen und darauf vertrauen, man habe doch alle Anweisungen befolgt und alles richtig gemacht. Man muss vielmehr permanent versuchen, sich hineinzudenken und hineinzufühlen in den Führer oder in den Markt, man muss versuchen, die Trends zu erschnuppern, und man weiß nie, ob es geklappt hat. Dieses Risiko schärft alle Sinne, es hält einen hellwach.

Schon Marx hatte sich am Kapitalismus die Zähne ausgebissen

Überhaupt kann man den Kapitalismus nur bewundern, je länger man sich mit ihm befasst. Marx ging es wohl ganz ähnlich, er hat am Ende auch nicht mehr gewusst, durch was man ihn ersetzen könne. Das Kapitel über den Kommunismus am Ende vom dritten Band des »Kapitals« ist ganz kurz. Und bestimmt nicht deshalb, weil Marx zu früh gestorben ist, um das Werk zu vollenden. Auch wenn er noch weitere 100 Jahre gelebt hätte, wäre ihm das nicht gelungen.

Ich habe drei Erklärungen.

Die erste: Bekanntlich reicht es nicht, das »Kapital« zu lesen. Viel interessantere Gedanken findet man oft verstreut im Rohentwurf. Wie jeder Autor stand Marx irgendwann vor dem Problem, die Gedankenfülle der Vorstudien in eine publizierbare Form zu packen. Dabei gehen immer eine Menge Gedanken über Bord, jeder, der schreibt, kennt das: Verzichte ich zugunsten der Übersichtlichkeit und der Systematik auf eigentlich wichtige Gedanken, oder verzichte ich auf Systematik zugunsten wichtiger Gedanken?

Um diesen Verlust zu vermeiden, um diesem Dilemma zu entkommen, schrieb schon Nietzsche Aphorismen, oder später Adorno die »Minima Moralia«. Adornos Hauptwerk ist die »Minima Moralia«, nicht die »Negative Dialektik«. Marx steht am Übergang von einer Welt der großen philosophischen Systeme zu einer Welt, die sich systematisch nicht mehr erfassen und darstellen lässt. Marx ist der letzte große Systematiker und zugleich der Erste, bei dem die Bruchstücke so wichtig sind wie das ausgearbeitete System. Das »Kapital« ist das bewundernswerte Dokument eines großartigen Scheiterns. Die Zeit für solche Werke war vorbei, nach Marx hat keiner mehr welche zustande gebracht.

Die zweite: Als Marx mit der Arbeit begann, da glaubte er, befeuert vom revolutionären Elan dieser Zeit, zu wissen, was der Kommunismus wäre. In den folgenden Jahren der Stagnation war dieser Glaube verblasst und am Ende ganz verschwunden. Das Zeitfenster für die proletarische Weltrevolution hatte sich wieder geschlossen. Und Marx war zu unerbittlich gegen sich selbst, zu wahrheitsliebend und zu ehrlich, um gegen seine Überzeugung seichte Banalitäten über den Kommunismus an danach hungernde Jünger gewinnbringend zu verteilen, wie es die heutigen Erbauungsbücher über »Alternativen zum Kapitalismus« tun.

Die dritte: Marx hat zu lange und zu tief gegraben. Er hat wirklich alles über das Kapital herausgekriegt. Und deshalb wusste er, dass es unbezwingbar sein würde. Wer in das Labyrinth eintaucht, um es zu ergründen, findet den Ausgang nicht mehr. Wie schon gesagt: Es gibt Dinge, die man besser nicht wissen sollte. Marx wusste zu viel, denn Wissen kann auch lähmen. So gesehen, sollten Revolutionäre »Kapital«-Schulungskurse meiden.

Manchmal kann das Unmögliche ja doch gelingen, aber nur, wenn man von seiner Unmöglichkeit keine Ahnung hatte. Das Kapital ist mehr als nur Vermögen, es ist ein Mysterium, eine Religion. »Macht euch die Erde untertan« – war das nicht Gottes Wort, das Wort unseres Christengottes? Das Kapital ist sein Vollstrecker, nicht der Vatikan.

Es gibt den Spruch, der Glaube könne Berge versetzen.

Das kann er natürlich nicht, mit einer Ausnahme: Der Glaube an eine gute Rendite schafft es wirklich. Kraft dieses Glaubens wurden der Suezkanal und der Panamakanal ausgehoben, kraft dieses Glaubens wurde der Ärmelkanal untertunnelt. Bei jedem dieser Projekte haben die Anleger ihr Geld verloren. Aber die Kraft ihres Glaubens hatte die Kanäle und den Tunnel wahr werden lassen. Und nun schwimmen die Schiffe drin oder es fahren Züge durch. Ist das nicht wunderbar?

Oder nehmen wir die Immobilienblasen, egal ob Spanien oder USA. Die Banken haben sich verzockt, aber das Resultat der Zockerei ist, dass die Häuser ja nun gebaut sind und dastehen. Und wenn die Preise weit genug gefallen sind, wird auch wieder jemand darin wohnen. Das könnte er nicht, wenn es die Häuser gar nicht gäbe. Es ist schön, dass es jetzt so viel Wohnraum gibt, es war gut, dass so viele Bauarbeiter ein Auskommen hatten. Und wenn dabei die Buchhaltung etwas durcheinander gekommen ist – das kann man alles richten. Klar machen die derzeitigen Immobilienbesitzer mit Zelt und Wohnwagen Bekanntschaft. Aber des einen Pech ist des anderen Glück. Bevor die Häuser verrotten können, werden die Banken sie verramschen, und notfalls zu Preisen, die weit unter den Gestehungskosten liegen. Wer dann zugreifen kann, macht ein Schnäppchen. Jeder freut sich, wenn er Konkursware billig kriegt.

Gibt es was Blöderes als diese »Schuldenbremse«? Was für ein Idiotenwort. Ist es nicht besser, wenn es schöne Häuser gibt und die Bank oder sonst wer pleite ist? Wäre es umgekehrt besser? Ist ein schuldenfreies Leben in bitterer Armut besser als ein gutes Leben auf Kredit?

Doch, es gibt was Blöderes als die Schuldenbremse, nämlich die Begründung für sie. Man sucht sich dafür die

Kleinen aus, die nichts verstehen und nicht wiedersprechen können, nämlich die Kinder. Die seien es doch, die die von uns angehäuften Schuldenberge einmal abtragen werden müssen.

Irrsinn. Was kann den Kindern besseres passieren, als in einem Land aufzuwachsen, das sich, und sei es auf Kredit, gutes Essen, gute medizinische Versorgung und gute Schulen für die Kleinen gönnt?

Und die Schuldenlast in fünfzig Jahren: Bis dahin sind wir alle verschmort oder ersoffen, je nachdem, welcher Fraktion der Klimawandler man glauben will. Ulkig, wie man uns einerseits dauernd das baldige Ende prophezeit, und uns andererseits anspornt, möglichst schuldenfrei ins Jenseits zu gehen.

Wir wissen nicht mal, was morgen passiert. Aber uns wird suggeriert, in fünfzig Jahren werde die Welt immer noch dieselbe sein wie heute. Der Euro soll auf der Kippe gestanden haben. Geht morgen der Dollar kaputt, sind nicht nur die USA, sondern ist die ganze Welt mit einem Schlag schuldenfrei, weil die meisten Schulden auf Dollarbasis laufen.

Reemtsma hat mir mal einen guten Witz erzählt: Ein bitter armes altes Ehepaar, hungrig und frierend mitten im Winter. Der Mann geht fort und kommt beladen mit Schinken, Wurst und den feinsten Sachen zurück. Woher? Vom König. Wofür? Der Mann erklärt: Er habe mit dem König einen Vertrag geschlossen. Binnen fünf Jahren müsse er seinem Pudel das Sprechen beibringen. Aber wenn er das nicht schaffe werde er geköpft. Die Frau bricht in Tränen aus. Der Mann tröstet sie: »Fünf Jahre – kann sein, ich sterbe vorher. Kann sein, der Hund stirbt. Kann sein, der König stirbt.« Das ist die richtige Einstellung zu Zukunftsfragen.

Die typische Reaktion auf die propagierte Sorglosigkeit: »Aber wenn die ganze Welt plötzlich schuldenfrei wird, sind deine Spargroschen auch futsch.«

Ärgerlich. Es wird mich gewaltig wurmen. Na und? Wenn ich Geld zur Bank bringen kann, habe ich Geld übrig, das ich nicht zum Leben brauche. Lebe ich schlechter, wenn es nicht mehr auf dem Sparbuch ist?

Solange nicht, wie die regelmäßigen Bezüge, Einkommen oder Rente, weiterlaufen. Machen wir es doch so: Die Sparguthaben werden einkassiert, und als Kompensation wird das bedingungslose Grundeinkommen eingeführt.

Marxologie

Marx hat durch eigene Aktienspekulationen viel Geld verloren, zum Glück nur das von Engels. Der hatte ja genug davon, Marx selbst hatte keins.

Als Materialist hätte er es besser wissen müssen: Zwischen Theorie und Empirie liegen Welten. Selbstverständlich wusste er das. Im Gespräch mit Engels soll er über seine eigenen Theorien gewitzelt haben: »Und wenn es dann doch ganz anders kommt, lösen wir diesen Widerspruch eben auch noch dialektisch auf.« Trotzdem hat es ihn gereizt, bei der Zockerei mit zu machen, der Kapitalismus ist einfach unwiderstehlich.

Was bei Marx eine amüsante private Schrulle gewesen war, wächst sich bei den Marxologen aus zu einer Spielart von Scientology. Der grundlegende Unterschied: Marx wollte nur nebenbei ein kleines Vermögen machen. Den Marxologen geht es um den Status von Priestern einer Weltuntergangssekte mit Marx als Propheten.

Wie der Scientology-Gründer Lafayette Ronald Hubbard schon erkannte, hat der moderne Aberglaube nur im Gewand von Wissenschaftlichkeit eine Chance. Das war schon bei den Nazis so und ist bei Sarrazin nichts anders. Mit der Wissenschaftlichkeit aber haben Marxisten in der Regel ein Problem. Es handelt sich um Vertreter der Geistesbranche, was sich meist schon in der Schule abgezeichnet hat: Deutsch und Geschichte gut, Mathe und Physik mäßig.

Das Schicksal der weichen Fächer ist es, am Katzentisch sitzen zu müssen. Man lässt sie gewähren, aber man nimmt sie nicht ernst. Ohne Gleichungen und Powerpoint geht Hard Science einfach nicht.

Umso dankbarer sind die Marxologen für das Gesetz vom tendenziellen Fall der Profitrate. Schon allein, dass es ein Gesetz sein soll: Endlich hat man mal etwas Gewissheit in der Hand. Noch besser: Endlich kann man gleichziehen mit den Profis, man kann rechnen und Kurven malen. Am besten: Die Formel ist so trivial wie die Vitaminpillenreklame und so eingängig wie die populäre Erklärung für einen angenommenen Klimawandel.

Sie gestattet es jedem, der Bruchrechnen kann, sich zum kleinen Kreis der Eingeweihten zu zählen. Deshalb muss die Formel zugleich ein Geheimnis sein. Das wird sie durch die Geschichte ihrer Entdeckung. Die Marxologen haben sie in ihrem Weisheitsbuch ausgegraben, in einer Ecke, wo noch keiner nachgeschaut hat, nämlich im dritten Band vom »Kapital«.

Worum handelt es sich? Um eine Wenn-Bedingung. *Wenn* die Profitrate der Quotient aus Mehrwert und Kapital ist, dann sinkt sie nach Adam Riese mit der Menge des pro Arbeitsplatz erforderlichen Kapitals. Und *wenn* die Konkurrenz jeden Kapitalisten dazu zwingt, immer mehr teure Maschinen pro Arbeitsplatz einzusetzen, dann kommen wir nach Adam Riese zum Gesetz vom tendenziellen Fall der Profitrate. Ganz arm dran wären demnach die Hersteller von Computerchips, weil die Fab für eine moderne CPU zwischen 3 und 5 Milliarden kostet und nach der Fertigstellung gerade mal ein paar hundert Mann beschäftigt, denen der Kapitalist die Butter vom Brot kratzen kann. Viel besser stünde eine Gebäudereinigungsfirma da, die ebenfalls ein paar hundert Mitarbeiter beschäftigt, von denen aber jeder nur einen Plastikeimer und einen Wischer braucht, wenn er sein Werkzeug und Material nicht sogar selbst stellen muss.

Auf Länder gemünzt: Griechenland mit seiner unterentwickelten Industrie müsste Kapitalisten anziehen wie ein Misthaufen die Fliegen, während sie um China mit seinen hochmodernen Produktionsstätten einen ganz weiten Bogen machen müssten.

In ähnlichen Fällen hat Marx noch einmal nachgedacht, man kann ja auch von der Grundrente oder vom Monopolprofit ganz anständig leben, die Energieversorger und die Mineralölkonzerne machen es vor.

Mit solchen Abschweifungen halten die Marxologen sich nicht auf. Sie lesen Marx, als handelte es sich um Nostradamus. Hingeworfene Formulierungen, etwa wenn Marx von einer »Spirale« oder einer »inneren Schranke« spricht, deuten sie als düstere Botschaft. Und ausgestattet mit der unerschütterlichen Gewissheit, dass es zu Ende gehen wird, sehen sie überall die Zeichen an der Wand: Genossen, der Untergang ist nah!

Das Kapital ist so einfach und stabil wie das Krokodil

Wenn der Kommunismus heute nicht mehr realisierbar ist, wäre er es früher vielleicht gewesen? Hat die Menschheit das Zeitfenster nicht genutzt? Wissen wird man das nie, aber man kann es sich wenigstens vorstellen.

Die materielle Produktion war um die Mitte des 19. Jahrhunderts noch auf einem relativ überschaubaren Niveau gewesen, auf einem Niveau, wo Menschen sie kennen, lenken und leiten können. Und wenn damals eine proletarische Weltrevolution stattgefunden hätte, dann wäre die Welt heute eine andere als die, in der wir leben. Es wäre vermutlich eine Welt ohne Privatautos, Handys, Internet und tausend Sorten Waschmittel. Es wäre eine Welt, in der man sehr gut leben kann. Dampfmaschine, Eisenbahn etc. gab es. Ob sie auch Marsexpeditionen und GPS brauchen, und wieviel Arbeit sie in solche Projekte investieren wollen, hätten die Produzenten dann selbst zu entscheiden gehabt.

Aber die proletarische Weltrevolution hat nicht stattgefunden. Die Folge ist, dass sich die materielle Produktion heute in einer Verfassung befindet, von der ich mir beim besten Willen nicht mehr vorstellen kann, wer anders sie noch lenken und leiten kann als das Kapital selbst. Ich weiß nicht mal, wer das wollen sollen könnte. Die Werktätigen etwa?

Das führt zur Frage, woraus das Kapital denn die Zauberkräfte schöpft, über die kein lebendiger Mensch verfügt. Die Antwort ist kurz und einfach: Aus seiner Primitivität. Es kennt nur eine Grundregel: Mach, was Profit abwirft, sonst bist du weg vom Fenster. So ein System ist unschlagbar.

Welches ist das älteste noch lebende Wirbeltier auf dieser Erde? Es ist das Krokodil, seit 450 Millionen Jahren. Das Erfolgsgeheimnis dieses mächtigen, großen Tieres ist sein winziges Hirn. Es besitzt das Volumen eines Hühnereis. Bei so wenig Hirn kann man nichts falsch machen. Das Krokodil macht es immer richtig: Lauern, zuschnappen, und dann nicht mehr loslassen, komme was wolle.

Ich fürchte, das Kapital hat die gleiche Lebenserwartung, wenn nicht von Seiten der Natur was dazwischen kommt. Sein Siegeszug durch die Weltgeschichte erinnert an den Siegeszug der Digitalisierung, die inzwischen alle Sparten durchdrungen hat. Auf unterster Ebene unterscheiden alle digitalen Systeme nur zwei Werte, Null und Eins, Bit gesetzt oder nicht gesetzt.

Und auf der Basis dieses an Primitivität unüberbietbaren Prinzips entstehen Maschinen und Programme, welche auf ihrem Gebiet die Leistungsfähigkeit des menschlichen Hirns bei weitem überflügeln.

Wenn es um die Frage geht, warum das Kapital so erfolgreich ist, nennen viele den menschlichen Egoismus. Gerade hat das der Oberevangele, Schneider heißt er, glaube ich, in seiner Weihnachtspredigt gesagt: Der Egoismus und die Gier! Diese Leute wissen nicht, wovon sie reden, sie plappern nur gängige Klischees nach.

Der perfekte Egoist ist eine Katze, wie sie friedlich an einem warmen, weichen Plätzchen schläft, das rosige Näschen ins eigene Fell gekuschelt, wie sie sich dann ausgiebig räkelt, wie sie ihre Gliedmaßen bis zu den Pfoten und Krallen reckt und streckt, wie sie dann anfängt, sich zu putzen und ihr Fell abzuschlecken und damit unendlich viel Zeit verbringen kann. Da ist also jemand, dem es richtig gut geht, der mit sich selbst allein restlos zufrieden und glücklich ist. Faszinierend. Man muss einfach zuschauen, mit einer Mischung aus Hingerissensein und wehmütigem Neid.

Kapitalisten sind das genaue Gegenteil. Sie sind keine Egoisten, eher könnte man von hyperaktiven Idealisten sprechen. Sie sind Getriebene. Sie häufen mehr Reichtum an, als sie je werden genießen können, weil die Genussfähigkeit des Menschen durch seine physische Natur sehr beschränkt ist. Die Kapitalisten stellen ihr Leben in den Dienst des Erwerbs von einem Reichtum, mit dem sie als natürliche Personen nichts anfangen können. Desgleichen die Lohnabhängigen, bei denen wiederum der Genuss umgekehrt proportional zum Einkommen ist.

Wenn man in Stuttgart an einem Sommertag bei schönstem Wetter durch die teuren Viertel in Halbhöhenlage spaziert – lauter Villen mit viel Grün ringsum –, sind alle Fenster geschlossen, auf den Terrassen und in den Gärten ist niemand. Keiner da, eine »Ruhe wie nach der Pest« (Peter Kurzeck). Kein Wunder, in solchen Hütten kann man nicht wohnen, wenn man sie besitzen will. Dann hat man Pflichten und Termine, um die Kohle ranzuschaffen. Kommt man auf seinem Spaziergang dann wieder runter in die Tallagen, wo die ärmeren Leute wohnen, sind trotz Autoabgasen und Autolärm alle Fenster offen, die Kinder sind unterwegs, etc.

Kein Fortschritt ohne Kapitalismus und Krieg

Weil das heutige Leben nicht als Hölle empfunden wird, sondern man sich wohlig darin eingerichtet hat, versucht man, das Kapital mit falschen und unhaltbaren Anschuldigungen wie »exzessiver Egoismus der Reichen« zu denunzieren.

Eine andere Variante ist der Verweis auf neun Millionen Hungertote jährlich, wobei verschwiegen wird, dass sieben Milliarden Menschen leben und die Erde noch nie so viele Menschen ernähren konnte wie unter der Herrschaft des Kapitals. Sogar für Auschwitz wird das Kapital verantwortlich gemacht, und das kann nur heißen, dass man das Kapital ganz nett finden würde, wenn es nicht für Auschwitz verantwortlich wäre.

Das ist es aber nicht. Auschwitz hat viel mit Deutschland zu tun und wenig mit dem Kapital. Das Kapital ist keine Mordmaschine, eher so was wie eine Universalreligion. Universalreligionen sind zum Beispiel Christentum und Islam. Beide beanspruchen, für alle Menschen zu gelten, unabhängig von Herkunft und Hautfarbe. Darum missionieren sie. Expansion ist das Ziel. Je größer der Verein, desto besser. Eine Monopolstellung ist erwünscht.

Ganz anders die Indianer im Amazonasgebiet. Jeder Stamm hat seinen Spezialgott. Und den will er mit keinem teilen, der nicht zum eigenen Stamm gehört.

Für die Universalreligionen ist jeder Mensch potentielles Mitglied. Man bringt ihn nach Möglichkeit nicht um, sondern man bekehrt ihn. Für den Kapitalismus ist jeder Mensch ein potentieller Kunde. Deshalb schont man nach Möglichkeit sein Leben. Denn tote Kunden sind schlechte Kunden. Massenmord ist geschäftsschädigend und wird deshalb vom internationalen Strafgerichtshof in Den Haag verfolgt.

Man sollte nicht vergessen, dass Nazideutschland den Krieg verloren hat. Der Massenmord war ineffizient. Mit zum Skelett abgemagerten KZ-Häftlingen in den Rüstungsfabriken gewinnt man keinen Krieg. Die Sklavenarbeit wurde ja nicht aus Humanitätsduselei von der Lohnarbeit abgelöst. Letztere funktioniert einfach besser.

Und Nazi-Deutschland hat nicht nur den Krieg verloren und dergestalt unabsichtlich den Gegnern geholfen, der Welt zu zeigen, wo der Hammer hängt, nämlich nicht bei deutschen Blut- und Bodenspekulanten.

Deutschland hat unter den Nationalsozialisten sich generell große Verdienste um die Entrassifizierung der Welt erworben. Die fing nämlich im Zweiten Weltkrieg an, als Amerika seine Schwarzen und England seine Gurkha, Inder und Malaien an die Front schicken mussten. Die Farbigen merkten natürlich, wie gut sie waren und wie wichtig, und danach war es mit der weißen Vorherrschaft bald vorbei, das Empire ging flöten. Auch die Franzosen wurden nach ihrer Blamage im Zweiten Weltkrieg nicht mehr ernst genommen. Sie verloren jeden Kolonialkrieg, egal ob in Indochina oder Nordafrika.

Wenn man das NS-System nach dem Kriterium »rassenhygienische Effizienz« beurteilt, dann haben sich die Nazis selbst in den Hintern geschossen und für die Emanzipation der Schwarzen mehr geleistet als Martin Luther King. Nicht mal mehr in Südafrika kann ein deutscher Kaffer seiner Hautfarbe wegen den Herrenmenschen spielen. Aus der Traum. Und wer hat die rassistischen Pogrome in der Zone nach dem Mauerfall gestoppt? Die Linke? Die hat damals »Häschen in der Grube« gespielt. Was ein Glück für die Ausländer, dass sie nicht auf diese Duckmäuser angewiesen waren. Sie hatten einen viel besseren Verbündeten, nämlich das deutsche Großkapital. *Bild*, *Stern*, ARD, ZDF, Deutsche Bank, Siemens etc. haben volle Breitseite gefeuert. Topmanager mögen es nämlich gar nicht gern, auf Geschäftsreise in Indien einen Großauftrag an Land ziehen zu müssen, während in Cottbus gerade fünf Inder halb tot geprügelt worden sind. Das ist Gift für die Verhandlungsposition.

Zurück zum Krieg: Man stutzt manchmal, wenn man liest, mit welchen hymnischen Tönen sich Marx über ihn auslässt, ich zitiere kurz aus dem »Rohentwurf« Seite 378:

> »Der Krieg ist daher die große Gesamtaufgabe, die große gemeinschaftliche Arbeit, die erheischt ist, sei es um die objektiven Bedingungen des lebendigen Daseins zu okkupieren, sei es um die Okkupation derselben zu beschützen und zu verewigen.«

Aber der Krieg leistet ja noch viel mehr. Nicht nur, dass wir ihm, wie eben skizziert, die Emanzipation der Kolonialvölker von imperialistischer Herrschaft verdanken.

Die Frauenemanzipation ist nur der Legende zufolge von Alice Schwarzer erfunden worden, in Wahrheit geht sie auf eine Initiative von Kaiser Wilhelm zurück, auf seinen Entschluss, einen Krieg gegen den Rest der Welt anzufangen. Weil die Männer sich alle – allgemeine Wehrpflicht! – auf den Schlachtfeldern wechselseitig umbrachten, zogen an der Heimatfront, in den Fabriken und Büros, die Frauen die Hosen an. Und die haben viele nicht mehr ausgezogen. So wurde aus dem Sekretär die Sekretärin, ein typischer Frauenberuf in der Zwischenkriegszeit und danach.

Was ich damit sagen will: Geschichte ist ein dermaßen verzwicktes und verrücktes Spiel, dass niemand wissen kann, was er womit erreicht.

»Der erste Weltkrieg als Vorkämpfer der Frauenemanzipation, der zweite Weltkrieg als Wegbereiter der Entkolonisierung – bist du noch zu retten?« Auf diesen Vorwurf kann man sich verlassen.

Man frage nicht mich, man frage die Menschheit, warum sie Kriege braucht, um voranzukommen. Oder man frage den lieben Gott. Der soll die Menschen ja gemacht haben. Ich war es jedenfalls nicht.

Auch der Industriekapitalismus ist gewissermaßen ein Kriegskind. Wer installierte den Massenmarkt als Voraussetzung für die industrielle Massenproduktion? Nein, nicht die Werbung. Das Militär natürlich. Allgemeine Wehrpflicht heißt, dass man auf einen Schlag 100.000 und mehr Uniformen braucht, und den Stoff und den Zwirn dafür. Erst bei garantiertem Absatz in solchen Dimension wird es für den Kapitalisten interessant, Maschinen konstruieren zu lassen und große Fabriken zu bauen. Und damit war die Textilindustrie geboren, die erste industrielle Massenproduktion überhaupt, welche dann die Industrialisierung weiterer Produktionszweige nach sich zog.

Vielleicht sollte man der Linkspartei mal eine Sammlung mit Marxzitaten schicken, von Passagen, in denen sich Marx über den Krieg äußert. Vielleicht exkommunizieren sie ihn dann. Das wäre vor allem für Marx ein Gewinn.

Man kann mir vorhalten, ich selbst hätte in meinem Buch »Brothers in Crime« die Überflüssigwerdung der

Menschen thematisiert, was zwar nicht ihre vorsätzliche Tötung, aber doch die weitgehende Aussortierung bedeutet. Und dafür schaffe der Kapitalismus ja tatsächlich die Voraussetzungen. Man muss unterscheiden. Als Subjekte werden die Menschen überflüssig. Reduziert auf eine bedürftige und ausgehaltene Kreatur aber sind sie ein Posten in der Volkswirtschaft. Man streiche allen Arbeitslosen, Sozialhilfeempfängern, Rentnern etc. die Bezüge und die Krankenversicherung. Was passiert? Die Kliniken entlassen Personal und machen Pleite, der Lebensmitteleinzelhandel geht in die Knie, Zigtausende Sozialbürokraten werden arbeitslos. Ein funktionierender Kapitalismus ist eben auf Massenproduktion und folglich Massenkonsum angewiesen. Wenn nur die Superreichen sich einen Flug leisten könnten, wäre er auch für sie zu teuer. Und zu gefährlich.

Um das Jahr 2000 herum hätte man für Computerschrott gutes Geld bekommen, wenn man noch welchen im Keller hatte. Die NASA suchte händeringend Intel 8088-Prozessoren. Die waren 1980 auf den Markt gekommen und mit 5 Mhz getaktet, aktuelle Prozessoren sind um den Faktor 500 bis 1000 schneller. Aber die alten Dinger waren extrem sparsam beim Stromverbrauch gewesen und extrem robust, und deshalb wollte die NASA welche haben. Aber natürlich nicht so viele, dass es sich gelohnt hätte, eine Fabrik dafür zu bauen. So eine Fabrik ist nämlich wahnsinnig teuer und wird erst rentabel durch den Massenmarkt.

Man kann mir ferner vorhalten, ich hätte früher gegen den Kulturimperialismus polemisiert. Habe ich, aber nicht, ohne dazuzusagen, dass er in Deutschland ein zivilisatorischer Fortschritt war. Doch es stimmt, dass man es damals mit Grauen sah, wenn man in Griechenland oder der Türkei statt Mokka Cola bekam.

Zum letzten Mal ging es mir so bei einem Fernsehbericht über eine Südseeinsel. Die Eingeborenen hatten gar nichts, nur ihre Hütten aus Palmwedeln. Und diese Eingeborenen saßen nun abends an ihrem idyllischen Strand auf ihrer wunderschönen kleinen Insel, und zwar um einen Fernseher herum, der von einem Generator mit Strom versorgt wurde.

Der erste Gedanke: Furchtbar! Da lassen diese Eingeborenen sich nun von Seifenopern und Reklame verblöden, statt einander Geschichten zu erzählen und ihre Tänzchen zu machen oder im Chor zu singen oder so was. Das wäre doch viel besser, schöner, unterhaltsamer.

Für mich.

Für die aber offensichtlich nicht. Vielleicht hatte es ihnen schon lange zum Hals herausgehangen, wenn der Opa oder der Stammesälteste immer die gleichen alten Geschichten erzählt. Vielleicht mochten sie ihre Lieder und Tänze nicht mehr, weil sie die schon zu oft getanzt und gesungen hatten. Es muss ja einen Grund geben, warum sie den Fernseher, den Generator und die Satellitenschüssel beschafft hatten. Vermutlich war es so, dass sie als sterbenslangweilig empfanden, was uns als Idylle erscheint.

Es scheint jedenfalls so zu sein, dass alle Menschen, die in Kontakt mit der glitzernden Warenwelt des Kapitalismus kommen, ihren Verlockungen und ihrem trügerischen Glanz erliegen. Vielleicht ist der Mensch einfach so gebaut, dass er seine Erfüllung im Kapitalismus findet. Früher hätte ich einen solchen Verdacht empört zurückgewiesen. Heute, nach dem Zusammenbruch des Ostblocks, kann ich nur sagen: Ich weiß es wirklich nicht.

Genmanipulation ohne Labor

Natürlich liegt das nicht an den Genen, sondern es ist viel komplizierter, wenn es überhaupt so ist. Viele Menschen verspüren beispielsweise nach einem Zahnarztbesuch den Drang, sich mit einem Einkauf zu entschädigen. Am besten, man geht dann in einen 1-Euro-Shop. Da findet man immer irgendwas und macht nicht viel Geld kaputt.

Kaufen macht glücklich, ein verflossener Kaufhauskonzern hatte es mit seinem Reklamespruch »Horten hat die Wa(h)re Freude« auf den Begriff gebracht. Das ist so pervers und lächerlich wie wahr. Wir stammen nun mal von Sammlern und Jägern ab, und Beute machen produziert Glücksgefühle. Wir erleben sie bei der Schnäppchenjagd. Darum stapelt sich in allen Wohnungen der Nippes und der Trödel. Voller wird es immer, leerer nie. Man gehe mal am Samstag in den Supermarkt. Was die Leute alles in den Einkaufswagen packen, werden sie nie im Leben aufessen. Es sind gigantische Mengen, der Kühlschrank muss voll sein, bis er nicht mehr zugeht. So machen es die einfachen Leute.

Der Intellektuelle nagelt sich stattdessen oder zusätzlich die Bude mit Büchern voll, bis die Decke einbricht. Fünf Menschenleben würden nicht reichen, um den Kram zu lesen. Auch die Bevorratung mit Lesestoff geht auf Zeiten zurück, in welchen das Ansammeln von Vorräten für die Menschen eine Lebensnotwendigkeit gewesen ist. Die Triebe und die Lust, die Befriedigung spenden, haben ihren Ursprung darin, der Selbsterhaltung der Gattung zu dienen. Beim Menschen aber bleibt es nicht dabei. Die Triebe können sich offenbar von ihrer Funktion auch völlig lösen und dann ein zweckfreies Eigenleben führen.

Betrachten wir die Sexualität: Albern, es bestreiten zu wollen, dass sie ursprünglich im Dienst der Fortpflanzung stand. Beim Menschen aber hat sie sich aus diesem Zusammenhang gelöst. Der Mensch will auch dann, wenn gar nichts dabei herauskommen kann.

Ganz anders bei den Katzen. Im März jaulen und mauzen sie so herzergreifend herum, als würden sie vor Sehnsucht und Liebe sterben. Vier Wochen später sind die Kätzchen da. Wenn der Kater nun und den ganzen Sommer über eine Katze sieht, denkt er nicht: »Oh, das ist aber eine Hübsche. Der schenke ich jetzt meine tote Maus, vielleicht geht sie dann mit mir Schmusen.« Im Gegenteil. Er faucht die Katze an und will sie aus seinem Revier verjagen. Und im Herbst geht dann wieder das Gemauze los, Katzen und Kater kreischen liebeskrank um die Wette.

Die Jahreszeit synchronisiert den Hormonspiegel beider Geschlechter. Menschliche Sexualverbrechen wie Vergewaltigung sind daher unmöglich. Wenn die Katze nicht mag, mag der Kater auch nicht. Wie so oft ist das Menschlichste am Menschen genau das, was wir an ihm am meisten verachten und hassen.

Eine ähnliche Entwicklung, wie der Sexualtrieb sie durchlaufen hat, könnte doch in der jüngeren Geschichte auch der Trieb zu jagen und zu sammeln durchlaufen haben, nämlich die Ablösung von seiner ursprünglichen Funktion.

Was machen wir mit diesen Trieben, deren Befriedigung uns so viel Glück gespendet hat, wenn die Bevorratung mangels drohender Hungersnöte absurd geworden ist? Sollen wir auf dieses Glück einfach verzichten, auf das Glück, die Kohle und die Kartoffeln für den kommenden harten Winter im Keller zu wissen? Welchen Sinn hätte ein Leben noch, wenn man dabei nicht glücklich werden kann? Also machen wir weiter, jeder im Rahmen seiner Möglichkeiten. Der Millionär scheffelt die Millionen, die er nie verputzen kann, der Intellektuelle hamstert Bücher, die er nie lesen wird, und zur Not erfüllen auch leere Joghurtbecher den Zweck.

Das war nicht immer so, es gab auch eine Zeit, in der die Menschen weniger »zukunftsorientiert« gewesen sind. Man denke an den Tagelöhner. Das ist der Typ, von dem Marx schreibt, dass er mit der Arbeit sofort aufgehört hat, wenn er genug verdient hatte, um das Geld verfressen, versaufen und verhuren zu können.

Gute alte Zeit! Die Tagelöhner waren ja auch Leute, denen die Ständeordnung das Heiraten verboten hatte. Sie mussten keine Familie versorgen, weil sie keine gründen durften. Aus dem Zusammenbruch dieser Ständeordnung ist das Proletariat hervorgegangen, und dieser Zusammenbruch hatte damals in Europa zu dem geführt, was wir heute eine »Bevölkerungsexplosion« nennen, wenn es anderswo geschieht. Die Proleten und nicht nur sie haben sich damals in Europa vermehrt wie die Karnickel.

Mit dem Übergang vom Tagelöhner zum Lohnarbeiter und später zum Gehaltsempfänger, der keine Lohntüte mehr bekommt, sondern eine Überweisung aufs Konto, hat die Triebstruktur der Menschen einen Knick bekommen. Einerseits ist ihr ganzes Leben von Zukunftsvorsorge überschattet, es ist verplant von den Abzahlungsraten bis zur voraussichtlichen Höhe der Rentenbezüge und sogar über den Tod hinaus, Stichwort »Schuldenlast für unsere (oft nicht vorhandenen) Kinder«. Andererseits findet dieser Trieb keine Befriedigung mehr im Glück über die Kartoffeln und die Kohlen im Keller. Darum sind sie so empfänglich für die Reklame, die Dorothy Sayers zufolge nach dem Motto funktioniert: »Spare, um zu kaufen, kaufe, um zu sparen«.

Die Zeit des Tagelöhners ist vorbei. Für den war es natürlich, sich *keine Sorgen* um die Zukunft zu machen. 200 Jahre Kapitalismus haben dazu geführt, dass es für die Menschen natürlich geworden ist, sich *immer Sorgen* um die Zukunft zu machen. Auch der moderne Tagelöhner, der sogenannte »Prekäre«, tut es. Die Natur des Menschen hat sich verändert. Und das Bedürfnis nach Sicherheit schmiedet sie fester ans Kapital als jede andere Fessel. Als Marx damals schrieb, die Proletarier hätten nichts zu verlieren als ihre Ketten, hatte er nicht die Möglichkeit bedacht, dass es vielleicht gerade die Ketten werden könnten, die ein Proletarier auf keinen Fall verlieren will.

Wenn das Bedürfnis nach Sicherheit natürlich geworden ist, dann ist jede Revolution ebenso natürlich ausgeschlossen. Denn wenn sie eines mit Sicherheit bringt, dann die Unsicherheit. Sicherheit aber ist eine Fiktion. Morgen kann mir ein Dachziegel auf den Kopf fallen, oder ich kriege einen Herzinfarkt, und dann nützt mir die Lebensversicherung und die Rente auch nichts.

Wo kommt der Kapitalismus her?

Ist das nun etwa doch Kritik am Kapitalismus geworden? Damit gebe ich mich nicht mehr ab. Kritik am Kapitalismus ist, wie wenn die Maus dem Elefanten auf den Fuß tritt. Der Maus mag es Befriedigung verschaffen, sie kann vor anderen Mäusen damit angeben, der Elefant merkt davon nichts.

Aber deshalb hört man nicht plötzlich mit dem Denken auf, wenn man es gewohnt ist. Das kann man gar nicht. Man macht genau das, was die Hamsterer von gebrauchten Joghurtbechern machen. Man macht weiter. Die mit dem Sammeln. Man selbst mit dem Denken. Sinnlos ist beides. Aber auch ein sinnloser Tag hat 24 Stunden. Und gerade weil die Denkerei so sinnlos, also praktisch unbedeutend ist, kann man sich auch sinnfreie Spekulationen leisten.

Der Kapitalismus ging beispielsweise mit einem rasanten Bevölkerungswachstum einher. »Aus 23 Millionen Menschen im Jahr 1816, gezählt auf dem späteren Reichsgebiet, waren bis 1914 fast dreimal so viele geworden, nämlich 67 Millionen«, hatte ich mal ermittelt. Im gleichen Zeitraum haben die Europäer durch Auswanderung noch die halbe Welt gefüllt. Das schaffen heute nicht mal Chinesen und Inder. Also Kapitalismus = sprunghaftes Wachstum der Bevölkerung.

Doch jetzt kommt die spannende Frage: Was ist Ursache, was ist Wirkung? Für den Marxisten sind die Prioritäten klar, Schuld hat immer das Kapital. Wie aber, wenn der Kapitalismus nur das Derivat von übermächtigen

Populationsgesetzen wäre? Wenn man die Hypothese aufstellen würde, dass eine bestimmt Bevölkerungsdichte mit einer gewissen Wahrscheinlichkeit Kapitalismus produziert?

Über diese Populationsgesetzte wird man niemals etwas Genaues in Erfahrung bringen, ebenso wenig wie über den Klimawandel, weil die Beobachtungszeiträume, um valide Daten zu erheben, jedes menschliche Maß um Dimensionen übersteigen. Aber zu existieren scheinen sie. Populationen, Zivilisationen und Imperien sind entstanden und wieder verschwunden. Das ist so. Warum? Keiner weiß es. Hingegen weiß man wieder, dass die Durchschnittsgröße einer Bevölkerung, gemessen von Scheitel bis zur Sohle, schwankt. Die Menschen werden länger, dann schrumpfen sie wieder, werden wieder länger etc. Und keiner weiß, warum.

Es geht um die Frage, wer eigentlich am längeren Hebel sitzt, die Menschen mit ihren Schnapsideen, von denen eine der Kapitalismus ist, oder am Ende eben doch die Natur. Schließlich ist der Mensch selbst ein Stück Natur, er ist ein Naturprodukt, in der Fabrik gemacht wurde bislang noch keiner.

Und am natürlichsten verhält er sich, wenn er genau das tut, was den »Naturschützern« überhaupt nicht gefällt. Ein Heuschreckenschwarm verschwendet auch keinen Gedanken an »Nachhaltigkeit«, also daran, dass auf dem Landstrich, den er gerade ratzekahl frisst, auf absehbare Zeit nichts Essbares mehr wächst. Die Karnickel in Australien vereinbarten keine Ein-Kind-Politik, weil sie keine Fressfeinde hatten, sondern sie mühten sich, den Kontinent in eine einzige Karnickel-Kolonie zu verwandeln. Und niemand kann bestreiten, dass Heuschrecken und Karnickel Natur sind.

Aber der Mensch, so sagt man, habe doch einen Verstand. Nicht sehr viel, muss man einwenden, wenn man an die Naturschützer denkt, die mit ihrem Dogma den Bock zum Gärtner machen wollen.

Doch jetzt kommt schon die nächste spannende Frage: Welcher Mensch? Der Mensch als Einzelwesen, als Individuum? Oder der Mensch als Kollektiv? Wie jedes Tier kann der Mensch nur existieren, wenn viele seiner Sorte vorhanden sind. Beim Menschen ist die Masse nicht nur die biologische Grundlage seiner Existenz, sondern die Voraussetzung seiner Menschlichkeit. Lebte nur einer auf der Welt, könnte er nicht mal sprechen, weil die Sprache nur im Verkehr vieler Menschen untereinander entstehen kann.

Der einzelne Mensch wird also erst durch das Kollektiv zum Menschen. Aber die Kollektive – jetzt kommen wir wieder zu Marx – folgen eigenen Zwecken und einer eigenen Logik, die der einzelne Mensch nicht kennt und nicht versteht.

Jedenfalls bis Marx kam und die Sache mal erklärte mit der Erkenntnis, dass alle bisherige Geschichte die Geschichte von Klassenkämpfen sei. Und jetzt? Bin ich dadurch schlauer geworden? Kaum. Wenn ich weiß, dass ich dumm bin, bin ich deshalb nicht klüger.

Wie wird es also mit dem Kapitalismus weitergehen? Das würde mich selbst interessieren. Die hohen Raten für Wirtschaftswachstum waren immer mit hohem Bevölkerungswachstum verbunden. Das war im 19. Jahrhundert so, und genauso in Zeiten des Wirtschaftswunders hier, wo fünfzehn Millionen konsumfreudige Flüchtlinge ohne Gepäck in die alte Bundesrepublik geströmt waren. Das ist heute so, wo die amerikanischen Staatsschulden viel weniger als die europäischen drücken, weil es in den USA, anders als in Europa, immer noch einen nennenswerten Geburtenüberschuss und ein Bevölkerungswachstum gibt. Und in den Schwellenländern natürlich auch. Aber wie sieht das in dreißig Jahren aus, wenn die chinesische Ein-Kind-Politik Früchte trägt und in Indien die europäische Lebensphilosophie sich durchsetzt: »Eigentlich wollten wir ein Kind, aber dann wurde es ein Auto«?

Marxisten reagieren auf solche Spekulationen irritiert. Manche fragen mich, ob ich die Hypothese, dass eine bestimmte Bevölkerungsdichte mit einer gewissen Wahrscheinlichkeit Kapitalismus produziert, etwa tatsächlich glaube. Das wüsste ich selbst gern. Unbestreitbar ist jedenfalls, dass ich diesen Gedanken denke, und das bedeutet, ich schließe ihn nicht mehr aus.

Wenn ich diesen Gedanken habe, geistert er in allen Köpfen herum, auch in den Köpfen der orthodoxen Marxisten. Es ist vermessen, zu glauben, irgendeinen Gedanken hätte man für sich allein. So schlau oder dumm, wie man selbst ist, sind die anderen auch. Die Frage ist nur, ob man sich über solche Gedanken Rechenschaft ablegt, oder ob man versucht, sie zu unterdrücken und zu verscheuchen.

Wenn aber Zweifel an der Idee des Kommunismus unterdrückt und verscheucht werden müssen, verwandelt diese Idee sich in einen reinen Glaubensgrundsatz, und der Preis für das unbeirrbare Festhalten an ihm ist die Absorbtion aller Geisteskräfte für diesen einen Zweck. Die Linientreue lähmt, sie verwandelt die Marxisten in die Anhängerschaft verschiedener zerstrittener Sekten.

Tatsache ist, dass wir im Augenblick nicht wissen, ob ein »Verein freier Prouzenten« oder »Verein freier Menschen« – Marxens Umschreibung für das, was der Kommunismus wäre – möglich oder der Kapitalismus unvermeidlich ist. Wir wissen es einfach nicht, und in dieser Situation hilft ein fester Glaube allein nicht weiter.

Ich ließe mich gern davon überzeugen, dass meine

Zweifel unbegründet sind. Leider sehe ich keinen, der das tut. Der Kommunismus existiert nun schon so lange ausschließlich im Ideenhimmel, dass man anfangen muss, daran zu zweifeln, ob er überhaupt jemals auf die Erde niederkommt. Um den Zweifel abzutöten, braucht man inzwischen schon fast die Glaubenskraft der frühen Christen. Ich bewundere Leute, die solche Glaubenskraft besitzen, ich selbst gehöre leider nicht dazu. Die Frage ist freilich, ob Leute, die so viel Glaubenskraft investieren können, dafür nicht höhere Renditeerwartungen fordern, als der Kommunismus sie bieten kann. Die Heilsversprechen der richtigen Religionen mit Paradies und Wiederauferstehung von den Toten sind eindeutig lukrativer.

Pleiten, Ausreden und Opelaner

Das eben Gesagte war sogar noch Schönfärberei. Der Kommunismus existiert gar nicht im Ideenhimmel, sondern er modert im Grab, weil er vor beinahe 100 Jahren einen ruhmlosen Tod gestorben ist. Seine eigenen Anhänger, nicht der Klassenfeind, haben ihn erledigt.

1914 nämlich, bei Kriegsausbruch. In den Jahren davor hatten die Proleten die »Internationale« gesungen: »Völker hört die Signale, auf zum letzten Gefecht.« Konsequenterweise haben sie sich dann mit Hurra-Gebrüll ins Gefecht gestürzt, das für viele von ihnen, wie versprochen, tatsächlich das letzte werden sollte.

Freilich nicht, um gemeinsam die Herrschaft des Kapitals niederzureißen, sondern um einander die Schädel einzuschlagen. Statt daheim die Regierungssitze und Polizeikasernen zu stürmen, hatten die Proleten die internationale Begegnung auf den Schlachtfeldern gesucht.

Die nationalistische Agitation der damaligen deutschen Sozialdemokratie, ihre Unterstützung der Aufrüstung und die folgerichtige Bewilligung der Kriegskredite sind aktenkundig. Aber das interessiert mich nicht. Ich rede von den Proleten, vom Proletariat. Klar war in der SPD ein Haufen chauvinistischer Dummköpfe und Halunken an der Macht. Aber das waren sie nur, weil solche chauvinistischen Dummköpfe und Halunken der Basis am besten gefallen haben.

Zum Führer wird man, indem man sich dem Geschmack der Massen unterwirft oder ihn teilt. Diese ewigen Ausreden, der Sozialismus sei nur deshalb schiefgegangen, weil unglücklicherweise immer irgendwelche verkommenen Subjekte an die Spitze kamen, sind öde.

Ich will die Einzelheiten, die Winkelzüge und die Hintertreppengeschichten gar nicht wissen, mich interessiert allein das Resultat. Und das Resultat 1914 war, dass Proleten, die jahrzehntelang die »Internationale« gesungen und dabei viel gefühlt hatten, im entscheidenden Moment ihre Waffen nicht gegen den Klassenfeind erhoben haben, sondern sie haben im Kampf *für* ihren angeblichen Klassenfeind, *für* denselben, gegen den sie jahrzehntelang auf Kundgebungen und im Wirtshaus gewettert hatten, andere Proleten zu Millionen umgebracht. Was soll man von solchen Schwätzern halten?

Damit war klar, was Proleten unter Solidarität verstehen, und damit war der Sozialismus erledigt. Von solchen katastrophalen Pleiten, wie 1914 eine war, erholt sich keiner mehr.

Die Oktoberrevolution hat gleich noch einmal bewiesen, dass Sozialismus auf dieser Welt unmöglich ist, weil »Sozialismus in einem Land« nicht funktionieren kann, und die sozialistische Weltrevolution ungefähr so wahrscheinlich ist wie ein Weiterleben nach dem Tode im Himmel.

Die Sowjetunion ist inzwischen Geschichte. Aber eine Anmerkung kann ich mir nicht verkneifen: Gut, dass Hitler damals die SU angegriffen hat. Stellen wir uns mal vor, er wäre nicht so größenwahnsinnig und dumm gewesen: Dann hätten er und Stalin ihr Bündnis wohl ausgebaut und vertieft. Die Union der *sozialistischen* Sowjetrepubliken hätte von den deutschen National*sozialisten* viel lernen können und umgekehrt. Und an der Mixtur, die dabei herausgekommen wäre, hätte die Welt ganz schön zu kauen gehabt.

Das ist kein Antikommunismus, ich habe es nur satt,

irgendwie alles irgendwie gut finden zu müssen, was irgendwie sozialistisch oder links aussieht. Ich habe mich immer selbst überreden und zwingen müssen, irgendwelche linken Regime, wenn sie am Ruder waren, gut zu finden. Und ich habe immer Krücken dazu gebraucht: In Anbetracht der Umstände … und wenn man sie mit den Rechten vergleicht, die noch viel schlimmer sind … Ich habe keine Lust mehr aufs kleinere Übel. Von der Linkspartei bis zu Chavez – ich mag sie alle nicht.

Ein Trinker hat bekanntlich tausend Ausreden dafür, warum er sich besäuft: Weil er traurig ist, weil er fröhlich ist, wegen der Langeweile, wegen dem Stress etc. Tatsächlich trinkt er, weil er halt ein Säufer ist.

Beim Menschen ganz allgemein und speziell beim linken Menschen ist es auch so: Tausend Ausreden. Der Kapitalismus ist schuld, der Islam, der Feudalismus, das Christentum, der Faschismus, der Antisemitismus, die CDU, der Rassismus, die Springer-Presse, der Autoritarismus, der Nationalismus, der Fanatismus und so weiter. Ich glaube, diese vielen Ausreden fangen allmählich an, mich zu langweilen.

Das ist nicht Resignation, sondern Realismus. Um 1966 herum habe ich Franz Fanons »Die Verdammten dieser Erde« verschlungen, und Sartres grandioses Vorwort dazu, fast noch besser als das Buch. Ich zitiere aus dem Gedächtnis: »Wenn ein Unterdrückter seinen Unterdrücker tötet, entstehen zwei Menschen: Ein toter Mensch, und ein freier Mensch.« Der genaue Wortlaut dürfte ein anderer sein, fast fünfzig Jahre sind eine lange Zeit.

Schaut man sich heute Algerien an, so muss man zu dem Schluss kommen: Das Land hätte ruhig auch französische Kolonie bleiben können. Die vielen Menschen, die in der algerischen Revolution umgekommen sind, hätten vermutlich länger gelebt. Es ist doch so egal, welche

Clique das Land ausbeutet und die Öl-Milliarden in die eigene Tasche steckt. Schwacher Trost, dass man sagen könnte: Es war für den Fortschritt. Welchen eigentlich?

Der Fortschritt besteht darin, dass einer sozial berechtigten Rebellion das völkische oder nationalistische oder religiöse Motiv abhanden gekommen ist. Und ohne diese miesen, ekelhaften Motive scheint sie nicht zu funktionieren. Genau wie hier, wo eine Belegschaft zum Hottentottenstamm mutiert und die Proletarier sich plötzlich »Opelaner« nennen, um Stimmung gegen General Motors zu machen.

Der Opelaner – mir gefällt der Name, so treffend – ist für Gysi das, was für Marx der Proletarier gewesen war. Was ist der Unterschied?

Der Proletarier will das Kapital weltweit enteignen und verjagen.

Der Opelaner will, ganz im Gegenteil, dass das Kapital im Stammesgebiet der Opelaner bleibt oder dorthin kommt, je mehr, desto besser.

Der Proletarier kämpft um höhere Löhne. Seine Waffe im Arbeitskampf ist die Arbeitsverweigerung, der Streik.

Der Opelaner kämpft um seinen Arbeitsplatz. Seine Waffen im Kampf sind Lohnverzicht und unbezahlte Mehrarbeit.

Der Proletarier sagt zum Kapital: Verschwinde!

Der Opelaner sagt zum Kapital, dabei vor Demut auf dem Bauche kriechend: »Bitte, geh nicht fort! Bleib hier bei mir! Ich tu auch alles was du willst.«

Aber das Kapital hört nicht auf das Geflenne. Und das ist der Punkt, wo man seine Sympathie für den Kapitalismus entdecken kann. Er praktiziert den Internationalismus, von dem die Sozialisten immer nur in ihren Sonntagsreden geschwafelt haben.

Globalisierung ist, wenn aus Kolonialvölkern Konkurrenten werden

Natürlich sehen die Globalisierungskritiker das ganz anders, weil sie nicht wissen, wovon sie reden. Die Globalisierung fing vor 400 Jahren an und erreichte ihren ersten Höhepunkt mit dem Imperialismus Ende des 19. Jahrhunderts. Globalisierungskritiker gab es damals nicht. Globalisierungskritiker gibt es erst, seit aus Kolonialvölkern konkurrierende Nationen wurden, extrem erfolgreiche und überlegene Konkurrenten, die sogenannten Schwellenländer.

Das soziale Elend dort wird hier gerne in den grellsten Farben gemalt, und ein beliebtes Schreckbild ist es, den Beschäftigten in Deutschland ein Lohnniveau wie in China zu prophezeien, wenn die Globalisierung hemmungslos weiterwüten dürfe. Tatsache ist aber, dass VW und andere Hersteller einen großen Teil ihrer Produktion in China verkaufen, woraus man schließen muss, dass immer mehr Chinesen sich ein Auto leisten können, und also der Wohlstand auch dort für die entsprechenden Klassen und Schichten kein Fremdwort ist.

Es ist bezeichnend für die Verlogenheit eines Marxismus, der nicht mehr an sich selbst glaubt und doch nach außen so tut, dass die Linken hier im Verein mit allen bodenständigen Kräften sich gegen diese Entwicklung stemmen, die einheitliche Lebensverhältnisse auf der ganzen Welt herbeiführt. Marx hatte noch genau darin, also in der Schaffung einheitlicher Produktions- und Lebensverhältnisse auf der ganzen Welt, die damals freilich viel kleiner war, die Voraussetzung für eine sozialistische Weltrevolution gesehen.

Also wenn man schon so tut, wie wenn man noch Marxist oder Sozialist oder so was wäre, dann sollte man doch wenigstens so konsequent sein und so ehrlich, jene Dumpinglöhne zu begrüßen, die hier das Einkommensniveau auf eine Höhe mit dem chinesischen bringen, weil diese Dumpinglöhne die Voraussetzung dafür wären, dass nicht nur in einem Land, sondern auf der ganzen Welt die Arbeiterklasse sich gegen die Herrschaft des Kapitals erhebt.

Aber nichts davon. Auch Gremliza klammert sich an die Hoffnung, das europäische Ausland werde gegen die Absicht des deutschen Kapitals, »ein Europa der Dumpinglöhne« durchzusetzen, rebellieren mit Streiks etc. Also Besitzstandswahrung im Altenheim. Das mag ja ganz nett sein, aber eine revolutionäre Perspektive ist es mit Sicherheit nicht.

Die Mühle dreht sich eben weiter. Die einen steigen ab, die anderen steigen auf, wie im Paternoster. Jahrhundertelang hat Europa die Welt beherrscht. Damit ist es aus.

Heute könnte Europa keine »Weltkriege« mehr führen, weil die Welt viel größer geworden ist und Europa darin die Rolle eines Altenheims spielt. Es wurde auch wirklich Zeit. Seit 2000 Jahren dasselbe Stück auf der gleichen Bühne, irgendwann ist es genug.

Digitalisierung der Steinzeit

Aber an den Spielregeln hat sich nichts geändert. Überhaupt ist alles wie immer. Die gleichen Sorgen wie in der Steinzeit: Wo kriege ich mein Futter her, bzw. das Geld fürs Futter. Wenn man doch wenigstens ein Fell hätte, dann müsste man im Winter nicht dauernd an die Heizkostenrechnung denken. Aber die Menschen haben es sich abzivilisiert, leider. Und das naturverbundene Leben ist ein Spaß für Millionäre. Schon wenn man hier aufs Land zieht, braucht man ein Auto. Ich wohne also in der Großstadt und vertrödele die meiste Zeit am PC. Es gibt keinen leistungsfähigeren Zeitvernichter.

Wieder ein Beispiel dafür, wie das System sich selbst stabilisiert und jeder Veränderung trotzt. Entsteht durch den technischen Fortschritt mehr freie Zeit, wird sie sogleich von anderer Technik wieder aufgefressen, damit der Hamster immer auf dem Laufrad bleibt.

Aber manchmal wird man doch schlauer. Als wir unsere Flugblätter noch auf Wachsmatrizen tippten, um 1966 herum, und die Kurbel am Umdrucker drehten – Xerokopien waren damals sündhaft teuer, die haben wir nur heimlich und kostenlos beim Jobben im Büro gemacht –, damals also haben wir geglaubt, wenn wir die technischen Mittel besäßen, die wir heute besitzen, wäre die Revolution fast ein Kinderspiel. Und unsere Misserfolge haben wir darauf zurückgeführt, dass nur Springer diese technischen Mittel hatte, wir aber nicht.

Wir dachten, wir hätten der Welt unendlich viel zu sagen, wenn wir uns nur Gehör verschaffen könnten, und die Welt würde mit gespitzten Ohren lauschen. Wir wollten den Arbeitern zum Beispiel endlich einmal sagen, dass sie ausgebeutet werden und der Chef viel besser lebt als sie. Heute können wir uns Gehör verschaffen, heute haben wir die Mittel, jeder kann eine Website aufmachen oder Blogger werden, und wir stellen fest: Es fällt uns leider doch nicht so viel ein, wie wir dachten. Und vor allem wenig, was den Rest der Welt interessiert. Dass sie ausgebeutet werden und dass der Chef besser lebt als sie selbst – das war den Arbeitern leider schon bekannt gewesen. Es fällt ja auch schwer, das zu übersehen, wenn man Tag für Tag an der Maschine steht.

Unser Rechenfehler war die Annahme gewesen, die Arbeiter seien so blöde, wie wir Studenten es waren, bevor uns die Erleuchtung mit der Geschichte von der Ausbeutung kam. Und nun stellte sich heraus: So dumm, dass sogar wir ihm noch etwas hätten beibringen können, war leider keiner. Pech gehabt. Typisches Lehrerschicksal.

Das ist der Unterschied zu früher: Wir sind um eine Illusion oder eine faule Ausrede ärmer.

Manche Leute reagieren darauf mit großer Verbitterung. Sie hassen den PC, ohne darauf verzichten zu wollen, sie stellen sich beim Umgang mit dem Gerät extrem dämlich an, sie beklagen irgendeinen Kulturverfall, welcher von der Digitalisierung verursacht worden sei und haben selbst außer der Kultur des Unkens nichts zu bieten, sie fürchten den totalen Überwachungsstaat mit allerschlimmsten Konsequenzen, gerade so, als hätten die Deutschen nicht durch die Tat bewiesen, dass man für die allerschlimmsten Verbrechen keine Rechner braucht, sondern aufmerksame Volksgenossen und Zyklon B.

Ist die Digitalisierung ein Fortschritt? Auch nicht. Sie bestätigt vielmehr, dass technische Neuerungen, so spektakulär sie sein mögen, eine Gesellschaft und das Leben der Menschen nicht wirklich verändern. Man überschätzt die Technik, sie hat das Leben nicht verändert, das Leben ist nach wie vor Selbsterhaltung, Kampf ums Dasein unten in der Hierarchie, Kampf um mehr von irgendwas weiter oben. Ob ich das mit Zettelkasten oder mit Access mache, mit dem Füllfederhalter oder MS Word, ist letzten Endes ganz wurst.

Das Problem ist eben nicht der Fortschritt, wie Leute unterstellen, wenn sie meinen, man müsse irgendwas »Altes« bewahren. Das Problem ist vielmehr, dass seit der Steinzeit kein Fortschritt stattgefunden hat. Wir leben noch immer wie die ersten Menschen, nur tun wir das halt mit Handy, Internet, TV und PC. Im Sinne von Marx ist das alles immer noch Vorgeschichte. Die Arbeit ist heute körperlich leichter geworden. Dafür muss der Angestellte nach Feierabend ins Fitnessstudio oder Joggen.

Feindschaft aus Ähnlichkeit: Der Westen und der Iran

Das Alte bewahren – das ist der gemeinsame Nenner von Muslimen und Westlern. Beide wollen das. Beide wollen etwas, das sie nie hinkriegen werden. Beide wollen etwas bleiben, das sie nicht sind, gläubig die einen, aufgeklärt die anderen. Deshalb gibt es Krach. Also zurück zum Islam. Ist das eine besonders schlimme Religion? Nein, im Gegenteil.

Als Mordmaschine war das Christentum effizienter. Die Indianer in Südamerika und später in Nordamerika platt gemacht, im 30jährigen Krieg einander verhackstückt, die Scheiterhaufen, die Folterkammern und die beiden Weltkriege mit an die 70 Millionen Toten – waren das etwa keine Christen? Und Auschwitz? Waren das die Moslems?

Aber seien wir gerecht. Die Menschen morden unter Berufung auf die Religion, in Nordirland taten Christen verschiedener Konfession es bis in die jüngste Zeit. Aber sie brauchen die Religion nicht unbedingt, um zu morden, es geht ebenso gut auch ohne. Die Nation, der Stamm oder die Hautfarbe genügen auch.

Die Menschen morden nicht, weil sie Christen oder Moslems sind, sondern weil sie Mörder sind. Deshalb muss man ihnen das Morden ja verbieten, deshalb das Gebot »Du sollst nicht töten!« Gebote wie »Iss Dich satt!« oder »Schlaf Dich aus!« brauchen wir dagegen nicht.

Tatsache ist, dass der Islam vergleichsweise wenig auf

dem Kerbholz hat. Vermutlich aus Mangel an Gelegenheit, ich glaube nicht, dass es zwischen Christen und Moslems riesige Unterschiede gibt. Obwohl – einen besonderen Hang zum Sadomasochismus kann man dem Christentum nicht absprechen. Eine andere Religion, die einen halbnackten, mit Nägeln ans Kreuz Geschlagenen und mit einer Dornenkrone Bekränzten zu ihrer Ikone macht, muss man auf dieser Welt erst mal finden. Günther Anders erzählt irgendwo, was für ein furchtbares Schreckbild das Kruzifix in seiner Kindheit für ihn gewesen ist. Die Einübung der Lust, sich selbst zu kasteien und andere zu quälen – vielleicht hat diese Tradition die Christen für eine Weile zu den erfolgreichsten Welteroberern gemacht. Aber ich bin kein Religionsexperte und der Mensch ist nun mal ein grausames Tier, Foltertechniken gibt es wohl in allen Kulturen. Von Mao Tsetung wird berichtet, er sei von der Grausamkeit der Massen förmlich fasziniert gewesen, und er habe sie kalkuliert angestachelt, um Rivalen und Gegner auszuschalten. Und wie war das noch im alten Rom?

Eine Geschichte noch, die ich loswerden muss. Dem Erdbeben von Lissabon am 1. November 1755 fielen auch deshalb so viele Menschen zum Opfer, weil es zur Zeit des Gottesdienstes stattfand und die Kirchen einstürzten, in denen die Gläubigen sich versammelt hatten.

Es traf die Richtigen. Für den Nachmittag war nämlich ein Autodafé angesetzt, eine Ketzerverbrennung, die damals bei den frommen Christen Volksfestcharakter hatte. Das letzte Autodafé hat übrigens 1826 stattgefunden.

So geht das immer. Man will über den Islam sprechen und landet beim Christentum. Neuer Versuch: Fangen wir an mit dem 11. September 2001, den Anschlägen auf die Twin Towers und auf das Pentagon. Wer war's? Natürlich Osama Bin Laden und seine Crew. Aber das Drehbuch für den Horrorfilm kam aus Amerika. Mit dieser Szene endet Tom Clancys Bestseller »Ehrenschuld«, und sein Bestseller »Befehl von oben« beginnt damit. Nur ist der Typ, der seine Maschine aufs Kapitol krachen lässt und damit die gesamte politische Spitze einschließlich des Präsidenten ausradiert, bei Clancy ein rachsüchtiger Japaner. Die Thriller erschienen 1994 und 1996, damals hatte man noch andere Feindbilder.

Was zeigt uns das?

Osama bin Laden hat nicht nur amerikanische Serien im TV geguckt – »Fury« mochte er am liebsten –, er war auch ein Fan von Tom Clancy. Und vermutlich kannte er Katastrophenfilme wie »Erdbeben« oder »Flammendes Inferno«. Also: Wo uns der Islamismus am finstersten und archaischsten erscheint, ist die Verwestlichung am weitesten fortgeschritten.

Beispiel Iran: Der hat ein riesiges Drogenproblem. In Teheran gibt es ein Dealer-Viertel, in das sich die Polizei nicht hineintraut, ein Viertel mit extrem hoher Kriminalität. Wie überall sind die Drogenkonsumenten Jugendliche. Das Problem ist so groß, dass das Regime seine Existenz anerkennen und die Einrichtung von Drogenberatungsstellen erlauben musste. Es war eine schwere Entscheidung, denn Drogenberatungsstellen passen wirklich nicht zum Gottesstaat.

Oder die Intifada in Jerusalem und in der Westbank: Man erkennt sie wieder, die gleichen Jungs, nur anders kostümiert, die in Paris und London die Stadt aufgemischt haben. Verwahrloste Jugendliche, für die es keine Autorität, Führung und Unterstützung durch die Familie mehr gibt. Wie in den amerikanischen Slums.

Beispiel Irak: Die ersten Unternehmen, die sich etablierten, waren Porno-Kinos, eine Goldgrube für die Betreiber. Der Andrang war gewaltig. Erst danach kam der Mobilfunk.

Ich schließe aus diesem Informationenmix, dass der Islam exakt so faul und morsch wie das Christentum im Westen ist. Bei allen Konflikten in Nahost geht es ja in Wahrheit auch gar nicht um Religion, sondern um Politik und darum, wer an den Schaltstellen sitzen darf und wer das größere Stück vom Kuchen bekommt. Über Religionsfragen könnten Sunniten und Schiiten sich wohl einigen, nicht aber darüber, wer den Präsidenten stellen und den Reichtum absahnen darf. An diesem Punkt hört die Toleranz auf. In solchen Konflikten ist die Konfession ein Vorwand unter vielen. In Kenia liefen die Fronten entlang der Stammesgrenzen.

Die Einheit des Islams ist eine Projektion des Westens, die freilich auf die Moslems nicht ohne Wirkung bleibt. Sie fangen an, sich selbst so zu sehen, wie sie wahrgenommen werden. Das ist der übliche Mechanismus.

Fundamentalismus ist immer ein Krisensymptom, egal ob in den USA, in Nahost oder hier. Oder in Israel, muss man aus aktuellem Anlass dazusagen. Immerhin sehen die Israelis Anlass, gegen jüdische Religionsfanatiker zu demonstrieren. Wenn Gesellschaften in einer tiefen Krise stecken, werden sie unberechenbar, und die Außenpolitik hat immer innenpolitische Gründe. Ganz einfach: Der Iran braucht Atomwaffen, weil die Gesellschaft zerfällt, der Islam sie nicht mehr kitten kann und der Staat das Drogenproblem bei Jugendlichen nicht in den Griff kriegt. Weiß der Teufel, was daraus wird. Sicher ist nur: Mit dem Koran hat das nichts zu tun.

Der Islam kommt mir vor wie eine abbruchreife Ruine, aber einsturzbedrohte Altbauten können lebensgefährlich sein. Richtig mörderisch ist ja auch das Christentum erst mit seinem beginnenden Zerfall geworden, d.h. als sich erste Zweifel an der Glaubenslehre zu regen begannen. Um Ketzer verbrennen können, braucht man welche, und um sie zu finden, braucht man den Ketzer in der eigenen Brust: Ich entdecke nur Ungläubige, wenn ich mir so was wie Unglauben überhaupt vorstellen kann. Das konnten die Menschen im frühen Mittelalter zum Beispiel nicht. Folglich hielt sich die Aggressivität des Christentums damals in Grenzen, richtig biestig wurde es erst später.

Eine Religion fängt man sich so leicht ein wie einen Schnupfen, aber es ist verdammt schwer, sie wieder los zu werden. Wenn alles schon gelaufen scheint, erweist sich der Restmüll als entsorgungsresistent, er wird endgelagert. Zwar sind bei uns die Gläubigen und Kirchen so was wie die zehn kleinen Negerlein im Abzählreim, aber es geht langsam voran, und für den Vatikan, diese strahlende Ruine, ist ein Ende der Halbwertzeit noch gar nicht abzusehen. Und solange besteht immer Gefahr, dass es im Schrotthaufen zu einer unkontrollierten Kettenreaktion kommt, wie in Fukushima. Was man manchmal von christlichen Fundamentalisten in Amerika hört, gibt schon Anlass zur Sorge, ob die Notkühlsysteme noch funktionieren. Harrisburg scheint ja dicht zu sein, ob das auch für den christlichen Fundamentalismus gilt, weiß man nicht. Angst davor haben sie jedenfalls alle.

Man nenne mir einen einzigen deutschen Politiker, der vor laufender Kamera sagt: »Christentum? Religion? Dieser alberne Hokuspokus interessiert mich nicht.« Man nenne mir einen einzigen, der, wenn es hart auf hart kommt, nicht den Gläubigen macht. Und warum heuchelt er? Weil er Angst hat. Klar, gesteinigt wird er deshalb nicht. Aber seinen Job kann er vergessen. Er muss dann ins Kabarett oder ins Feuilleton wechseln, die Hofnarren dürfen plappern.

Es ist viel Projektion und überhaupt Psychopathologie

im Spiel, bei dieser geschürten Angst vor dem Islam, und das Interessengestrüpp ist fast unentwirrbar. Die Kirchen zum Beispiel konkurrieren zwar gegeneinander, aber alle zusammen verhalten sich wiederum wie ein Branchenverband. Wenn hier Moscheen gebaut werden sollen, unterstützen die christlichen Kirchen das Vorhaben. Es geht um Markterweiterung. Hauptsache, die Leute sind Kirchenkunden. Dann ist es nur noch eine Frage der Geschäftsstrategie, ob sie mein Produkt kaufen oder das der Konkurrenz. Wenn die Kunden sich an Rama gewöhnt haben, kaufen sie auch Sanella.

Konkurrenz ist gut fürs Geschäft, besonders auf dem Markt der Weltanschauungen. Die Fundis in Teheran und Washington wissen ganz genau, was sie aneinander haben. Der Iran und die Taliban – wenn es sie nicht gäbe, müsste man sie erfinden. Unglücklicherweise gibt es sie. Jeder schafft sich den Feind, den er braucht. Bei der Herstellung der Spezies Taliban haben nachweislich US-Thinktanks Regie geführt. Und beim Iran sollte man nicht ganz vergessen, dass der Irre aus Paris, der später Ayatollah wurde, nur deshalb so erfolgreich war, weil zuvor die westliche Wertegemeinschaft dort zur Freude deutscher Hausfrauen und amerikanischer Ölkonzerne einen Pfauenthron installiert hatte.

Aber das ist Geschichte. Gegenwart ist, dass alle Nationen in der Krise stecken. In den westlichen Ländern merken die Leute, dass man sich für die Freiheit, zu schimpfen, nichts kaufen kann. Und in den islamischen Ländern merken sie, dass man für den Islam auch nichts kriegt. Der Kitt bröckelt überall, aber die Scheiben halten, es gibt ja auch noch die Nägel, mit denen sie vor dem Verkitten fixiert worden sind.

Solche Desillusionierungsphasen sind heikel. Warum fingen die Moskauer Schauprozesse 1936 an, als das Regime fest im Sattel saß? Ganz einfach: Nun hätte das Arbeiterparadies auf Erden Wirklichkeit werden müssen. Wurde es aber nicht. Und bevor die Massen das merken, muss man ihnen einen neuen Feind und eine neue Aufgabe liefern.

Warum haben die Nazis 1939 den Krieg angefangen? Weil sie mit ihrem Latein am Ende gewesen sind. In Deutschland ließen sich beim besten Willen keine Gegner oder Feinde mehr finden, die Nazis waren unter sich. Nun hätte die versprochene Volksgemeinschaft eigentlich existieren müssen. Tat sie aber nicht. Die Tippse musste merken, dass sie so arisch sein konnte wie sie wollte und trotzdem eine armselige Tippse blieb. Was tun? Auf zu neuen Ufern! Wenn wir die Welt erobert haben, aber dann! Dann endlich sind wir so weit, dass jeder deutsche Pavian irgendwo den Herrenmenschen spielen kann.

Man kann nur hoffen, dass die Muslime in den arabischen Nationen sich nicht am europäischen oder christlichen Vorbild orientieren. Gebe Allah, dass sie schlauer sind.

So schlau, wie die Kommunisten ein einziges Mal in ihrer Geschichte gewesen sind. Damals, 1989 nämlich, als die Ossis unsere D-Mark klauten und uns mit dem Soli auch noch tributpflichtig machten. Seit Mauer und Eiserner Vorhang weg sind, haben wir keinen Schutzwall mehr. Der Ostblock flutet die Touristenstrände rund ums Mittelmehr, wo man mit D-Mark in der Tasche einmal König war und sich heute neben neureichen Russen wie ein Penner fühlt. Was im Schaufester steht, kommt aus China, Russland, Polen, der Slowakei und so weiter. Die dicken deutschen Lohnabhängigen mit dem dicken Opel müssen lernen, wie sich richtige freie Marktwirtschaft anfühlt, nämlich wie Hartz IV.

So muss man es machen, den Westen mit seinen eigenen Waffen bekämpfen. Zwanzig Jahre Mauerfall, und der Westen steht vor dem Staatsbankrott. Die Bevölkerung in den arabischen Ländern ist im Schnitt unter dreißig Jahre alt – ein Schatz, den man nur heben muss. Und wenn sie das schaffen, sieht Europa so alt aus, wie es ist.

Lang lebe erst mal der Kapitalismus!

Und über den Sozialismus reden wir, wenn Deutschland und Uganda den gleichen Lebensstandard haben.

Gated Communities: Grenzenlose Freiheit im Knast

Das kann allerdings dauern, eben weil die Westler in der gleichen Krise stecken wie die Moslems.

Es gibt eine Hitliste der Nationen, wo Journalisten besonders gefährlich leben, gewissermaßen als Maßstab für das zivilisatorische Niveau. Klar, dass man dafür das Berufsrisiko von Journalisten heranzieht und nicht das Berufsrisiko von meinetwegen Bauarbeitern oder die durchschnittliche Lebenserwartung von Slumbewohnern. Die gebildeten Stände, ob rechts oder links, denken zuerst immer an die eigene Haut.

Auf dieser Hitliste stehen Pakistan und Afghanistan ganz oben. Aber schon auf Platz drei folgt Mexiko, ein erzkatholisches Land. Ein Land, wo die Reichen sich in Gated Communities verbarrikadieren, aus Angst davor, Opfer einer Entführung zu werden. Was ist eine Gated Community? Wikipedia weiß es:

> »Als Gated Community respektive gated Community oder auch geschlossene Wohnanlage (geschlossene Community) wird ein Siedlungszentrum der Ober- oder Mittelschicht bezeichnet, welches durch Sicherheitseinrichtungen und Absperrungen – wie Alarmanlagen, Mauern, Zäune, Kameraüberwachung, privates Sicherheitspersonal – von der übrigen Gesellschaft separiert ist.
>
> Die Größe von Gated Communitys variiert von einzelnen bewachten Appartementblöcken bis hin zu groß-

flächigen Siedlungen (mit über 100.000 Einwohnern) mit eigener Infrastruktur (Einkaufsmöglichkeiten, Gemeinschaftseinrichtungen, eigene Schulen und Krankenhäuser – sogar eigene Bürozentren und Arbeitsstätten).

Diese Anlagen ähneln dabei den klassischen Ghettos in der Art, dass eine Segregation, in erster Linie auf Basis des sozialen Standes und möglicher Unterschiede in Kultur, Hautfarbe, Religion oder Abstammung, geschieht. Aber auch andere Gleichgesinnte oder aus ähnlichen Schichten, Kulturen oder Ethnien stammende Menschen schließen sich als Gegentrend zur so genannten Globalisierung vor allem in den Vereinigten Staaten von Amerika vermehrt zu derartigen Wohnformen zusammen.

Diese Sonderform eines Gettos ist jedoch nur selten historisch gewachsen, sondern wird fast ausschließlich außerhalb bereits bestehender Städte neu errichtet. Die Ursprünge der modernen Gated Communitys sind in den USA zu suchen – ein frühes Beispiel hierfür ist Llewellyn Park in New Jersey (1857). Gated Communitys sind darüber hinaus vor allem in Ländern mit erheblichen sozialen Ungleichgewichten vorzufinden, etwa in Südafrika, Brasilien, Argentinien oder anderen ehemaligen Kolonialstaaten. Auch in Südostasien und Europa sind solche oder ähnliche Formen abgeschotteter und speziell gesicherter Wohnanlagen bereits vorhanden. Die erste Wohnanlage dieser Art in Deutschland ist die Arcadia-Wohnanlage in Potsdam (45 Wohnungen in sieben Villen nahe der Glienicker Brücke; EH Estate Management). Seit Anfang 2009 befindet sich in Leipzig die Central Park Residence im Bau. Von diesen Beispielen abgesehen finden sich in Deutschland nur sehr wenige solcher Anlagen.«

In diesen Gated Communities lebt man aber auch nicht sicher, weil das Wachpersonal regelmäßig von Kidnappern bestochen oder zur Kooperation mit ihnen erpresst wird, wenn es sich dabei nicht sogar um eingeschleuste Bandenmitglieder handelt. In Deutschland ist das noch anders. Man sieht: Auch vom Sozialstaat profitieren wieder mal die Reichen.

Gated Communities waren auch in Ägypten der große Trend der vergangenen Jahre gewesen. Die Wohlhabenden und die Mächtigen sind aus Kairo weggezogen, sie wohnen in separaten und bewachten Siedlungen, die ins Umland, d.h. mitten in die Wüste hinein gebaut worden sind. Wie wenn ein Instinkt sie davor gewarnt hätte, dass es in der City Randale geben würde.

Egal welcher Konfession, die Menschen werden weltweit beherrscht von der Idee europäischer Siedler, vom American Dream. The Persuit of Happiness, das Streben nach privatem Glück, das man im privaten Reichtum findet, ist ein Essential der amerikanischen Verfassung. Getreu dieser Lizenz handeln die Kleindealer, die unter Lebensgefahr den Stoff über die amerikanisch-mexikanische Grenze schmuggeln. Sie machen die Junkies glücklich, und sie werden selbst glücklich dabei, freilich nur ein ganz kleines bisschen.

Der auf die Erde heruntergeholte Himmel – eine Villa mit Swimmingpool und dicke Autos in der Garage – ist für die meisten Menschen unerreichbar. Er ist ferner als das Paradies, das im Prinzip jedem Gläubigen offensteht. Wer es im Diesseits nicht schafft, hat verloren, eine zweite Chance im Jenseits, wie die Religionen sie versprechen, gibt es nicht. Sogar die Liegezeiten auf den Friedhöfen sind befristet, die ewige Ruhe umfasst zwanzig Jahre. Das macht aus Verlierern nicht Revolutionäre, sondern demoralisierte Nihilisten.

Die Riots in Paris und London sind nur eine Seite davon, die andere zeigt sich in Ungarn, wieder einem erzkatholischen Land. Dort müsste die Bevölkerung eigentlich für ihre demokratischen Freiheitsrechte und die westlichen Werte und was es sonst noch Schönes gibt kämpfen. Sie müsste gegen Orbans Führerdiktatur und seinen Einparteienstaat wenigstens protestieren. Sie tut es nicht. Vermutlich, weil sie sich fragt: Wozu?

Der amerikanische Traum, den europäische Landbesetzer angesichts ihrer waffentechnischen und organisatorischen Überlegenheit über die vorgefundene Bevölkerung zu träumen begannen, entpuppt sich als Alptraum. Aber das war der Kapitalismus schon immer und schmälert seine Vitalität nicht im Geringsten. Er bricht nicht zusammen. Er kann nur von Menschen überwunden werden, die ihn abschaffen wollen. Die aber sind weit und breit nicht in Sicht.

Im Kapitalismus gibt es nur einen Gewinner, nämlich das Kapital. Der Verlierer sind immer die Menschen, und zwar alle, egal ob im Ghetto oder in der Gated Community. Offensichtlich mögen sie das. Dagegen kann man nichts machen.

Das allerletzte Gefecht

Über den universellen Kapitalismus, den Kommunismus als Episode und die Menschheit als Amöbe

2013

Vorbemerkung

Vor 40 Jahren hat unsereiner noch an die heile Welt geglaubt. Wenn man sie machen wollte, musste man nur ins richtige Rezeptbuch schauen. Wir lasen Marx und fingen an zu träumen. Es war die Zeit, als Mitscherlich das Phänomen von der *vaterlosen Gesellschaft* entdeckte – genial, denn von alleinerziehenden Müttern sprach damals noch keiner. Da fehlte was, und Marx füllte mit seinen *boni patres familias* die Lücke:

> »Selbst eine ganze Gesellschaft, ja alle gleichzeitigen Gesellschaften zusammengenommen, sind nicht Eigentümer der Erde. Sie sind nur ihre Besitzer, ihre Nutznießer, und sie haben sie als boni patres familias den nachfolgenden Generationen verbessert zu hinterlassen.«[1]

Die Weltgeschichte als kleinbäuerlicher Familienbetrieb auf eigener Scholle mit einem Patriarchen an der Spitze, das war nach dem Geschmack vaterlos herangewachsener Flüchtlingskinder. Wir wollten wieder Wurzeln schlagen, und diesmal gleich für immer.

Aber so einfach ging das gar nicht, der Eigentumsformen im Kapitalismus wegen nämlich. Marx hat zwei gefunden und bewiesen, dass alle beide schädlich sind:

[1] MEW 26, S. 784

»Bei beiden Formen tritt an die Stelle selbstbewußter rationeller Behandlung des Bodens als des gemeinschaftlichen ewigen Eigentums, der unveräußerlichen Existenz- und Reproduktionsbedingung der Kette sich ablösender Menschengeschlechter, die Exploitation und Vergeudung der Bodenkräfte.«[2]

Eine Aufforderung zum Handeln: Wir müssen Sozialismus machen, und dann ist die Erde wieder rund. Denn wenn ich historisches Subjekt geworden bin, ist der Acker mein. Für immer. Versprochen.

Aber der Weg zum Sozialismus ist weit, so weit, auf der langen Reise hat man viel Zeit und kommt dabei ins Grübeln. Mal angenommen, wir haben den Sozialismus, ich bin ein Bauer, ich mobilisiere alle meine Brutpflege- und Arterhaltungsinstinkte und bin bereit, mein ganzes Sinnen und Trachten darauf zu richten, dass ich den Nachkommen einen verbesserten Boden hinterlasse. Aber weiß ich denn überhaupt, ob meine Enkel auf dem Acker ein Maisfeld oder einen Wald haben wollen, oder ob er dann Baugrund für eine Wohnsiedlung oder eine Fabrik geworden ist? Ich weiß es nicht, und die ganze schöne Geschichte vom ewigen Eigentum, das ich pflegen soll, fällt zusammen. Raumordnungspläne für die Ewigkeit sind reiner Unfug

Marx verlangt Hellseher, Hellseher aber sind die Menschen nicht und werden sie auch im Sozialismus nicht. Dies umso weniger, als die Natur ja auch noch ein Wörtchen mitreden kann. Da hatten die Menschen nun im Pharaonenreich nicht nur den Boden hervorragend präpariert, sondern obendrein ein ausgeklügeltes Bewässerungssystem installiert, aber dann blieb der Regen plötz-

[2] MEW 26, S. 820

lich aus, und das von vielen Generationen fruchtbar gemachte Schwemmland wurde eine Wüste. Gut, dass die Leute damals Marx noch nicht gelesen hatten, sie hätten sonst ziemlich belämmert dagestanden: Wir haben doch alles richtig gemacht! Wieso jetzt das?

In den Religionen findet auch die Unberechenbarkeit der Natur ihren Platz, in der Gestalt von Gottes unerforschlichen Ratschlüssen. Mal schickt er Überschwemmungen, mal Dürre, mal reiche Ernte und mal keine. Einerseits zwar »Macht Euch die Erde untertan!«, eine Forderung, aus der man eine Fürsorgepflicht im Marxschen Sinne ableiten kann, andererseits unausgesprochen daneben aber der Vorbehalt: »Ob Ihr das schafft, hängt von meinem Wohlwollen ab!«

Bei Marx verschwindet diese Drohung. Wenn jede Generation der nachfolgenden den Boden verbessert hinterlässt und einzig dieser Prozess die Entwicklung bestimmt, dann ist es nur eine Frage der Zeit, bis wir wieder im Garten Eden angekommen sind, nämlich in der kommunistischen Gesellschaft, die es mir

> »möglich macht, heute dies, morgen jenes zu tun, morgens zu jagen, nachmittags zu fischen, abends Viehzucht zu treiben, nach dem Essen zu kritisieren, wie ich gerade Lust habe, ohne je Jäger, Fischer, Hirt oder Kritiker zu werden.«[3]

Also wäre die kommunistische Gesellschaft eine, in der man mindestens zehn Hobbys braucht, um die Zeit totzuschlagen. Marx verspricht hier den feudalen Lebensstil eines britischen Landedelmannes für alle, den Lebensstil

[3] Karl Marx, »Deutsche Ideologie«, MEW 3, S. 33.

eines Lord Peter Wimsey zum Beispiel, den wir als Held der Krimis von Dorothy Sayers kennen.

Auf Erwerbsarbeit seines Vermögens wegen nicht angewiesen, ist er die zweckfreie Kombination aus Universalgelehrtem, Sportsmann, Kunstkenner, Dichter, Hausvater, Lebemann, Meisterschütze und Landwirt. Voraussetzung für seine Freiheit, beim Wechseln der Tätigkeiten eigener Lust oder Unlust zu folgen, sind natürlich Bedienstete und Knechte, die ihm Essen kochen, vor allem aber das Vieh füttern, wenn er selbst keine Lust auf den Stall hat, also fast immer. Bei Marxens Feierabendviehzüchter muss es sich um einen Scherz oder eine Provokation gehandelt haben, oder Marx hatte von Tierhaltung keinen blassen Schimmer.

Ein komfortables Leben also, wie man es sich gar nicht besser wünschen kann, aber doch langweilig, reizlos, trostlos, für uns wie für ihn, gäbe es nicht außerdem die Verbrecher und Verbrecherbanden, die unter Lebensgefahr dingfest zu machen der Edelmann sich zum Ziel gesetzt und zur Aufgabe gemacht hat. Ab diesem Zeitpunkt ist er nicht mehr frei, sondern er muss sich der Aufgabe und dem Ziel unterwerfen. Nicht seine Lust entscheidet, sondern die Entwicklung des Falles zwingt ihn zu tun, was getan werden muss. Und die belebende Spannung, die er empfindet und wir auch, resultiert aus dem Risiko des Scheiterns.

Im Rückschluss wirft solche Verschränkung von Hochgefühl und Risiko, von Pflicht und Genuss die Frage auf, ob der Kommunismus vielleicht deshalb immer nur gescheitert und keinen Schritt vorangekommen ist, weil er dem Menschen eine Welt verspricht, die sie im Grunde ihres Herzen gar nicht mögen, eine Welt ohne Zwänge, Bewährungsproben und Risiken. Vielleicht sind die Menschen von Natur aus Glücksritter und Spieler, die nicht nur leben wollen, sondern auch gewinnen. Der Sammler – der braucht Glück – und der Jäger – der will einen Kampf gewinnen –, alle beiden stecken nun mal in unseren Genen. Vielleicht ist es unmöglich, diese Gestalten und ihre Begierden abzutöten, ohne die Menschen selbst umzubringen.

Und wenn das so ist, braucht man andere Ideen, weil die sich ändern lassen, man die Menschen aber nehmen muss, wie sie nun mal sind. Dass der Kapitalismus die letzte Etappe der Weltgeschichte wird, ist ebenso unwahrscheinlich wie eine nachfolgende Gesellschaft ohne Gewinner und Verlierer. Man kann nur die Spielregeln ändern und dafür sorgen, dass Menschen nicht unter Entbehrungen leiden müssen, wenn sie beim großen Gewinnspiel nicht mitmachen wollen oder können.

Ist es schlimm, nach lebenslanger Beschäftigung mit Marx einsehen zu müssen, dass der Kommunismus wohl doch nicht funktionieren wird? Muss man sich grämen wegen der vielen verlorenen Jahre vergeblichen Bemühens?

Überhaupt nicht, es sei denn, man nähme sich wichtiger, als man ist. Nirgends ist man mehr Kind seiner Zeit als beim Denken und Schreiben, wo man sich dieser Abhängigkeit enthoben glaubt. Die vergangenen Zeiten waren so. Jetzt sind sie anders. Es werden wieder andere kommen, und dann können die Einsichten von heute sich als Irrtümer erweisen. Ewige Wahrheiten gibt es nicht, ewig sind nur die Banalitäten.

Am wichtigsten für den Verfasser waren der erste Text und besonders der letzte. Der erste, »Die Vertreibung aus dem Paradies«, weil bei der Arbeit daran die Geschichte sich von einer unbekannten Seite zeigte. Im letzten Text, »Sie kriegt ihn!« geht es um einen Roman, der zeitgleich mit dem »Kommunistischen Manifest« erschienen war und ähnliche Popularität erlangen sollte. Die Inszenierung von Clemens Schönborn mit Sophie Rois in der Titelrolle an der Berliner Volksbühne bot Anlass, sich mit Dumas »Kameliendame« zu befassen. Und auf Befragen verrät uns diese traurige Witwe, warum das letzte Gefecht schon verloren war, bevor es überhaupt angefangen hatte.

Das Bändchen beginnt mit der vaterlosen Gesellschaft und hört mit der männerlosen auf. Aber nicht den Mut verlieren, vielleicht renkt sich das wieder ein. Einstweilen jedoch gilt es, ins allerletzte Gefecht zu ziehen, und dafür braucht man keine Waffen, sondern einen großen Besen.

*

Die voraussichtliche Kritik an diesem Bändchen fasst eine Reaktion im Internet auf dessen Ankündigung zusammen: »Wolfgang Pohrt frisst sich selber auf.« Soll ein Schreiber die Irrtümer seines Lebens, das wie jedes Leben voller Irrtümer ist, lieber als Gewissheiten hinterlassen, wie ein Vermächtnis, und als habe er selbst bis zum letzten Atemzug felsenfest und unerschütterlich daran geglaubt?

»Wenn alles so kommt, wie ich das voraussage, du, dann hauen wir hier ab«, soll Marx zu seiner Frau gesagt haben. Er hätte es besser öffentlich gesagt. Das Eingeständnis seines eigenen Grauens vor der Revolution, die er als notwendig erachtete, hätte ihn zwar seinen Platz auf dem Sockel gekostet, aber der Revolution hätten mehr Selbstzweifel und weniger Selbstgerechtigkeit bei den Revolutionären bestimmt genützt.

Und man hätte vielleicht einen Weg gefunden, die Angst vor dieser unerbittlichen Revolution, die alle empfanden, nicht nur Marx, durch ein Lachen unschädlich zu machen nach dem Motto: Die Revolution ist das Allerernsteste, aber so ernst auch wieder nicht. Für jeden gibt es wichtigere Dinge im Leben, nicht zuletzt das Leben derer, die er liebt. Daneben ist der Kapitalismus auf die Dauer nur ein blödes Spiel, ungefähr wie *Murmelkönig*. Versuchen wir es spaßeshalber mal mit einem anderen. Und wenn das auch nichts taugt, erfinden wir ein neues.

Vollkommen zwecklos hingegen, eine Revolution zu fordern, die man selbst nur beschreiben, aber nicht machen will. Marx nicht, sonst hätte er ein bedeutend schmäleres Werk hinterlassen. Und wir nicht, sonst wären wir im Knast oder tot.

*

Dank an alle, die durch Einladungen zu Vorträgen Anlass zum Schreiben und Diskutieren gaben: *Laidak* Berlin, *Volksbühne* Berlin, *King Georg Clubbar* und *Bunt Buchhandlung* Köln, *Antifa* Duisburg, *Akademie der Bildenden Künste* Nürnberg, *Wilhelm das war nix* Stuttgart.

Die Vertreibung aus dem Paradies

Von Adam & Eva bis heute

Geschichte entsteht im Augenblick, wo Menschen sich den Kopf darüber zerbrechen, wie sie wurden, was sie sind. Sie soll die Gegenwart erklären.

Und wenn sie das nicht mehr kann, weil die Zeiten sich geändert haben, muss man eine andere Geschichte erfinden. Also noch mal zurück auf Null, wir beginnen bei Adam und Eva. Ich war dabei und berichte:

Die lange Vorgeschichte ganz kurz

Gott hatte uns aus dem Paradies durch seinen Erzengel Gabriel vertreiben lassen, wir haben es zurückerobern und Gott stürzen wollen. Anfangs kam die Offensive flott voran, aber inzwischen steckt sie fest. Das ist die Lage, mit der wir uns befassen müssen.

Die Pfaffen hatten uns hereingelegt, das Geschäftsmodell der Kirche war der Leerverkauf. Für hochspekulative Wetten auf eine Zukunft im Himmelreich hatte sie uns teures Geld abgeknöpft, mit einem Trick, der heute noch funktioniert: Beziehungen nach ganz oben. Man muss nur glaubhaft machen, dass man den Minister persönlich kennt, mit Gott funktioniert es noch besser.

Als wir die Drückerkolonnen im Talar enttarnt hatten, ging freilich der Ärger erst richtig los. Die schönen Geschichten vom Paradies und dem für uns reservierten Plätzchen darin entpuppten sich als der größte Immobilienschwindel aller Zeiten. Es gab nämlich gar kein Paradies. Dabei hätten wir doch so gern eins bekommen, die Idee an sich gefiel uns wirklich gut.

Der nächste Flop war die Nation. Als Paradiesersatz wurde uns ein Grab auf dem Heldenfriedhof versprochen. Irgendwas muss es im Leben schließlich geben, wofür zu sterben sich lohnt. Gelegenheit dazu bot sich dann auch reichlich. »Liberté, Égalité, Fraternité« hieß die Parole damals. Wir hätten gewarnt sein müssen: Freiheit kommt von Freiherr, Brüderlichkeit kommt von Kain & Abel. Und Gleichheit kannten wir doch schon, bei den Pfaffen war es die Gleichheit der Gotteskinder vor Gott gewesen. Davon wird man im Leben nicht satt, Gleichheit bei Tisch, und zwar dem des Herzogs, hätte uns mehr genützt. Wieder waren wir irgendwelchen Schönschwätzern auf den Leim gegangen.

Von denen hatten wir die Nase gestrichen voll. Aber der Frust über die Pleiten mit Religion und Nation war kaum verdaut, da stand schon der nächste Klinkenputzer vor der Tür, wieder so ein wortgewandter Überredungskünstler mit Visionen. Er hieß Marx und wollte uns den Sozialismus als Ersatzparadies verkaufen.

Den haben wir aber abblitzen lassen. Inzwischen hatten wir sie durchschaut, diese oberschlauen Burschen mit den Engelszungen. Trau keinem, der viel predigt und ein dickes Buch schwenkt. Das hatten wir aus der Geschichte gelernt.

Mit dem Verbleib im irdischen Jammertal hatten wir uns fast schon abgefunden. Besser dort als auf dem Friedhof. Aber dann geschah in schwärzester Nacht das Wunder: Immer, wenn man denkt, es geht nicht mehr, kommt von irgendwo ein Lichtlein her.

Diesmal waren es die Neonröhren in den Reklametafeln, die alle Sterne am Firmament überstrahlten und den Mond verblassen ließen. Wie Weihnachten, wie der Stern von Bethlehem, nur viel schöner.

Die Abendländer mochten den Abend nicht sondern Licht. Schon lange hatte es sie weg gezogen vom finsteren Mittelalter und hin zu Enlightenment, zu Les Lumières, zu Éclaircissement, Aufklärung hieß das deutsche Wort. Doch die Lampe blieb Metapher, erst im 20. Jahrhundert ging sie wirklich an. Es werde Licht, hatten die Abendländer gebetet, jetzt ward es Licht, und die Erleuchteten sahen die Welt mit anderen Augen. Sie entdeckten eine neue, das Verbraucherparadies.

Eigenartigerweise verdankten wir es den Kommunisten. Solange der Ostblock bestand, verhalf dessen Ideologie dem Westen zu der seinen. Die Kommunisten versprachen den Menschen materiellen Überfluss für alle, die Kapitalisten erfüllten das Versprechen. Damit schien bewiesen, dass das Paradies machbar ist. Gesundheit, Glück und langes Leben waren eine Kostenfrage, und die Antwort darauf ein stetig wachsendes Bruttoinlandsprodukt. Der Osten lieferte also den Glauben, der Westen das Know-how. Die Menschheit hatte endlich wieder ein Ziel vor Augen, nämlich das nächste Kaufhaus.

Nur durch Arbeitsprodukte werden Menschheitsträume wahr, das glaubten die Ostblockkommunisten von Marx gelernt zu haben. Allerdings wussten sie mit der Lehre nichts anzufangen. Erst der Kapitalismus machte daraus eine Religion, mit der sich Herz und Seele erobern ließen.

Diese Religion brauchte weder Kirchen noch Priester, darin lag ihre Überzeugungskraft. Es war der Kühlschrank im Schaufenster selbst, der zu den in stiller Andacht vor ihm Verweilenden sprach: »Ich bin heilig. Kauf mich, und du wirst selig.« Nun wollten die Leute nicht mehr in den Himmel kommen, sie wollten ein neues Auto, und statt der Bibel studierten sie Versandhauskataloge.

Doch Kühlschrank und Auto im Schaufenster waren nur Reliquien, nicht Gott selbst. Der Allmächtige erschien anderswo, er donnerte damals in den 50er Jahren herab von den Titelseiten der Illustrierten, er grollte und quoll durch die Wochenschauen.

Wie später die in Zeitlupe zusammensackenden Twin Towers in New York oder ganze Ansiedlungen gemächlich überschwappende Tsunami-Fluten in Thailand und Japan war der Atompilz, der bei Wasserstoffbombentests in der Wüste von Nevada nach Blitz und Detonation gen Himmel stieg, ein Hingucker gewesen, an dem man sich nicht sattsehen konnte, vielleicht, weil solche Bilder ein ebenso Furcht einflößender Anblick sind, wie sie zugleich eine große, majestätische Ruhe verströmen und sogar ein Gefühl von Geborgenheit geben. Sie besitzen eine Aura, man spürt die Nähe einer fernen Macht, wenn Autos und Häuser wie Spielzeug durch die Luft gewirbelt oder weggeschwemmt werden

Sie zeigen eine Situation, wo man selbst ganz klein und alle Abstrampelei unnütz wird. Man kann nur gaffen, machen kann man nichts, der Kampf ums Dasein hat Pause und ich auch. Ich muss nicht rackern, sondern kann die Hände falten, denn mein Schicksal liegt nicht mehr in meiner, sondern in Gottes Hand. Gewaltige Katastrophen sind immer alles zugleich –Verhängnis, Andacht, Offenbarung und Wunder.

Doch diesmal hatten die Menschen selbst das Wunder vollbracht. Der Atompilz kündete von menschlicher Zauberkraft, die alles überstieg, was man bislang für möglich gehalten hatte. Man war überwältigt und erschüttert, also genau in der richtigen Verfassung dafür, einen Glauben zu entwickeln. Es wurde der Glaube an künftig grenzenlos und unbeschränkt zur Verfügung stehende Warenmengen. Und damit war der Klassenkampf obsolet geworden, bei dem es nach landläufigem Verständnis um die Verteilung knapper Güter ging.

Zu Beginn der 60er Jahre bereits wurden die Fusionsreaktoren projektiert, die heute immer noch nicht funktionieren. Sie würden sich, dachte man damals, mit Meerwasser speisen lassen, nur einem winzigen Teil desselben freilich, aber der war immer noch groß genug, um für alle Zeiten auszureichen.

Das bedeutete Strom in unerschöpflicher Menge. Und mit Strom in unerschöpflicher Menge kann man alles machen, auf Grönland Südfrüchte züchten oder Fußbodenheizung für Autobahnen. Das Land, wo Milch und Honig fließen, lag direkt vor der Haustür.

Endlich daheim, wieder zurück im Paradies, aus dem Gott, der Herr, uns verscheucht hatte mit den an Adam gerichteten Worten:

> »Im Schweiße deines Angesichts sollst du dein Brot essen, bis dass du wieder zu Erde werdest, davon du genommen bist. Denn du bist Erde und sollst zu Erde werden.«

Von wegen! Schwitzen würden fortan die Reaktoren, für die Menschen gab es Klimaanlagen und eisgekühlte Drinks am Pool, noch nicht für alle freilich, aber das würde sich bald ändern. Keiner brauchte den Gedanken bedichten und erklären, weil er selbstverständlich war.

In schöne Worte gefasst wurde dieses Lebensgefühl erst viele Jahre später, als seine Endphase angebrochen war, das Auswickeln zum Einsargen. Was die Menschen verloren haben, davon reden sie. Solange sie es besitzen, reden sie davon nicht. Im Pariser Mai 1968 wurden die verblichenen Hoffnungen aus der Anfangszeit des Atomzeitaltern noch einmal ins Bewusstsein geholt, um sie anständig beerdigen zu können. Die Revolution war ein Trauerzug, das revolutionäre Paris war ein Friedhof, und die Häuserwände waren Grabsteine, auf denen hingekritzelt die Namen der Verstorbenen standen. Es waren Parolen wie *Sous les pavés, la plage*, *L'imagination prend le pouvoir!*, *Soyez réalistes, demandez l'impossible.*

Aktuelle Beispiele wären der Refrain von Obamas erster Wahlkampagne, *Yes we can*. So singt man, wenn man nicht mehr kann. Wer kann, singt nicht, sondern macht. Desgleichen Buchtitel wie »Der kommende Aufstand« oder »Empört euch!«. Sie sind ein Abschiedsgruß, ein Winke-Winke und kein Signal zum Aufbruch. Die Zeit für solche Dinge ist vorbei – so der Klartext der Botschaft –, sie sind Kulturmüll geworden. Dann rücken Fernsehen und Feuilleton an und entsorgen die Überreste umweltfreundlich durch Recycling.

Aber der Reihe nach, wir stehen noch nicht an der Bahre, sondern an der Wiege. Wir fühlen uns wie neu geboren, denn die Sache mit dem eigenen Schweiß, der uns das Brot versalzen sollte, ist ausgestanden und erledigt. Der alte Mann da oben, der uns schwitzen lassen wollte, hatte wieder mal den Mund zu voll genommen und Adams Cleverness nicht bedacht.

Doch dann war da noch die Sache mit der Erde: »Denn du bist Erde und sollst zu Erde werden«, hatte der Herr gesagt. Dem ließ sich schwer widersprechen, dieser Teil des Fluches behielt seine Gültigkeit. Also saß der Typ da oben doch wieder am Drücker. Die Machtfrage ist nicht die Frage, wer stärker ist, sondern wer wen abschalten kann, ich den Motor oder er mich. Im Paradies waren Adam und Eva als Personen unsterblich gewesen, draußen nur ihre Gene, und für die gilt, was Woody Allen über andere Hinterlassenschaften sagte: »Ich möchte nicht durch meine Werke unsterblich werden, sondern indem ich nicht sterbe.«

Man war ja immer noch in des Allmächtigen Hand. Der Allmächtige hatte sich sogar verdoppelt, jetzt waren es gleich zwei von seiner Sorte geworden, und jeder der beiden hat unter berufsbedingter Schizophrenie gelitten, was bedeutete, dass wir gleichzeitig vier verschiedenen Herren dienen mussten.

Der Herr ist der Herrscher über Leben und Tod, und unsterblich war man durch die Atomenergie nicht geworden, ganz im Gegenteil. Sterben ist etwas, das jeder muss und keiner will. Folglich blieb man einem fremden Willen unterworfen. Der Einzelfall verblieb im Zuständigkeitsbereich des alten Gottes, also waren wir ihn nicht losgeworden. Aber der kollektive Atomkatastrophentod im nuklearen Krieg, der alles Leben auf der Erde auslöschen würde, war ein neuer Geschäftsbereich mit eigenem Direktor. War er das? Oder war nur der alte Gott durch die Kernenergie noch mächtiger geworden? War er geblieben, was er schon immer war? Eine Frage an die Theologen.

Im Alltag behalf man sich damit, alle Varianten bunt durcheinander zu mischen. Wenn damals das Wetter die Menschen überraschte, was es eigentlich immer tut, dann tuschelten sie einander zu, das sei die Strafe Gottes oder die Rache der Natur dafür, dass die Russen und die Amerikaner mit ihren Atombombentests die ganze Atmosphäre durcheinander brächten. Die CO^2-Version der Klimageschichte kannten sie noch nicht.

Sicher ist nur, dass Persönlichkeitsspaltung die unheilbare Erbkrankheit jeder Allmacht ist – kein Gott ohne Teufel, kein Himmel ohne Hölle. Die Fähigkeit, Menschen und Welt zu erschaffen, beinhaltet die weitere, sie nach Belieben zu zerstören wie ein spielendes Kind seine Sandburg am Strand. Macht über eine Sache zu besitzen heißt also, sie vernichten zu können. Geld gehört mir, wenn ich die Scheine auch in den Ofen stecken kann.

Ohnmacht heißt, einer solchen Macht ausgeliefert zu sein. Deshalb ist Gott in den Religionen ein Typ, der schon einmal die Welt zerstörte und es wieder tun wird. Da die Menschen früher statt unserer linearen Zeit die zyklische kannten, waren Weltuntergänge Ereignisse wie Sommer und Winter, nur in kosmischer Dimension. Die Schöpfungsgeschichte beginnt mit einem Weltuntergang und endet mit dem nächsten, worauf hin sich der Zyklus wiederholt. Um als Allmächtiger anerkannt zu werden, muss Gott also den Nachweis führen, dass er die Welt vernichten kann. Er liegt vor in der Überlieferung, dass alles mit einem Weltenende begonnen habe, und an diese Reihenfolge hielt sich auch die Atomenergie.

Der Glaube an die Machbarkeit einer Welt, deren sämtliche Probleme diese Technologie lösen würde, gründete sich auf die nachgewiesene Machbarkeit des genau entgegengesetzten Vorhabens, nämlich des Manhattan-Projekts, der Entwicklung der Atombombe von 1942 bis 1945. Manpower von zeitweilig mehr als 100.000 Personen und Kapitaleinsatz von 23 Milliarden Dollar nach heutiger Kaufkraft hatten das Unmögliche möglich gemacht, den Atomblitz, »heller als tausend Sonnen«, wie am Projekt beteiligte Atomwissenschaftler ihn beschrieben, die sogar in indischer Mythologie bewandert waren. So gebildet sind wir heute nicht mehr, dafür haben wir Wikipedia und lesen:

»Der Ausdruck *heller als tausend Sonnen* stammt aus der hinduistischen Religion. Die Allgöttin Devi wird als schöne Frau beschrieben, deren Antlitz heller als tausend Sonnen scheint. Es heißt, wenn sie blinzelt, erschafft sie dadurch das Universum neu (zyklisches Weltbild). – Der Ausdruck wurde beim ersten Atombombentest im Rahmen des Manhattan-Projekts von den beteiligten Forschern aufgegriffen, um den entstehenden Atomblitz zu beschreiben.«

Diese tausend Sonnen waren es, nicht die Neonröhren, die den Reklametafeln eine Strahlkraft verliehen, die bis in die Seele drang. Allerdings verstrahlten sie auch die Atmosphäre, und das war eher unerwünscht. Durch den Fallout bei Kernwaffentests hatte die Radioaktivität dort sich fast verdoppelt. 1963 trat ein internationaler Vertrag in Kraft, welcher den Unterzeichnerstaaten oberirdische Kernwaffentests verbot. Der letzte amerikanische fand im Juni 1963 statt.

Protestbewegung und Apollo 11

Da traf es sich gut, dass die USA schon das nächste Spektakel in der Pipeline hatten. Während der langwierigen Vertragsvorbereitungen wurde klar, dass der Atompilz seine Faszination als Symbol industrieller Allmacht allmählich verlieren musste, weil die Leute bei seinem Anblick nicht mehr erschauern wollten, sondern ganz kleinkariert an den Fallout und etwaige gesundheitliche Folgen für sich selbst dachten. Und Kennedy, seinerseits inspiriert von den Russen im Weltraum, kam auf die Idee, dass statt des Atompilzes die Mondrakete das Wahrzeichen des nächsten Jahrzehnts werden sollte.

Jede neue Hollywoodproduktion wurde damals beworben als *teuerster Film aller Zeiten*, also nicht mehr der Wert einer Ware bestimmt den Preis, sondern der Preis den Wert. Kennedy legte noch eine Schippe drauf, in seiner berühmten Rede vor dem amerikanischen Kongress 1961:

> »Ich glaube, dass dieses Land sich dem Ziel widmen sollte, noch vor Ende dieses Jahrzehnts einen Menschen auf dem Mond landen zu lassen und ihn wieder sicher zur Erde zurückzubringen. Kein einziges Weltraumprojekt wird in dieser Zeitspanne die Menschheit mehr beeindrucken, oder wichtiger für die Erforschung des entfernteren Weltraums sein; und keines wird so schwierig oder kostspielig zu erreichen sein.«

Wie von Kennedy versprochen brach die Apollo-Mission (1961-1972) alle Rekorde. Sie kostete nach heutiger Kaufkraft 120 Milliarden Dollar und beschäftigte 400.000 Mann. Schon der Aufwand des Unternehmens machte staunen, und dann kam das allergrößte Wunder: Der Eintritt war frei. Die Landung eines Amerikaners auf dem Mond im Juli 1969 wurde im Fernsehen übertragen.

Heute noch kursiert das Gerücht, die Bilder seien statt aus dem Orbit aus dem Studio gesendet worden, aber darauf kommt es nicht an. Ob echt oder Fake, der bemannte Mondflug war eine Show, die nach dreijähriger Laufzeit wieder aus dem Repertoire genommen wurde. Wie beim Vietnamkrieg, den ebenfalls Kennedy begonnen hatte: Ein großer Aufbruch, dann die Bauchlandung, und zum Schluss ist man wieder daheim.

Ein ähnliches Schicksal sollte der Protestbewegung beschieden sein, einem Spin-off der Atom-Euphorie und der Apollo-Jahre. In ihr verband sich der Schwung jener

Zeit mit einer Gegenreaktion auf sein Abklingen, analog etwa zur sekundärseitigen Überspannung, die bei der Trennung eines Trafos vom Netz entsteht und verantwortlich ist für den Knackser im Lautsprecher beim Abschalten des Verstärkers.

Noch mal in Kurzform: Die Protestbewegung war das Knacksen im Lautsprecher, wenn man der Anlage den Saft abdreht. Also so was wie ein letzter Seufzer.

Jeder Widerstand wird erzeugt von den Triebkräften der gleichen Gesellschaft, gegen die er sich richtet. Er ist deren Produkt, er ist von ihr geprägt, er ist ein Teil von ihr, wie sehr die verfeindeten Kontrahenten dies auch bestreiten mögen. Und aus der zeitlichen Distanz betrachtet verschmelzen sie beinahe miteinander.

Während die Apollo-Mission mit ersten Testflügen (ab 1966) Gestalt annahm, kam auch die Protestbewegung in Fahrt, denn eine ganze Generation wuchs heran im festen Glauben an grenzenlose Machbarkeit. Die Atombombe schien den Beweis für göttliche Allmacht in Menschenhand geliefert zu haben, die nachfolgende Eroberung des Weltraums ergab sich daraus wie von selbst. Der Endsieg wurde zur zentralen Denkfigur der Epoche, weil er in der Idee des Fortschritts steckt, denn Fortschritt ist, was die Welt für immer verändert, also jeweils neue Ewigkeiten schafft.[4]

Natürlich vermied man das Wort, die Nazis waren mit ihrem Retortenarier und der judenreinen Welt ein wenig übers Ziel hinausgeschossen und hatten es kompromittiert. Aber Fortschritt ist Erlösung von altem Übel oder

[4] Es spricht für die Gegenwart, dass der Begriff des Fortschritts im emphatischen Sinn aus der Mode gekommen ist. Stattdessen spricht man neutral von Innovation, und Fortschritte, stets im Plural, beziehen sich auf Projekte.

vom alten Fluch, etwa dem, sein Brot im Schweiße seines Angesichts essen und Kinder unter Schmerzen gebären zu müssen, und Erlösung heißt immer Endlösung. Die Welt soll nach vollbrachter Tat eine ganz andere sein, egal ob auf ewig ohne Schweiß, Armut, Krankheit oder Juden.

Nur diese Logik erklärt zum Beispiel, weshalb ein Wissenschaftler, der Epidemiologe und Kinderarzt William Stewart, der damals den Chefposten der obersten US-Gesundheitsbehörde innehatte, sich 1969 zu einer seither oft zitierten Falschmeldung hinreißen ließ: »Es ist soweit, das Buch der Infektionskrankheiten zu schließen und den Krieg gegen die Seuchen als gewonnen zu erklären.« Er meinte natürlich: Für immer und alle Zeiten.

Der trockene Kommentar eines Wissenschaftlers 40 Jahre später: »Dabei hat man natürlich vergessen, dass Antibiotika-Einsatz nichts anderes ist als Evolution bei der Arbeit. Das Entwickeln einer Resistenz muss man wirklich im Sinne der Evolution als einen ganz natürlichen Vorgang betrachten.«[5]

Doch damals, in den 60er Jahren des vorigen Jahrhundert, war man überzeugt davon, lauter letzte Gefechte zu bestreiten und sie alle zu gewinnen. Der Mangel durch Atomenergie überwunden, der Weltraum erobert, die Mikroben bezwungen – nur das allerletzte der letzten Gefechte fehlte noch, dasjenige nämlich, welches die *Internationale* besungen hatte.

Die Heranwachsenden besaßen Formgefühl genug, diesen Mangel, diese Unvollkommenheit zu erspüren, und sie waren für ihre historische Mission bestens präpariert.

Sie hatten das himmelsstürmerische Triumphgeheul je-

[5] Deutschlandfunk, »Wissenschaft im Brennpunkt«, 19.8.2012, zitiert nach dem Sendemanuskript.

ner wilden Jahre reinen Herzens für bare Münze genommen und mit kindlicher Arglosigkeit der Propaganda geglaubt, die einen Triumph menschlicher Willens- und Geisteskraft an den anderen reihte.

Deshalb wurden sie Rebellen. Denn setzte man die menschliche Allmacht ohne Einschränkung als gegeben voraus, so warf dies zwangsläufig die Frage auf, warum eigentlich auf der Erde immer noch Armut, Elend, Hunger, Ausbeutung und Kriege existierten.

Und menschliche Allmacht vorausgesetzt, konnte die Antwort nur lauten: Weil an den Schaltstellen der Gesellschaft Personen saßen, die genau das wollten, nämlich Armut, Elend, Hunger, Ausbeutung und Kriege.

Wer zum Mond fliegen konnte, so die Logik, für den sollte die Abschaffung von Armut und Diskriminierung unten auf der Erde im eigenen Land ein Kinderspiel sein, wenn er das nur wollte. Also beschloss man, es zu wollen und obendrein noch die Umkrempelung der ganzen Welt.

Regelrecht besessen von dieser Marotte aus dem Land der unbegrenzten Möglichkeiten, hoffnungslos verfallen diesem Machbarkeitsrausch, waren damals wir alle, die wir irgendwo in Kleinkleckersdorf wütend gegen den US-Imperialismus, unser Spiegelbild, demonstrierten. Die Weltrevolution ist nämlich eine ausgesprochen imperiale Idee, und man braucht schon die Schubkraft einer Saturn V im Hirn, um so verrückt zu werden, dass man sie für realistisch hält.

Erst viel später kam heraus, welche realpolitischen Optionen in der verblasenen Schwärmerei gesteckt hatten, nämlich als es nicht mehr um die Unterstützung von Befreiungsbewegungen ging, sondern um die Rolle der Schutzmacht für Artenvielfalt, tropischen Regenwald und Bio-Sprit, im Interesse der eigenen Lunge. Aber man hatte sich verrechnet. Aus dem Spielzeug für selbstsüchtige sozialrevolutionäre oder ökologische Fantasten von den Wohlstandsinseln der Welt waren mächtige Schwellenländer geworden, mit denen nicht gut Kirschenessen ist.

Auch oder gerade als Genasführter hat man Spaß daran, die Zusammenhänge aufzudröseln. Der Bessere soll gewinnen, und dass der Bessere die Geschichte mit ihrer riesengroßen Trickkiste gewesen ist und wir daneben das kleine Dummerchen mit Zahnspange und Schielbrille waren, muss man neidlos anerkennen. Unglaublich, was die Geschichte mit uns schlittengefahren ist, und der beste Witz dabei: Sie ließ uns im Glauben, wir stünden auf der Kommandobrücke. Einfach herrlich.

Doch damals waren wir für solchen Humor nicht zu haben. Wir büffelten verbiestert unseren Marx und wurden dabei zu Komödianten. Vollkommen korrekt hatte der Meister geschrieben:

> »Die Tradition aller toten Geschlechter lastet wie ein Alp auf dem Gehirn der Lebenden. Und wenn sie eben damit beschäftigt scheinen, sich und die Dinge umzuwälzen [...] beschwören sie ängstlich die Geister der Vergangenheit zu ihren Diensten herauf, entlehnen ihnen Namen, Schlachtparole, Kostüme, um in dieser altehrwürdigen Verkleidung und mit dieser erborgten Sprache die neue Weltgeschichtsszene aufzuführen.«[6]

Das war natürlich als Kritik an vorproletarischen Revolutionen gemeint gewesen, doch viele Genossen missverstanden die Kritik als als *How to do*. Proletariermützen und Arbeiterkittel wurden trendy, es wurden kommunisti-

[6] Karl Marx, »Der 18. Brumaire des Louis Bonaparte«, Insel-Ausgabe S. 9

sche Parteien gegründet, es wurde Kaderschulung mit Kursen über Lohnarbeit und Kapital organisiert, als habe man die Oktoberrevolution noch vor sich.

An anderer Stelle aber lag das Missverständnis schon bei Marx selbst. Berühmt ist sein Satz: »Man muss diese versteinerten Verhältnisse dadurch zum Tanzen zwingen, dass man ihnen ihre eigne Melodie vorsingt«. Und genau das taten wir doch, indem wir den schwächelnden Glauben an menschliche Allmacht und die Möglichkeit einer perfekten Welt mit unseren radikalen Forderungen auf die Spitze trieben. Aber wir waren die einzigen, die dabei tanzten, die Verhältnisse taten es nicht.

Marx hatte übersehen, dass anschwellender Gesang auch ganz einfach den Pegel konstant halten kann, wenn die Musikanten müde werden und die Kapelle leiser spielt. Er hatte Kompensation mit Revolution verwechselt und geglaubt, ein System stürzen zu sehen, während er Zeuge des Wirkens seiner Selbsterhaltungskräfte wurde – ein Irrtum, dem die Linken bis heute treu geblieben sind.

Wenn man das Ende kennt, erinnert jedenfalls die Radikalisierung der Machbarkeitsideologie bei den Rebellen im Moment des beginnenden Zerbrechens von deren offizieller Version weniger an dialektische Geschichtsphilosophie. Diese Radikalisierung erinnert eher an viele bekannte Naturphänomene wie das bereits erwähnte Knacksen im Lautsprecher: Wenn Wasser gefriert, setzt es Wärmeenergie frei, wie wenn es seinen Aggregatzustand erhalten wollte. Ebenso das Eis, nur umgekehrt. Die Schmelze bewirkt Abkühlung und erfordert Zufuhr von Wärmeenergie, die dann im Wasser gebunden ist.

Analog dazu war die Protestbewegung die Bewegungsenergie gewesen, die von einer dynamischen Gesellschaft, deren Gottheit der Fortschritt gewesen war, freigesetzt wurde in der Phase ihres Erstarrens. Das Revolutionstheater auf den Straßen kämpfte an gegen die fortschreitende gesellschaftliche Stagnation und half, sie zu verdecken. Die Rebellion zögerte den Zeitpunkt hinaus, wo aus dem Westen nur noch die Schreckensnachricht gemeldet werden konnte: »Nichts Neues!« Und als auch noch der Rebellion die Puste ausging, stemmte die wiederum, wie zuvor die Gesellschaft, sich gegen die Erstarrung, indem sie die RAF gebar.

Doch zehn Jahre später war das Feuerwerk endgültig abgebrannt, oben am Himmel wie unten auf der Erde. Bemannte Mondflüge waren eingestellt worden, die Revolutionäre wurden alternativ. Rückblickend erscheint die Protestbewegung wie ein Duplikat von Apollo 11. Beider wohlwollende Beurteilung fünfzig Jahre später hebt die Spin-off-Effekte hervor. Bei der Weltraumfahrt ist die teflonbeschichtete Bratpfanne abgefallen, bei der Protestbewegung waren es etwas zwanglosere Umgangsformen. Hier wie dort viel Theater, hier wie dort wurde aus den Anschlussprojekten nichts. Nach der Mondlandung kein Aufbruch zum Mars, und wenn man auf den Demos seine Sprüche aufgesagt hatte, wurde anschließend nicht der Regierungssitz gestürmt, sondern man ging wieder nach Hause. Abschminken und Tee trinken, die Vorstellung war gelaufen.

Krebs wuchert weiter, Ressourcen schrumpfen

Als auch noch die Vorstellungen gestrichen wurden, ging man in sich. Der Feind saß nun im eigenen Bauch und in der eigenen Brust, zum Feind erklärt wurden die anerzogene Triebunterdrückung und die Pestizidrückstände im Gemüse. Ganz ähnlich die Entwicklung im offiziellen Amerika, nur deutlich konsequenter.

Wider Erwarten hatte sich Nixon als ein Friedenspräsident entpuppt und damit dem Antiimperialismus viel Wind aus den Segeln genommen. Er beendete den Vietnamkrieg, den Kennedy angefangen hatte, er besuchte Mao Tsetung, er machte Entspannungspolitik mit Moskau. Auch dieser Hardliner, der vom Charakter her irre genug war, den Einsatz von Atomwaffen in Vietnam zu erwägen, hatte gegen den Trend und die Fakten keine Chance.

Auf dem Mond nichts zu holen, in Vietnam auch nicht, im Ostblock schon gar nicht, der Mann hatte resigniert. Seit der Kuba-Krise 1962 unter Kennedy hatte die Welt nicht mehr mit angehaltenem Atem nachts vor dem Radio oder Fernseher gesessen und gewartet, ob der Atomkrieg nun losgehen würde oder nicht.

In Moskau wurde die Weltrevolution abgesagt, irgendwann würde die Geschichte es schon richten. In Washington wurden die Pläne beerdigt, die Welt mit Gewalt vom Kommunismus zu befreien. Das atomare Patt lähmte alle Kampfeslust, man konnte sich auf nichts mehr verlassen, nicht mal auf den Feind. Aber nach Großtaten, die ihm einen Platz in den Geschichtsbüchern sichern würden, stand auch Nixon der Sinn, zumal ganz dringend wieder ein Wunder fällig war, um den abgeschlafften Glauben an menschliche Allmacht und amerikanische Überlegenheit wieder aufzurichten. Und vom Wunder zum Wunderheiler ist es nur ein Schritt.

Unter Nixons Führung beschloss deshalb der Kongress 1971 mit 79 Jastimmen und nur einer Gegenstimme den *National Cancer Act*, ein Gesetz, dass die Grundlage für die Finanzierung eines nationalen *Krieges gegen den Krebs* werden sollte. Der *War on Cancer* war ein Vorläufer von *War on Terror*, aber gegen den Terror damals, der von innen kam, aus dem eigenen Körper.

Das Schreckgespenst ist ein vagabundierender Verkleidungskünstler, sehr schön und treffend hat eine Kolumnistin damals seine Wanderungen und Kostüme beschrieben, Siddhartha Mukherjee zitiert sie in seinem berühmt gewordenen Buch:[7]

> »Die *Big Bomb* wich dem *Big C*. Als ich in den Fünfziger Jahren aufwuchs, war es *die Bombe*. Dieses Ding, die Bombe, gehörte untrennbar zu einer Generation von Kriegskindern [...] Aber auch unsere Ängste sind wankelmütig. Offenbar haben wir unsere Furcht vor atomarer Vernichtung aufgegeben, aber nicht die Ursachen der Ängste beseitigt. Die makabre Hitparade führt jetzt der Krebs an. Die mittelgroßen Kinder, die ich kenne, scheinen heute überzeugt zu sein, dass der Tod nicht mit einem großen Knall kommt, sondern mit einem Tumor.«

Die Bedrohung der Amerikaner von innen durch Tumore war keine, die der Oberkommandierende mit dem Einsatzbefehl »Nuke them« aus der Welt schaffen konnte, also gewiss keine nach Nixons Geschmack. Aber Nixon war klug genug, aus der misslichen Lage das Beste zu machen. Wenn man sie nämlich positiv bedachte, war sie fast ein Geschenk des Himmels. Denn Bedrohung bedeutet Feind. Feind bedeutet Krieg. Krieg bedeutet Ruhm, man musste ihn nur gewinnen. Doch einen Krieg diesmal, worin als Waffen Projektmanagement, Manpower und Kapitaleinsatz verwendet würden.

[7] Siddhartha Mukherjee, »Der König aller Krankheiten«, Köln 2012, S. 244. Die ganze Darstellung des *War on Cancer* beruht auf diesem großartigen Buch, das vollkommen zu Recht 2011 mit dem Pulitzer-Preis 2011 ausgezeichnet wurde und die Bestsellerlisten anführte.

Solche Schlachten waren populär, und Amerika hatte sie stets gewonnen – das letzte Gefecht gegen die Mikroben doch auch. Der nächste Endsieg schien so leicht zu werden wie das Pflücken einer reifen Frucht vom Baum.

Doch diesmal wurde aus dem letzten Gefecht ein Stellungskrieg ohne Geländegewinne. Die Apollo-Mission hatte immerhin noch ihr Ziel, den Mond, erreicht, freilich nur, um festzustellen, dass dort Endstation und nichts zu holen war. Der *War on Cancer* erreichte gar nichts, der geringe Prozentsatz an Krebs erkrankter und dauerhaft von ihm geheilter Patienten blieb über die nächsten zehn Jahre konstant.

Die Niederlage im Krieg gegen den Krebs war ein weiterer Dämpfer für den Glauben an die industrielle Machbarkeit und Käuflichkeit irdischen Glücks. Mit der gottgleichen menschlichen Allmacht war es wohl doch nicht so weit her, irgendwo zog da noch ein anderer die Fäden. Keiner entkommt seinem Schicksal, dämmerte es in den Hinterköpfen.

Eine Patientin, die Siddhartha Mukherjee zitiert, bringt es auf den Punkt: »Ich weiß nicht, warum gerade ich diese Krankheit bekommen habe, aber ich weiß auch nicht, warum gerade ich sie überlebt habe.«[8] Der Arzt wusste es auch nicht. Und wenn man das nicht mal weiß, könnte man weiterdenken, was weiß man dann überhaupt?

Über den Krebs heute, 40 Jahre später, und nachdem das Zeitalter erwarteter Endsiege wirklich vorbei ist, nur soviel:

> »Sein Streben nach Unsterblichkeit spiegelt unser eigenes Streben wieder, das schon im Embryo und in der

[8] Ebenda, S. 205

Erneuerungsfähigkeit unserer Organe angelegt ist. Irgendwann wird ein Krebs, wenn er Erfolg hat, ein viel perfekteres Wesen hervorbringen, als sein Wirt es ist – ausgestattet mit Unsterblichkeit und einem ungeheuren Fortpflanzungsdrang. Man könnte sagen, dass die in meinem Labor wachsenden Leukämiezellen, die von einer drei Jahrzehnte früher verstorbenen Frau stammen, diese Art der ›Vollendung‹ bereits erreicht haben. [... Es] ist sehr gut möglich, dass [...] es uns von Natur aus bestimmt ist, auf ein malignes Ende zuzuschlurfen [...] Dann ist die Frage nicht, *ob* wir zu Lebzeiten dieser unsterblichen Krankheit begegnen, sondern *wann.*«[9]

Mit anderen Worten: Das Übel Krebs werden die Menschen nur dann für immer los, wenn sich sich selbst ausrotten. Sie können mit diesem Übel leben oder gar nicht.

So desillusioniert war man Anfang der 70er Jahre des vorigen Jahrhundert noch nicht, wohl aber auf dem besten Weg, es zu werden. Am Horizont zog neuer Trübsinn auf, irgendwie schien der Menschheit ein richtiger großer Krieg mit einem richtigen großen Sieg zu fehlen. 1972, als es noch gar keine Ökos und Grüne gab, hatte der exklusive *Club of Rome*, eine Vereinigung hochkarätiger Industrieller, Unternehmensberater und Wirtschaftsexperten, seine weltweit 30 Millionen mal verkaufte Unkerei »Die Grenzen des Wachstums« publiziert. Der Inhalt in einem Satz: In 100 Jahren sei es mit dem Wachstum vorbei.

In 100 Jahren freilich ist der Prophet tot und seine Prognose vergessen, Langzeitvorhersagen sind zum sofortigen Verbrauch bestimmt. Sie müssen nicht wahr sein, sondern glaubhaft, und das sind sie, wenn sie den Leuten

[9] Ebenda, S. 566

aus der Seele sprechen. Der sensationelle Erfolg des Buches beweist, dass es genau den Nerv des veränderten Lebensgefühls getroffen hatte.

Es fand ein Klimawandel statt, das Wort natürlich als Metapher genommen. Abschmelzende Polkappen und ansteigende Meeresspiegel wurden erst später nachgereicht, am Anfang stand das unbestimmte Gefühl, dass es drückender und hitziger werde, wie für einen hektischen Büroangestellten, der sich mit verzerrtem Gesicht an die Krawatte greift, um die Schlinge aufzureißen. Kann sein, dass er auf die Raumtemperatur reagiert, kann aber auch sein, er hat gerade die Kündigung gekriegt.

Man hatte begonnen, sich eingezwängt zu fühlen. Im Erscheinungsjahr der »Grenzen des Wachstums« wurde, wie schon erwähnt, die Apollo-Mission Geschichte, der bislang und bis auf weiteres letzte Mensch landete am 12. Dezember auf dem Mond. Der Ausbruch ins Weltall war gescheitert, der Käfig hienieden war wieder dicht. Er konnte nicht mehr größer werden, nur voller. Also zusammenrücken, dabei war das Boot schon übervoll. Hatte man den Atomkrieg nur überlebt, um danach ein Opfer der Bevölkerungsexplosion zu werden? Den Alten in den Wohlstandsländern und nicht nur ihnen wurde ganz gruselig, wenn sie an die vielen Nachrücker dachten. Aber sie hielten die Stellung, aßen noch mehr Knoblauchpillen, gaben das Rauchen auf und sangen trotzig »gekommen, um zu bleiben«.

Die menschenfeindliche Angst vor der Bevölkerungsexplosion war eine Spätfolge gut gemeinten Verantwortungsgefühls für das Elend in der Dritten Welt – so nannte man damals den Rest, der weder alte Welt, also Europa, noch neue Welt, also Amerika war. Kein Verantwortungsbewusstsein, aus dem nicht Machtansprüche abgeleitet würden, und welche das sind, zeigt sich oft erst später. Man hatte den Spießern vorgeworfen, nicht über den eigenen Gartenzaun hinaus zu schauen. Sie nahmen es sich zu Herzen, gelobten Besserung – und begannen, die Geburtenraten in den fernsten Teilen der Erde voller Argwohn zu beäugen. Besondere Angst hatten sie damals vor dem Vermehrungstrieb der Chinesen, von dem sie heute leben, insofern China der zweitgrößte Exportmarkt für deutsche Autos geworden ist.

Aber die Zukunft kannte damals keiner, und die Frage war: Womit die vielen zusätzlichen hungrigen Mäuler stopfen? Auf der Erde gab es schon lange nichts mehr, was nicht irgendwem gehörte, jedes Fleckchen war vermietet und verpachtet und die Welt ein einziger parzellierter Schrebergarten. Neuland für eine neue Welt ließ sich nur noch auf dem Mars erobern, und so weit kam man eben nicht.

Ein Jahr später, 1973, und wie um den Wachstumspessimismus zu bestätigen, brach über die Autofahrergesellschaft die erste Ölkrise herein mit sonntäglichen Fahrverboten. Aus der Traum vom Überfluss für alle. »Begrenzte Ressourcen« hieß, dass die Evolution wieder zuschlagen würde, also der Kampf um die dicksten Happen.

Damit hatten das Verbraucherparadies für alle und dessen grenzenlose Expansion sich erledigt. Husch, husch, zurück ins Körbchen, hieß der neue Marschbefehl. Die Imperialisten kehrten Vietnam den Rücken und die Antiimperialisten den Befreiungsbewegungen in der Dritten Welt. Retro war angesagt und blieb es. Aus der Protestbewegung wurden die *Grünen*, eine Schutzgemeinschaft für Landwirtschaft und Mittelstand. Letzterer half in nächtlichen Einsätzen wandernden Kröten über befahrene Straßen, weil er in diesem Tier, das unter die Räder kam und vom Fortschritt überrollt wurde, den artverwandten Bruder im Leid und Schicksalgefährten erkannte.

In einem letzten Aufbranden von massenhafter Militanz kannibalisierte die gealterte deutsche Protestbewegung ihren Großvater, die Atomenergie, derer es bedurft hatte, um das Wunder möglich zu machen, dass deutsche Studenten und Akademiker sich ausnahmsweise einmal nicht wie sonst üblich für Chauvinismus, Rassismus und Nationalsozialismus entschieden. Wer diesen Zusammenhang bezweifelt, sollte sich fragen, ob er wirklich glaubt, er sei als revolutionärer Engel direkt vom Himmel gefallen und ausgerechnet in Deutschland gelandet.

Die Proteste von Wackersdorf usw. waren eine Abrechnung mit der eigenen Vergangenheit gewesen, eine Abrechnung mit dem eigenen Willen zur Macht, mit der Vision von grenzenloser Machbarkeit. Die Radikalität und Militanz der Demonstranten war die Wut enttäuschter Renegaten, die mit der Parole *Waffen für den Vietcong* angefangen hatten und bei der Parole *Schwerter zu Pflugscharen* gelandet waren.

Dafür sollten die Reaktoren büßen. Statt die Schuld in unvermeidlichen, weil zeitbedingten eigenen Irrtümern zu suchen, flüchteten die Demonstranten vom einen Wahn gleich in den nächsten. Nunmehr galt die Atomenergie, weil sie als Mittel zum Machbarkeitsrausch benutzt worden war, grundsätzlich als Teufelszeug, das Mensch und Natur bedrohe.

Wie wenn nicht genau umgekehrt eine tüchtige Portion Strontium 90 im Körper die einzige Rettung für die Meeresfische vor dem Aufgefressenwerden durch die Menschen wäre.

Nach jenen militanten Protesten und allerlei Kuriositäten kehrte Alltag ein. Bei den Grünen, im Falle Trittins früher KB Nord, standen Fächer wie Bewahren, Erhalten und Pflegen auf dem Stundenplan.

Kein Aufbruch mehr zu neuen Welten und fernen Planeten, sondern wieder hin zur Natur, aufs Land, in die Vergangenheit, zu den Ahnen. Rettet die Fossilien! Vorwärts Genossen, wir müssen zurück!

Kommunismus versickert wie Regenwasser

Und so kam es. Mit einem dreckigen Lachen erfüllte der liebe Gott im Himmel den Ex-Genossen ihren Herzenswunsch. Wie ein vom Prinzen wachgeküsstes Dornröschen erhob sich auf einmal *Old Europe* aus der Zeit vor WK1 wieder von der Matte, doch es war gar nicht schön, eher zum Erschrecken.

Dem Westen war das Übelste zugestoßen, was unter Rivalen passieren kann, nämlich dass der andere ohne Feindberührung plötzlich umkippt. Man weiß nicht, was los ist, man fühlt sich schuldig, man fühlt sich einsam, man fühlt sich betrogen um den Sieg. Und ausgerechnet der Ostblock! Sein plötzliches Abtauchen erinnerte an das der Titanic, die als unsinkbar gegolten hatte, mit dem gravierenden Unterschied freilich, dass es in diesem Fall, also beim Ostblock, nicht mal einen Eisberg gab.

Längst war aus der Blockkonfrontation der Nachkriegszeit die friedliche Koexistenz geworden, eine Art Freundschaft zwischen Feinden. Allen Stänkereien gegen den Kommunismus zum Trotz hatte der Westen den Ostblock als Fels in der Brandung geschätzt, als schweren Anker in aufgewühlter See. Dort sprangen keine verrückten Hippies durch die Gegend und ballerte keine RAF herum. Ausnahmefehler an der Peripherie wie in Prag oder Danzig wurden von der Moskauer Fernwartung schnell und zuverlässig gefixt. Der Ostblock war, mit einem Wort, die tragende Säule unserer bipolaren Weltordnung gewesen.

Und nun hatte diese Säule sich einfach davongemacht, lautlos, spurlos, wie ein Dieb in der Nacht. Aber Säulen können doch gar nicht laufen. Trotzdem war sie plötzlich weg, einfach verschwunden. Und keiner hatte sie geklaut oder umgeschubst. Es gab eben keinen Täter, und weil es keinen Täter gab, konnten die Geheimdienste auch keinen finden. Sie wussten nicht mehr als der ahnungslose Rest. Es war halt so passiert, noch besser würde die altertümliche Redewendung »es begab sich« den Sachverhalt beschreiben. Das war kein Putsch, kein Umsturz, keine Revolution, das war irgendwas ganz anderes.

Aber was? Beim Grübeln stolperten alte Marxisten unwillkürlich in ihren Erinnerungen über die Stelle im »Kommunistischen Manifest« von Marx und Engels, wo es heißt: »Ein *Gespenst* geht um in Europa – das Gespenst des Kommunismus.«

Genau das, nämlich ein Gespenst, schien der Kommunismus gewesen zu sein, und nun war die Geisterstunde vorbei. Kam es daher, dass der Kommunismus abgezogen war wie Rauch durch den Kamin?

Aber wenn ein Gespenst sich 70 Jahre lang auf der Erde rumtreiben kann, ohne dass es jemandem aufgefallen wäre, woher weiß man dann überhaupt, was *kein* Gespenst ist? Ist der Kapitalismus vielleicht auch eins?

Kremlastrologen, Sowjetologen, Osteuropaexperten, Politologen, Analytiker, Analysten, Slawisten, Präsidentenberater, Spione, Korrespondenten und Reporter – alle waren ahnungslos gewesen. Was denn sonst, wenn es sich beim Kommunismus um eine Geistererscheinung gehandelt hatte. Wäre man mit Parapsychologie und Okkultismus besser beraten gewesen?

Oder herrschten oben auf der Erde dieselben unberechenbaren Kräfte wie tief unten? Politische Ereignisse und Umwälzungen, so die logische Schlussfolgerung auch in diesem Fall, sind eben so wenig voraussehbar wie das nächste Erdbeben. Und wenn das stimmte, hieß das im Umkehrschluss, dass jederzeit überall mit allem gerechnet werden musste.

Schlimm genug. Aber es hatte doch gar kein Erdbeben gegeben und nichts, was ihm ähnlich sah, nicht mal ein leises Rumpeln. Der Kommunismus hatte sich verdrückt wie ein Hund, der von seinem Herrchen zurückgepfiffen wurde. Wenn der Kommunismus ein dressierter Hund gewesen war, hatte der Hundehalter vielleicht noch eines von diesen Biestern im Zwinger? Welcher Köter ist im Augenblick unterwegs? Heißt der andere vielleicht Kapitalismus? Oder ist es einer, den wir noch nicht beim Namen kennen?

»Völker, hört die Signale«, hatte die *Internationale* gerufen. Welche Signale? War damit eine Hundepfeife gemeint?

Eine spezielle, die wir nicht hören können, aber die Völker schon? War der Hund vielleicht gar keiner, sondern das Volk, das die Anweisungen seines Herrchens auf einem Frequenzband übermittelt bekam, das wir einzelne Menschen nicht empfangen können?

Egal. Welchen Reim man sich auf den Zusammenbruch des Ostblocks auch macht, das Resultat ist immer dasselbe: Wir wissen nichts, wir verstehen nichts, wir haben keine Ahnung, wir müssen jederzeit mit allem rechnen, darum rechnen wir besser nicht. Das waren Zukunftsaussichten, die gerade eingefleischte Kommunistenfresser nicht erfreuen konnten.

Aber auch die wahren, echten Kommunisten nicht, die Kommunisten aus Überzeugung, die es – auch dies wieder ein interessanter Widerspruch – nur dort gegeben hatte, wo kein Kommunismus existierte. Eigentlich verstehen wir immer alles, und auch diesmal hätte es wieder geklappt, wenn der Ostblockkommunismus kämpfend untergegangen wäre oder sich kampflos einer Übermacht ergeben hätte. Dann wäre der Klassenfeind eben diesmal stärker gewesen. Also auf ein Neues, bis zum nächsten Anlauf. Wir hätten gewusst, warum und wieso, und weshalb es nächstes mal bestimmt klappen würde.

Aber dass dieser Kommunismus einfach so abgelaufen war wie Badewasser, wenn man den Stöpsel zieht, und dabei nicht mal gegurgelt hatte, das konnte nicht mit rechten Dingen zugegangen sein. Irgendwas stimmte nicht an der Theorie, da waren Kräfte im Spiel, die wir gar nicht auf der Rechnung hatten. Was auf der Rechnung fehlte, war der Posten eigene Beschränktheit. Bei aller Kritik am Ostblockkommunismus hatten wir doch geglaubt, dass er ganz anders als der Kapitalismus wäre. War er aber nicht, sondern noch mal dasselbe in rot. Und wir waren blöde genug, es erst zu merken, als das Chamäleon seine Farbe angepasst hatte. Wie hatten wir mit unserem schwachen Hirn nur überhaupt herausgefunden, dass die Biester zur gleichen Spezies gehören, wenn wir eine getigerte Katze und eine gefleckte Katze sehen?

Vielleicht war es auch einfach die Selbstverliebtheit in eigene Wunschvorstellungen gewesen, und die Liebe zum geschönten Spiegelbild macht blind für die Realitäten. Da wurde der Kommunismus von Leuten herbeigeredet, die es in einer Welt ohne Statusunterschiede und Privilegien keine Sekunde aushalten würden.

Und der Schwachsinn ist noch lange nicht zu Ende. Beim Streifzug durch die Supermärkte entdecken wir Handelsmarken, die *Landliebe* (Butter), *Landfein* (Joghurtdesserts) oder *Wiesenhof* (Geflügelfleisch) heißen, wir können *Almbutter* und *Alpenhütter* (Käse) kaufen, obwohl die *Wiesenhof*-Hähnchen noch nie Gras gesehen haben, die *Almbutter* keine Alm und der *Alpenhütter* nicht die Alpen. Wo *Land* draufsteht, ist *Industrie* drin. Was denn sonst – vertilgt doch heute jeder von uns mehr Futter, als ein kleinbäuerlicher Betrieb früher für den Eigenbedarf erzeugen konnte

Das gleiche Spiel beim Sozialismus: Den gibt es auch nicht, aber das Label ist so beliebt wie eh und je. Was versteht man heute unter *sozialistisch*? Paar Beispiele:

Verteilungsgerechtigkeit – Setzt den Reichtum als Beute voraus, von der jedes Bandenmitglied ein Stück abkriegt. Gutes Reformprojekt für die Mafia.

Schere zwischen Arm und Reich schließen – Schnipp, schnapp – und die Vernunft ist ab. Je größer konkurrenzfähige Produktionseinheiten werden, desto reicher *muss* der Eigentümer sein. Gleich verteiltes Vermögen bedeutet: Es gibt nur noch Ich-AGs.

Limit für Banker-Boni und Vorstandsgehälter – Richtig. Boni und Gehälter werden aus dem Gewinn bezahlt, sie schmälern die Dividende, aus Anlegersicht ein Schaden.

Vor- und Fürsorge von Kita bis Altenheim – Ist viel rationeller, als wenn Mama daheimbleiben muss, um den Säugling und die Oma zu versorgen. In der Kita kommt eine Mama auf zehn Kinder. Die restlichen neun Mamas spucken in die Hände und steigern das Bruttoinlandsprodukt.

Mindestlohn – Trennt die Spreu vom Weizen. Schrottfirmen, die so unrentabel produzieren, dass sie nicht mal

Tariflohn zahlen können, sollen Pleite gehen. Wenn sie es nicht von selbst tun, muss der Gesetzgeber nachhelfen. Wir brauchen keine 200.000 Friseusen und Friseure, die nichts als Haare kürzen und uralten Frauen Dauerwellen wickeln können. Wir brauchen Facharbeiter für Exportschlager.

Arbeitslose unterstützen – Unbedingt. Verhungern lassen darf man sie sowieso nicht, sonst sind sie weg, wenn man sie wieder braucht. Sie ins Elend stürzen ist auch gefährlich, Marx hat es in »Der 18. Brumaire des Louis Bonaparte« gezeigt. Darum war es geschickt, einen Sozialstaat einzurichten, der die Erwerbslosen besser als irgendwelche obskuren politischen Scharfmacher bezahlen kann. Bevor aus Erwerbslosen sich zusammenrottender und zum Äußersten entschlossener Mob werden kann, der sich mit polizeilichen oder militärischen Mitteln nur unter Inkaufnahme erheblicher Kollateralschäden niederkämpfen ließe, gibt man den Leuten lieber etwas Geld.

Verstaatlichungsprogramme – Gerne. Der Staat ist ein guter Vater, er hat so manches Unternehmen aufgezogen und ihm zur Reife für den Börsengang verholfen, zum Beispiel der Post und der Bahn. Das macht er immer wieder. Die amerikanischen Eisenbahnen sind mehrmals verstaatlicht und entstaatlicht worden, jede Transaktion war für die Privatwirtschaft ein Segen. Was die Energiewirtschaft betrifft, so spricht aus Unternehmersicht nichts dagegen, während des teuren Atomausstiegs das defizitäre Geschäft dem Staat zu überlassen und selber die Zügel erst wieder in die Hand zu nehmen, wenn die Kuh vom Eis ist.

Fordert die Linkspartei nicht auch die Verstaatlichung der Finanzbranche? Haben wir doch schon, die Hypo Real Estate gehört uns, sie ist ein *Volkseigener Betrieb*, könnte man sagen. Überhaupt erstaunlich, dass die Linkspartei von Verstaatlichung schwärmt. Die Ossis im Verein müssten doch aus eigener Anschauung wie aus Lebenserfahrung wissen, dass dieser Weg zum Sozialismus an der Börse endet.

Um es kurz zu machen: Der Sozialismus ist erledigt, und endlose Zankereien, welches der echte, wahre, falsche, hübsche, hässliche oder richtige sei, bringen ihn auch nicht wieder auf die Beine. Es verwirrt die Menschen, es macht sie ratlos, wenn fünf Gestalten reihum behaupten »Nur ich bin Sozialist, die anderen vier sind es nicht.«

Marx neu gelesen

Try harder – noch mal dasselbe, nur mehr davon und in anderer Kombination – das wird nicht weiterhelfen. Das Projekt »Sozialistische Weltrevolution« ist gescheitert, endgültig. Wenn man mit dem Kopf gegen die Wand rennt, geht nur der Kopf kaputt, nicht die Wand. Und es rennt doch keiner.

Wohin denn auch. Zurück zu den Urgroßvätern, von der Linkspartei wieder retour zu Marx und Engels? Deren »Kommunistisches Manifest« endet mit einer Vision:

> »An die Stelle der alten bürgerlichen Gesellschaft mit ihren Klassen und Klassengegensätzen tritt eine Assoziation, worin die freie Entwicklung eines jeden die Bedingung für die freie Entwicklung aller ist.«

Fraglos ein Ohrenschmeichler, dieser Sound. Aber wenn man den Verstand zuschaltet: Wünschen wir sie uns wirklich, diese Gesellschaft ganz ohne Zwang? Wünschen wir uns Menschen, die man zur Arbeit nicht mehr zwingen muss, wobei die Zwangsmittel von Peitsche und Hunger bis zum Konsumverzicht und Missbilligung reichen? Sollen die Menschen freiwillig tun, was getan werden muss, wie Bienen oder Ameisen? Und wenn sie es freiwillig nicht tun, sind sie dann wie heute nur faul, oder sind sie dann Verräter und asoziale Elemente?

Sollen die Menschen nicht mehr faul und asozial sein wollen? Nur deshalb haben die Menschen angefangen, Esel zu zähmen, weil sie zu faul waren, schwere Säcke selbst zu schleppen. Aller Fortschritt entstammt dem Widerspruch, Arbeit machen zu müssen, sie aber nicht zu mögen. Auch der Kapitalist mag sie nicht, weil sie Geld kostet – der Kapitalismus ist wirklich sehr clever.

Oder wird einfach angenommen, dass man im Sozialismus aus lauter Idealismus freudig zur Arbeit geht? Sorry, wenn ich den Tag im Büro hocken oder in der Fabrik stehen muss, pfeife ich drauf, ob die Firma Siemens oder Sozialismus heißt. Und Freiheit: Ist die überhaupt vorstellbar ohne den Zwang, ihr Gegenteil? Sie kann so langweilig sein, so öde, wenn man sie immer hat, und sie kann so schön sein, wenn man die Schule schwänzt. Lesen wir noch mal das Zitat:

> »An die Stelle der alten bürgerlichen Gesellschaft mit ihren Klassen und Klassengegensätzen tritt eine Assoziation, worin die freie Entwicklung eines jeden die Bedingung für die freie Entwicklung aller ist.«

Ist das nicht eigentlich fürchterlicher Kitsch, diese Mischung aus Eschatologie und Sozialdemokratie, aus Glaubensgemeinschaft und Arbeiterbildungsverein? Ist dem Kitsch nicht schon die Befähigung anzumerken, dereinst als Legitimationsideologie einer herrschenden Kaste zu dienen? Wäre der Satz, nur in die Vergangenheitsform gebracht, nicht der ideale Abschluss einer Propagandarede, zumal er genug Interpretationsspielraum lässt, um sogar das schikanöse »Fördern und Fordern« damit zu überzuckern?

Wo sind in dieser schönen neuen Welt die Nichtsnutze, die Faulenzer, Störenfriede, Außenseiter, Gauner und Querulanten geblieben? Würde man in einer Welt ohne sie nicht vor lauter Langeweile sterben?

Was mache ich, wenn ich mich weder frei noch unfrei, sondern überhaupt nicht entwickeln will? Wenn diese dauernde Rackerei an der Vervollkommnung des Menschen mich ankotzt?

Kunst und Kultur halten die Menschheit im Gleichgewicht

Oder soll die ideale Gesellschaft wie ein Streichquartett funktionieren? Hier könnte man vielleicht von der »freien Entwicklung eines jeden als Bedingung für die freie Entwicklung aller« sprechen: Kein Dirigent, keine Hackordnung, jeder gibt sein Bestes, alle sind mit größtem Eifer bei der Sache und glücklich dabei. Sie hören aufeinander, sie harmonieren, obwohl jeder sein eigenes Instrument und seine eigenen Noten spielt, und diese verschiedenen Virtuosen, jeder ein Individuum, produzieren gemeinsam ohne Vorarbeiter ein Werk, welches anderen Menschen Genuss und Freude bereitet.

Aber wie macht man aus der Menschheit Kammermusik? Würden überhaupt alle Menschen mitspielen wollen? Immer und überall nur Kammermusik, wäre das nicht zum Ersticken? Keineswegs, weil die Kunst am Zustand der Welt nichts ändert, sondern sich zu ihm wie ein Stabilisator verhält. Wenn die Welt schlecht ist, ist sie gut, wenn die Welt besser wird, wird sie schlechter, so dass die moralische Gesamtsumme aus Welt + Kunst stets auf gleichem Niveau bleibt.

Eine Ausnahme von dieser Regel scheint das Werk von Marcel Proust zu sein. Proust schrieb in einer Phase ohne größere Katastrophen, und trotzdem ist die »Suche nach der verlorenen Zeit« grandios. Wo wäre das Erinnern und das Weinen zarter, einfühlsamer und präziser beschrieben worden, oder der tiefe Schmerz des Liebenden, der die Geliebte auf einem Fest weiß, zu dem er keinen Zutritt hat. Allein schon der Titel *A l'ombre des jeunes filles en fleurs* – nur der Titel, sogar ohne Buch – müsste den Autor unsterblich machen, wenn es Unsterblichkeit gäbe.

Aber in solchen Fällen sorgt die Kunst in Gestalt des Künstlers eigenhändig und vollautomatisch für den Ausgleich. Auf welche Weise, ist Walter Benjamins Notizen über ein Gespräch mit Prousts Freund und Sekretär, einem Monsieur Albert zu entnehmen. Das Gespräch hat 1930 in Paris stattgefunden, und Benjamin notierte:

> »Proust hat bekanntlich M. Albert eine Weile nachdem sie sich kennengelernt hatten, ein Maison de Rendezvous [d.h. Männerbordell] eingerichtet. Diese Gründung war für ihn Pied-à-terre und Laboratorium zugleich. Hier unterrichtete er sich, häufig wahrscheinlich durch Augenschein, über alle Spezialitäten der Homosexualität, hier wurden die Beobachtungen gemacht, die er später in der Schilderung des gefesselten Charlus verwertete, hierhin stiftete Proust die Möbel einer verstorbenen Tante, deren unziemliches Ende als Ameublement eines Bordells er in *A l'ombre des jeunes filles en fleurs* beklagt. Hier, wo seine bürgerliche Person selbstverständlich unbekannt blieb, hat man ihm den

Beinamen *l'homme aux rats* gegeben. Nämlich: Proust hielt die jungen Leute, deren Bekanntschaft er bei M. Albert machte, dazu an, Ratten, die ihm in einem Käfig präsentiert wurden, mit langen Nadeln auf verschiedene überaus scheußliche Art zu quälen.«[10]

Es wird behauptet, die Schreie der gepeinigten Ratten hätten ihn fasziniert und stimuliert, denn die jungen Leute, von denen Benjamin spricht, waren junge käufliche Männer, und solche Männer ihm zuzuführen war der Zweck des von Proust finanzierten Etablissements. Diese Koinzidenz von ästhetischem Feingefühl, ordinären Begierden und reinem Sadismus ist in mehrfacher Hinsicht interessant.

Wenn der Bauer dem Huhn den Hals umdreht oder ihm den Kopf abhackt, weil sein von der schweren Feldarbeit ausgepumpter Körper nach proteinhaltiger Nahrung verlangt, ist das ein ebenso roher, ja grausamer wie moralisch gerechtfertigter Akt. Wenn hingegen so ein vom Überfluss verwöhnter feiner Pinkel Ratten mit Nadeln quälen lassen muss, um selber lebendig zu werden und auf Touren zu kommen, ist keine Rechtfertigung vorhanden.

Warum hat Proust ausgerechnet Schriftsteller werden müssen? Warum nicht lieber Metzger oder zumindest Arzt? Wenn der mit seiner Spritze in lebendiges Fleisch sticht, tut er etwas Gutes, von Ausnahmefällen abgesehen, wo es sich um eine Giftspritze handelt. Im normalen Leben wird Grausamkeit nur geduldet, wo sie gepaart mit ihrer Rechtfertigung auftritt.

Es ist anzunehmen, dass den Menschen das Verletzen

[10] Walter Benjamin, »Abend mit Monsieur Albert«, Gesammelte Schriften IV, S. 589.

und Töten Spaß gemacht haben muss. Schließlich hatten sie als Jäger davon gelebt, und nur wenn man mit Freude bei der Arbeit ist, geht sie leicht von der Hand. Ein Jäger kommt ohne Beute zurück, wenn man ihn zum Jagen tragen musste. Und selbstverständlich waren die Schmerzensschreie und Todesschreie der Beutetiere Musik in seinen Ohren, verhießen sie doch Sättigung, und satt ist nur ein anderes Wort für selig.

Von solcher Barbarei ist Prousts Werk himmelweit entfernt. Aber damit die Welt wieder rund wird, braucht sie außer dem Himmel einen Teufel, und weil die Zeitumstände keinen besseren hergeben, muss Proust die Rolle selbst spielen. Unfähig einerseits, aufs Ausleben seiner archaischen Gelüste zu verzichten, unfähig andererseits, sie auf konzessionierte Weise zu befriedigen, wird er ein sadistischer Psychopath – anders kann man doch eine Person, die sich an der Qual mit Nadeln gepeinigter Ratten ergötzt, nicht nennen.

Das gegenläufige, kompensatorische Element in der Zivilisation und die Stabilisatorfunktion der Kultur begegnen einem heute allerorten. Je feiner die Gesellschaft, desto größer der Appetit auf rohes Fleisch. Die animalischen Gelüste lassen sich nicht einfach wegzivilisieren, Sushi, Austern und Tartar gehören zum Lebensstil der Kultivierten, das Steak muss beim Anschneiden bluten. Wenn sie noch kultivierter werden, fangen sie vielleicht an, wie die Kannibalen die Hirne ihrer Feinde zu verspeisen und kriegen davon BSE. Je komfortabler der Alltag, desto reizvoller und teurer Abenteuerurlaub, wo es zugehen soll wie in der berüchtigten TV-Serie *Dschungelcamp*.

Oder die Leute suchen den Ausgleich für Komfort im Theater bei einer E-Version von *Feiern bis der Arzt kommt*. Hier werden sie noch richtig rangenommen, manche Stücke scheinen an sadomasochistische Härtetests zu erinnern, die von Darstellern wie Publikum psychisch und physisch durchgestanden werden müssen. »Hart, aushalten, durchhalten, ganz toll« – so die Kommentare der erschöpften Besucher beim Berliner Theatertreffen 2012 nach zwölf Stunden im Sessel, die Hälfte davon Nachtschicht. Dabei war es, nach den im Fernsehen gezeigten Ausschnitten zu urteilen, weder appetitlich noch erfreulich, was sie zu sehen bekommen hatten.

Offensichtlich brauchen sie die Tortur. Sie brauchen, was die Ekelschwelle überschreitet, vielleicht, weil sie im wirklichen Leben täglich duschen, zu viel Deo-Spray benutzen, und weil die Kloschüssel so sauber ist, dass man daraus essen könnte. Sterilität und Hygiene im Übermaß sind unerträglich, der Mensch will sich auch mal ekeln, es verlangt ihn danach, und wenn er die Gelegenheit sonst nirgends dazu bekommt, dann geht er sogar ins Theater, wo er freilich wieder nicht auf seine Kosten kommt, weil er nur gucken kann, aber keinen Gestank erschnüffeln. Das Rauchverbot aufzuheben wäre deshalb nicht nur fürs Publikum, und ganz speziell die militanten Nichtraucher darunter, ein Lustgewinn, sondern ein größerer Skandal als ein Jesus in Reizwäsche auf der Bühne.

Überhaupt ist das Theater ein Musterbeispiel für die Stabilisatorfunktion der Kultur. Es entstand in der Antike, als das Konto Zivilisation & Moral durch die Einführung der Sklaverei ins Minus rutschte und dringend eine Kapitalspritze für die Habenseite brauchte, etwa so, wie das vom Oberbuchhalter im Himmel geführte Sündenkonto durch Beichte und Buße wieder ausgeglichen wird.

Darum ernste Kunst für die Oberschichten, lachen können sie im Leben schon genug. Die Unterschichten hingegen mögen es heiter, Tragik und Tristesse kaufen wäre rausgeschmissenes Geld, die bekommen sie gratis.

Heute, wo man relativ komfortabel lebt, machthungrige Rivalen einander nicht mehr in der Tonne ertränken und es statt der Peitsche Sozialhilfe gibt, nimmt das Theater seine Ausgleichsfunktion auf andere Weise wahr als in der Antike. Statt das Guthaben auf dem Konto Moral & Zivilisation aufzustocken, baut es Überschüsse ab. Es ist eine Fabrik, die nichts Nützliches herstellen muss und gerne auch mal schließen kann, ganz anders als die Wasserversorgung oder das Elektrizitätswerk. Also ein Ort, wo die Leute es sich gut gehen lassen könnten, ohne Schaden anzurichten. Was tun sie stattdessen? Sie quälen sich, sie quälen das Publikum, es braucht die Qual, sie auch, und es bilden sich ohne Not, also ohne sachlichen Grund wie etwa bei Polizei und Feuerwehr, Strukturen heraus, die an die Stämme der Frühzeit erinnern, mit einem Oberhäuptling, Unterhäuptlingen und Fußvolk, je progressiver, desto exzessiver, Kresnik war ein gutes Beispiel. Wie soll man angesichts dessen an die Befähigung der Menschen glauben, irgendwann eine klassenlose Gesellschaft zu gründen, einen Verein freier Menschen ohne Hackordnung etc.?

Menschheitsbeglücker sind Engelmacher

Die Zweifel wachsen bei der Begutachtung linker Intellektueller. Von Brecht bis Reemtsma zeigen sie eine sonderbare Faszination für Boxer und Boxkämpfe. Andere bevorzugen den Wettkampf als Mannschaftssport und schwärmen für Fußballspieler und Vereine. Vielleicht, weil sie sich von ihren eigenen Predigten über die klassen- und konkurrenzlose Gesellschaft, wo alle lieb zueinander sind, mal erholen müssen.

Sicher ist auch, dass die Vorkämpfer für eine klassen-

und konkurrenzlose Gesellschaft noch nie und nirgends ein Verein von Freien und Gleichen waren. Vom *Arbeiterführer* spricht man trotz *Führer* ganz unbefangen. Zusammengehalten wurde der *Verein freier Menschen*, welcher die kommunistische Gesellschaft doch werden sollte, in der Mitte durch Josef Stalin und am Ende durch die Familiendynastien in Kuba und Nord-Korea. Das kommt dabei heraus, das ist die Rache der Natur dafür, wenn heuchelnde Idealisten den Menschen mit Gewalt abgewöhnen wollen, dass jeder der Schönste, Stärkste, Klügste, Beste wäre: Gleichheit vor dem Führer.

Denn selbstverständlich brauchen die großen Weltverbesserungsideen der Kommunisten große Männer, weil der kleine Mann Idole braucht, offenbar zu allen Zeiten und egal, wofür. Kein Christentum ohne Jesus und seine Jünger, kein Kommunismus ohne Marx, Lenin, Rosa Luxemburg, Che Guevara, Castro, Rudi Dutschke und so fort – alles Leute mit Verdiensten, ohne aber deshalb dem Dilemma des abendländischen Philanthropen und Weltverbesserers zu entgehen, der die Menschen mit Knüppeln gen Himmel treiben will.

Den Extremfall eines solchen Vorkämpfers für den Fortschritt hat Joseph Conrad porträtiert in seiner Erzählung *Herz der Finsternis*. Es handelt sich um den Elfenbein-Agenten Mr. Kurtz, jenen Stationsleiter im Inneren des Kongo, der im Ruf steht, er sei »ein Wunder«, ein »Gesandter der Barmherzigkeit, der Wissenschaft und des Fortschritts«, weshalb ihn »die *Internationale Gesellschaft zur Unterdrückung primitiver Bräuche* eigens mit der Ausarbeitung eines Berichts betraut hatte, der ihr zur Orientierung für die Zukunft dienen sollte.« Marlow, der Erzähler in dieser Geschichte, kennt den Bericht:

»Ich habe ihn gesehen. Ich habe ihn gelesen. Er war beredt, geradezu zitternd vor Beredsamkeit, doch etwas überspannt, wie mir schien. [...] Er begann mit der These, wir Weißen müssten auf dem Entwicklungspunkt, auf dem wir stünden, ihnen [den Wilden] notwendigerweise wie übernatürliche Wesen vorkommen – wir träten ihnen in der Machtvollkommenheit einer Gottheit gegenüber, und so weiter, und so weiter. Durch schlichte Willensanstrengung könnten wir eine schier unbegrenzte Macht zum Guten ausüben, etc., etc. Von hier aus stieg der Flug seiner Gedanken himmelan und riß mich mit sich fort. Der zusammenfassende Schluß seiner Rede war grandios, wenn auch schwer im Gedächtnis zu behalten, wißt ihr. Er vermittelte mir die Vorstellungen einer fremdartigen Unermesslichkeit, die von erhabener Güte beherrscht wird. Es ließ mich vor Begeisterung erzittern. Dies war die unbegrenzte Macht der Beredsamkeit – der Worte – glühender, edler Worte. Da gab es keine praktischen Hinweise, die den Zauberfluß unterbrochen hätten, wenn nicht eine Art Fußnote auf der letzten Seite, die offensichtlich viel später und mit unsicherer Hand hingekritzelt worden war, als eine methodische Anleitung betrachtet werden kann. Sie war sehr einfach, und am Ende dieses bewegenden Appells an alle uneigennützige Gefühle flammte sie einem entgegen, strahlend und erschreckend – wie ein Blitz aus heiterem Himmel: ›Rottet all die Bestien aus!‹«[11]

Eine ähnliche Passage im »Herz der Finsternis« hilft, den Zusammenhang zwischen Menschheitsbeglückungsideen

[11] Joseph Conrad, »Drei Erzählungen, Jugend – Herz der Finsternis – Ende vom Lied«, Frankfurt 1968, S. 144.

und Menschenfeindschaft besser zu verstehen. Es wird von der Reaktion des Buchhalters einer weiteren Station im Kongo berichtet, von seiner Reaktion auf eine Welt, an der er verzweifeln muss, weil sie seine eigene Welt, die der präzisen Zahlen für Soll und Haben, ad absurdum führt:

> »Dann wies er mit einer Kopfbewegung auf den Tumult im Hof der Handelsniederlassung und meinte: ›Wenn man korrekte Eintragungen zu machen hat, bleibt es nicht aus, daß man langsam einen Haß gegen diese Wilden empfindet – einen tödlichen Haß.‹«[12]

Zwar wird eine Geschichte aus Afrika erzählt, aber dort haben sich die Europäer nicht verwandelt, sie kamen vielmehr zu sich selbst. Das Stück hieß immer noch *Aufklärung*, nur die Kostüme hatten gewechselt. Wenn die Vernunft herrschen soll, müssen Köpfe rollen, egal ob schwarze oder weiße, denn in einer vernünftigen und vollkommenen Welt, dem säkularisierten Paradies, ist für die stets unvollkommenen Menschen kein Platz. Sie sind der Feind, egal, ob sie als Wilde auch so heißen, denn noch im Angepassten steckt die unberechenbare und nicht domestizierbare Natur.

Es gibt nur eine Lösung – *Rottet all diese Bestien aus!* So kreischt es im Buchhalter wie im Philanthropen. Die Menschen verweigern sich der zu ihrem Besten ersonnenen Idee und verdienen für solche Insubordination härteste Strafe. Sozialismus oder Barbarei – macht es, wie ich euch sage, oder die Welt geht unter. Die Prophezeiung ist nicht nur eine Warnung, zugleich ist sie eine Drohung und ein Wunsch. Aus großen Ideen, welche die Massen

[12] Ebenda, S. 89

ergreifen, können sehr leicht Massengräber werden, wenn man Adornos Bonmot vergisst, Philosophie sei das Allerernsteste, aber so ernst auch wieder nicht.

Wie andere Rettungs- und Befreiungsopern gehört die »Assoziation, worin die freie Entwicklung eines jeden die Bedingung für die freie Entwicklung aller ist« samt allem revolutionären Heroismus auf die Bühne, dort fließt nur Theaterblut. Außerdem geht die Geschichte im »Fidelio« wie im Cowboy & Indianer-Western gut aus, im wirklichen Leben aber kommt die Kavallerie zu spät oder sie steht auf der falschen Seite. Und für Gefangenenchöre oder Triumphmärsche braucht man Profis. Statt an Schiller, den Dichter von *Alle Menschen werden Brüder* – was sie im weitesten Sinne mit den bekannten desaströsen Folgen ohnehin schon sind – hält man sich besser an Joseph Conrad. Seine Konsequenz war, von den Menschen nicht das Beste zu erwarten, wie auch Marx es tat, sondern das Schlechteste Er schrieb 1899 in einem Brief an Robert Cunninghame Graham:

> »Der Mensch ist ein bösartiges Tier. Seine Bösartigkeit muss organisiert werden. Das Verbrechen ist eine notwendige Bedingung der organisierten Existenz. Die Gesellschaft ist ihrem Wesen nach kriminell, sonst würde sie nicht existieren. Der Egoismus rettet alles – absolut alles –, was wir hassen, was wir lieben. Und alles bleibt so, wie es ist.«[13]

Dies im Sinn, wird man die Menschen nicht mehr mit Gewalt gutmachen und sie töten wollen, wenn sie es nicht werden. Ein weiterer Vorteil dieser Einstellung ist,

[13] Joseph Conrad, »Herz der Finsternis«, Haffmans Verlag 1992. Nachwort von Urs Widmer, S. 191.

dass sie eine Fülle angenehmer Überraschungen nach sich zieht, denn – um noch einmal Adorno zu zitieren – »die Menschen sind immer noch besser als ihre Kultur«.

Wer mit bösartigen Tieren rechnet, wird die Menschen sympathisch finden, weil sie oft nicht so sind, wie sie eigentlich sein müssten, während der Marxist, der vom Verein freier Menschen träumt, irgendwann Menschenverächter werden und die ganze Bande in die Hölle wünschen muss, weil sie beharrlich alle Bemühungen des großen Denkers um eine Welt vereitelt, in der nur Freiheit, Frieden, Nächstenliebe und Glückseligkeit herrschen.

Zum Glück haben solche Träumereien derzeit Flaute. Endsiege, Endlösungen und letzte Gefechte, Weltrevolutionen oder Weltkriege sind momentan nicht in Sicht. Überhaupt sind keine großen Pläne bekannt, die Welt mit Gewalt ein Stück Richtung Himmel zu schieben.

Und wenn ihr mehr Geld haben wollt, liebe Leute, dann holt es euch doch endlich bei den Reichen, die haben wirklich genug davon.[14] Tut es, oder lasst es bleiben, nur hört mit dem Gequake vom Sozialismus auf. Umverteilung, zur Abwechslung mal von oben nach unten, ist für den Kapitalismus überhaupt kein Problem, auf einer solchen Umverteilung gigantischen Ausmaßes, dem Lastenausgleichsgesetz, beruhte das bundesdeutsche Wirtschaftswunder. Und wenn dabei wider Erwarten was rauskommen sollte, was ausnahmsweise mal kein Kapitalismus ist, so hat es mit der Namensgebung keine Eile.

[14] In den USA wurde der Spitzensteuersatz für Einkommen ab 200.000 Dollar während der großen Weltwirtschaftskrise auf 63 Prozent angehoben, im zweiten Weltkrieg auf 94 Prozent. Bis 1964 blieb er bei 90 Prozent, sank dann auf 70 Prozent, und erst unter Reagan begannen der steile Sinkflug des Steuersatzes und die Verwahrlosung der Infrastruktur.

Kinder werden namenlos geboren, die Taufe erfolgt später. Am Anfang war eben nicht das Wort, sondern das Kind, und es kam nicht daher, dass die Eltern immer Hänschen gerufen haben, wie die Platoniker von der Linkspartei zu glauben scheinen.

Was nun die Vertreibung aus dem Paradies betrifft: Die hat doch der liebe Gott erfunden, weil er nicht zugeben wollte, dass wir dort ausgebrochen, ausgerissen und abgehauen sind. Und wir haben ihm den Schwindel abgekauft, das war unser allergrößter Fehler.

Geimpft mit dem Virus, dorthin zu wollen, wo wir es weder ausgehalten haben noch aushalten würden, wurden wir unseres irdischen Lebens nicht froh. Statt es zu genießen waren wir unablässig strebend bemüht. Höher hinaus und hinauf, näher, mein Herr, zu dir. Dabei gilt fürs Leben doch, weil es so kurz dauert und zu jeder Stunde enden kann: Der Weg ist das Ziel. Wenn die Menschen nur endlich wahre Egoisten werden und sich und den lieben Nächsten öfter einen Mittagsschlaf oder eine Zigarette gönnen würden, könnte die Welt im Rahmen des Möglichen derzeit sogar recht angenehm sein. Was will man mehr? Und wenn es wieder dicke kommt, tröstet uns ein Shakespeare-Wort: »Come what come may / Time and the hour runs through the roughest day.«

Thesen zur aktuellen Lage

1. Weil heute alles Kapitalismus ist, verliert der Begriff jeden Sinn, außer man will vorangegangene Gesellschaftsformationen beschreiben. Weil er so sinnlos ist, eignet der Begriff sich so gut für politische Kontroversen. Es ist ungefähr so, wie wenn ein Schwein zu einem anderen Schwein »Du Schwein« sagt. Dabei fressen doch alle

aus dem gleichen Trog, nur manche können besser drängeln. Und das wissen sie ja auch. Sie grunzen sich kräftig an, und dann vertragen sie sich wieder.
2. Der Widerspruch von Arbeit und Kapital ist aufgelöst, es herrscht Interessenidentität. Wenn eine Firma oder eine Branche bankrottiert, kämpfen Beschäftigte und Eigentümer Seit' an Seit', Eintracht statt Zwietracht.
3. Das Schema *kapitalistisch – sozialistisch* gaukelt Differenzen vor, die gar nicht existieren. Strittig ist unter den Kontrahenten vielmehr nur die Frage der besseren Krisenbewältigungsstrategie.
4. Wenn der Kapitalismus einer anderen Gesellschaftsformation weichen muss, dann bestimmt nicht wegen der Glanzleistungen Intellektueller. Die schreiben nur auf, was die Menschen sowieso schon empfinden und tun.
5. Aus Angst vor einer Liberalisierung des Copyrights haben die Hilfs- und Heimarbeiter der Unterhaltungsindustrie sich als *Kulturschaffende* wiederentdeckt. So nannte man sie im Dritten Reich, so hießen sie in der SBZ und später in der DDR. In der BRD war das Wort wegen seiner Nazi-Vergangenheit tabu gewesen, Wilhelm Emanuel Süskind hatte es 1946 in der Heidelberger Monatsschrift *Die Wandlung* dem »Wörterbuch des Unmenschen« zugeordnet. Heute ist es ganz offiziell gebräuchlich.[15]
6. Die proletarische Revolution war auch deshalb ein tot geborenes Kind, weil sie sich auf Marxens »Kapital« stützten musste. Revolutionen bringen gute Bücher hervor, aber Bücher nie gute Revolutionen.
7. Nostalgiker aus meiner Generation, welche die Angepasstheit der heutigen Jugend beklagen, ihre Geistlosigkeit und ihren Mangel an Subversivität, mögen bedenken,

[15] http://www.kulturportal-deutschland.de/kp/Kulturschaffende.html

dass die Jugend das zur Erscheinung gekommene Wesen der Älteren oder die Wahrheit über sie ist.

8. Mit ihrer Durchwurstelei ist die Menschheit derzeit auf keinem ganz falschen Weg. Keiner weiß, was die Zukunft bringt. Auch gibt es wenig Gestaltungswillen in der Politik, das hebt die Gegenwart von vergangenen Zeiten ab. Im Dritten Reich waren Architekten, Regisseure, Installationskünstler und Visionäre an der Macht mit einem ehemaligen Bohemien und Kunstmaler an der Spitze. Heute sind sie nur noch im Feuilleton, einer Art Sandkasten im Paralleluniversum, und das ist ein echter Fortschritt.

Gebremster Schaum

Linksradikalismus im Sozialstaat

Politischer Normalzustand war es vor den Finanzkrisen gewesen, dass es einerseits den Kapitalismus gab, und andererseits eine klitzekleine, aber unerschütterliche radikale Linke, die ihn abschaffen wollte. Das war übrigens auch mein Verein. Wir blieben Protestbewegung, nachdem die schon lange nicht mehr existierte. Dann brach auch noch der Ostblock zusammen. Kein Problem für uns, mit Rückschlägen zu leben hatten wir gelernt. Uns konnte keiner was anhaben, wir waren einfach zu klein. Wenn scharf geschossen wird, sind Zwerge, weil schwer zu treffen, im Vorteil. Wir hatten damals den gleichen Traum wie alle Kleinen: Wenn wir mal größer sind, werden wir irgendwas ganz Tolles. Zum Beispiel Rennfahrer, Testpilot, Polarforscher, Filmstar. Oder eben Revolutionär.

Das ist in der Regel ein kurzer Traum. Die Kleinen wachsen schnell, und spätestens, wenn sie in die Schule müssen, fängt der Abgleich der Zielvorgaben mit den vorhandenen Möglichkeiten an. Dann setzt sich allmählich Realismus durch. Bei der revolutionären Linken jedoch hörte die Träumerei nie auf. Weil die revolutionäre Linke nämlich nicht wuchs, sondern schrumpfte.

Der Film lief rückwärts. Je älter wir wurden, desto kindischer wurden wir zugleich. Wir waren das Bübchen, das unbedingt Pianist werden will, aber nie klimpern darf und nie feststellen wird, dass es für diesen Job vielleicht die falschen Pfötchen auf die Welt mitgebracht hatte.

Ins Ziel, dereinst den Kapitalismus abzuschaffen und ihn durch den Sozialismus zu ersetzen, konnte man hineinfantasieren, was man wollte, denn eine Realität, an der die Wunschfantasien sich hätten reiben können, existierte nicht. Die revolutionäre Linke brauchte sich keine Gedanken darüber machen, wie dieser Sozialismus, nach dem sie sich sehnte, denn eigentlich funktionieren solle. So weit würde es ja doch nie kommen.

Richtige Revolutionäre sind voller Ungeduld und immer in Eile, die Zeit drängt. Bei uns war es gerade umgekehrt, wir hatten alle Zeit der Welt, der Sozialstaat lässt auch seine Revolutionäre nicht verhungern. Man träumte halt ein bisschen. Unerfüllbare Träume sind die schönsten, weil sie nie mit der Realität kollidieren können.

Was haben wir uns damals eigentlich gedacht, frage ich mich manchmal. Haben wir uns überhaupt etwas gedacht? War der Sozialismus, den wir im Mund führten, tatsächlich eine Idee, oder war er nicht eher eine gedankenlose Schwärmerei, vergleichbar der an grauen, kalten Novembertagen im Vorweihnachtsgewühl sich einstellenden Sehnsucht nach einsamen Palmenstränden auf tropischen Inseln, wo man dann nach drei Tagen wahnsinnig würde, wenn man dort leben müsste?

Waren wir so verblendet wie die Kleinanleger beim Dotcom-Hype? War der Sozialismus am Ende auch nur eine Spekulationsblase gewesen? Was unterschied eigentlich unseren Glauben ans Wunder, welches eine proletarische Revolution bewirken werde, vom Wunderglauben der Kleinanleger, die sich von einer Technologie, gerade weil sie diese Technologie nicht verstanden, plötzlichen Reichtum für Alle erhofften?

Wie ähnlich wir einander doch damals gewesen sind,

wir Linksradikale und die gelackmeierten Kleinaktionäre. Aus Nichtwissen schöpften wir Gewissheit, Ahnungslosigkeit inspirierte unsere Träume, unseren gemeinsamen Traum vom Schlaraffenland. Die geleimten Kleinanleger und wir – das waren ein gemeinsames Ziel und zwei verschiedene Wege dorthin. Angekommen ist keiner.

Es war nämlich so, dass wir glaubten, zwei Asse im Ärmel zu haben, das Proletariat und die Revolution. Deshalb bestand für uns gar keine Notwendigkeit, sich um die Details zu kümmern. Die Idee war etwa die: Wenn wir die Arbeiter tüchtig schubsen und aufs richtige Gleis setzen, dann werden die das Kind schon schaukeln. Das Proletariat war schließlich die revolutionäre Klasse, so hatten wir Marx verstanden.

Also musste man die Arbeiter nur dazu bringen, sich überhaupt mal in Bewegung zu setzen. Die richtige Richtung würden sie dann ganz von alleine finden, denn die revolutionäre Klasse kann, wie der Name schon sagt, gar nichts anderes machen als Revolution. Und wenn die fertig ist, kommt der Sozialismus dabei heraus: Jedem nach seinen Bedürfnissen, jeder nach seinen Fähigkeiten, und alle haben einander lieb. Ende gut, alles gut.

Dank solcher Illusionen gelang das Kunststück, ein braves, risikofreies Leben zu führen und sich dabei als Revolutionär zu fühlen, der bis zum letzten Blutstropfen für den Sozialismus kämpft. Denn soweit dieser Kampf uns überhaupt betraf, war er reiner Propagandakrieg.

Auch wenn es zu Aktionen kam, waren die nichts als Propaganda, Propaganda der Tat in diesem Fall, bei der RAF eine Show mit echten Toten. Denn alle von ihr angerichteten Personen- und Sachschäden zusammengerechnet betrug die Summe nur einen Bruchteil der Differenz zwischen den Personen- und Sachschäden im Straßenverkehr an einem Osterwochenende mit schönem (mehr) und einem anderen mit schlechtem (weniger) Wetter. Die Aktionen selbst waren bedeutungslos, was zählte, war das Medienecho, von dem die Urheber sich eine Mobilisierung der Bevölkerung versprachen. Die trat ja auch ein, nur war es nicht die bezweckte.

Was dem System wirklich weh getan hätte, nämlich streiken und Fabriken besetzten – und dabei den Arbeitsplatz riskieren –, konnten wir linksradikalen Revolutionäre doch gar nicht, weil wir keine Arbeiter waren.

Und die Arbeiter, die es gekonnt hätten, taten es nicht, weil sie keine linksradikalen Revolutionäre waren. Revolution machen zu wollen glaubte nur, wer durch sein objektives Unvermögen geschützt davor war, seinen Willen durch die Tat jemals unter Beweis stellen zu müssen. Anders gesagt: Bedingung der Sehnsucht nach dem Sozialismus war ihre Unerfüllbarkeit.

Die Rollenverteilung, dass wer wollte, nicht konnte, und wer konnte, nicht wollte, funktionierte wie eine Bestandsgarantie. Es war sichergestellt, dass mit dem Kapitalismus auch die Aufgabe der linksradikalen Revolutionäre, den Kapitalismus abschaffen zu wollen, uns auf ewig erhalten bleiben würde.

Man durfte ein Leben lang in aller Ruhe Marx studieren, ohne fürchten zu müssen, von einem Tag auf den anderen plötzlich arbeitslos geworden zu sein, weil eine Revolution den Kapitalismus beseitigt hatte.

Das größte Berufsrisiko für den Marxisten nämlich ist, dass der Kapitalismus tatsächlich abgeschafft wird. Danach stünde er vor dem Nichts, schließlich hat er eine langjährige Ausbildung als Kapitalismuskritiker hinter sich und oft keinen anderen Beruf erlernt. Was soll er machen den lieben langen Tag, wozu ist er noch nützlich, wenn es den Kapitalismus nicht mehr gibt? Es ist eine Art Naturgesetz, dass Revolutionen, wenn sie gelingen sollen, ihre Väter fressen müssen, Moses durfte bekanntlich das Gelobte Land nur sehen, aber nicht betreten. Und wer will schon gerne gefressen werden.

Jeder Gesellschaftskritiker hat, wenn er ehrlich ist, sich schon die Frage stellen müssen, wie es ihm wohl erginge, verschlüge es ihn in eine perfekte Welt. Und die ehrliche Antwort lautet: Es wäre die reine Hölle. Daraus folgt, dass man Gesellschaftskritikern nie blind vertrauen darf. Sie hängen an ihrem Beruf, sie brauchen die falsche Gesellschaft, das Objekt ihrer Kritik, dringender als jeder andere.

Gewiss leiden sie unter der falschen Gesellschaft auch, aber dieses Leiden spendet zugleich Lust und gibt ihrem Leben einen Sinn, und so darf man bei ihnen ein unterschwelliges Interesse voraussetzen, die Quelle von Lust und Sinn zu erhalten.

Vermutlich war es bei uns, den Linksradikalen, so ähnlich. Revolution machten wir ja nicht, unsere Aufgabe sahen wir vielmehr darin, den Kapitalismus in Wort und Schrift anzuprangern. Das ist nicht verboten, und wenn man es gut macht, bekommt man dafür sogar Geld. Solange jedenfalls, wie elegant formulierte Kapitalismuskritik ein Spaß für aussterbende Bildungsschichten bleibt und weder bei den Funktionseliten noch bei den Massen auf Widerhall stößt.

Nehmen wir als Beispiel die Zeitschrift *Konkret*. Seit nunmehr bald 40 Jahren schreibt der Herausgeber allmonatlich einmal die herrschende Klasse in die Tonne samt allem, was dazugehört. Als ich in den 80er Jahren dazustieß, habe ich erreicht, dass die Front noch breiter wurde, die Ökopaxe, der Antiamerikanismus und der Antisemitismus der Linken, Deutschtümelei und Wiedervereinigungsgelüste waren meine Spezialgebiete. In diesem Zeitraum ist politisch viel passiert, aber rein gar nichts, was man mit noch so viel Fantasie als Wirkung von *Konkret*-Artikeln interpretieren könnte.

Das war keine Überraschung. So dämlich können wir gar nicht gewesen sein, dass wir mit Erfolgen im Vielfrontenkrieg gerechnet hätten, und damit stellt sich die Frage, was wir eigentlich wollten. Vielleicht, den anderen zeigen, dass wir besser denken, schreiben und lesen konnten als sie. Daran störte sich keiner, solche Konkurrenz ist gut fürs Geschäft und obendrein in diesem Falle sogar kulturpolitisch wertvoll und erwünscht.

Was haben wir erreicht? Deutschland ist wiedervereinigt. Die Armen wurden ärmer und die Reichen reicher. Gremliza darf anderthalb Stunden lang im Deutschlandfunk aus seinem Leben plaudern und seine Liebe zur deutschen Sprache gestehen.[16] Und ich halte mal wieder einen Vortrag. Das ist der Ertrag von 40 Jahren Revolution am Schreibtisch.

Für die Produzenten von Linksradikalismus in Textform rentiert sich also das Geschäft einigermaßen, wenngleich nicht gut. Aber welchen Nutzen davon haben die Mäzene und Kunden? Warum unterstützen und kaufen die Leute das Zeug?

Die Arrivierten könnten zum Beispiel aus Förderung und Konsum von Linksradikalismus in Textform einen Distinktionsgewinn ziehen. Im Einerlei der Millionäre sticht ein linksradikaler unter ihnen hervor wie ein bunter Hund – schade, dass sich in Deutschland nur wenige Wohlhabende diesen preiswerten Luxus leisten wollen.

Überhaupt wäre mal zu fragen, welche tatsächliche Funktion der Linksradikalismus in einer Gesellschaft besitzt, in der er seine deklarierte Funktion, nämlich eine Revolution herbeizuführen, offensichtlich nicht erfüllen

[16] In der Deutschlandfunk-Sendung *Zwischentöne* am 29. Mai 2011.

kann. Was hat man davon, Linksradikaler zu sein? Nur die Hoffnung auf ein Wunder in ferner Zukunft?

So selbstlos und vergeistigt sind nicht mal die Anhänger der Religionen, der Glaube muss bereits in diesem Leben Vorteile bringen, wenn er geglaubt werden will, nicht erst im Himmel. Welche Vorteile könnten das beim Linksradikalismus sein außer Orientierung, Zuordnung und Gemeinschaft, wie sie auch jeder Fußballverein zu bieten hätte?

Zum einen natürlich der eben erwähnte Distinktionsgewinn. Aber um den einzustreichen muss man es weit gebracht haben. Bei Landstreichern und Sozialhilfeempfängern macht der Linksradikalismus nicht viel her, man unterstellt ihnen Neid und andere niedere Beweggründe. Beim akademischen Proletariat ist der Ertrag eher noch geringer, und bei den Mittelschichten nicht viel besser. Die T-Shirts, welche der Verlag für 20 Euro anbietet, und mit welchen der Träger sich als *Konkret*-Fan outet, dürften daher kein Renner werden. Ein Linksradikaler sollte schon Millionär sein, damit die Öffentlichkeit ihm Aufmerksamkeit schenkt und keiner die Edelmütigkeit und Lauterkeit seiner Motive bezweifelt.

Wichtiger ist vielleicht, dass der Linksradikalismus auch Lebenshilfe leisten und Seelentrost spenden kann. Wie das funktioniert, lässt sich wiederum ganz gut am Beispiel der Zeitschrift *Konkret* analysieren. Der Herausgeber stilisiert sich selbst zu einem Mann, der beim *Spiegel* einen Top-Job hingeschmissen und eine steile Karriere in den Wind geschlagen hatte, weil er sich nicht verbiegen lassen wollte. Nun sind hypothetische Alternativlebensläufe immer Fiktion. Ob eine *Spiegel*-Karriere stattfinden und ob sie auf dem Chef-Sessel oder in der Trinkerheilanstalt enden wird, weiß im Voraus niemand.

Aber das spielt keine Rolle, weil Gremliza oft genug

bewiesen hat, dass er tatsächlich schreiben kann, nicht nur in seinen geschliffenen Kolumnen und in *gremlizas express*, sondern auch als Ghostwriter diverser Wallraff-Titel, die Bestseller wurden. Der ideale *Spiegel*-Mann also, und deshalb kauft man ihm seine Version einer Geschichte ab, die erheblich komplizierter gewesen sein könnte als der Reim, den er sich auf sie macht.

Kraft dieser Geschichte wird er zur idealen Identifikationsfigur für die Vielen, die sich übergangen und zurückgesetzt fühlen und mit ihrem Schicksal hadern, weil sie glauben, sie hätten einen besseren Posten verdient, als sie ihn bekommen haben.

Das Bürgerleben ist nämlich alles andere als ein Zuckerschlecken, weil die verdammte Konkurrenz nie schläft. Der Existenzkampf heißt nicht nur so, er ist auch einer, Blessuren und Niederlagen sind unvermeidlich. Bei der Verarbeitung von Niederlagen hilft der Trick, sie in einen moralischen Sieg umzumünzen, nach dem Schema »Ich bin zu gut für diese schlechte Welt, zu anständig, ehrlich, aufrichtig, prinzipientreu, qualifiziert.« Spätestens nach dem dritten Glas Wein kann jeder, der im Berufsleben steht, egal wie weit oben, eine Variante dieser Geschichte erzählen.

Bei den Linken klingt die etwa so: »Wenn ich zu Kreuze gekrochen wäre und meine politische Überzeugung verraten hätte, dann hätte ich Karriere gemacht und wäre längst Professor geworden oder Chefredakteur oder mehr.«

Dabei verhält es sich doch genau umgekehrt. Die Zahl der Ja-Sager ist riesengroß, die Konkurrenz gewaltig und erdrückend, in der kleinen Nein-Sager-Nische sind die Aufstiegschancen viel besser. In der Links-Partei kann man als Quereinsteiger auch noch mit 40 Ortsvereinsvorsitzender werden, bei der CDU muss man für diesen mickrigen Job schon in der Jungen Union gewesen und ein guter Strippenzieher geworden sein.

Die Tatsachenverdrehung hilft eben, den Schreibern wie den Lesern. Aus letzteren werden Abonnenten, wenn der Linksradikalismus Lebenshilfe wird und dank dieser Funktionalität konsumierbar. Die Abonnenten sind als solche schon Personen, die keinen Umsturz erwarten, sondern darauf vertrauen, dass sich an ihren Lebensumständen nie etwas ändern wird, nicht mal die Adresse. Von denen konnte man als linksradikaler Schreiber sogar leben, und nicht mal schlecht.

Und wenn man es nicht konnte, wenn man kein Geld für Schreibtätigkeit bekam, trieb einen trotzdem kein knurrender Magen auf die Barrikaden. Dafür sorgte der Sozialstaat, und in der Überflussgesellschaft fällt auch für die Armen was ab, holt man sich das Regal halt vom Sperrmüll statt von Ikea.

So also war das in der guten alten Zeit. Das Kapital erwirtschaftete Profite, wir lebten davon, dies anzuprangern, routinemäßig und auf garantiert folgenlose Art und Weise. Die Kapitalisten waren reich, aber die Schlechten, wir waren nicht reich, aber die Guten, alle waren glücklich und zufrieden, und keiner hat den anderen in die Kehle gebissen oder ihm die Augen ausgekratzt.

Zwar verlor das Spiel mit der Zeit an Reiz, nach der dreißigsten ausländerfeindlichen Straftat durch Rechtsradikale war nur noch die Frage spannend, ob der Kolumnist es wohl schaffen würde, sich wieder was Neues zu diesem uralten Thema einfallen zu lassen.

Trotzdem hätten wir wohl noch eine ganze Weile durchgehalten, wenn diese Finanzkrisen 2008 und 2011 nicht eingetreten wären. Mit ihnen brach für die Linken nämlich eine Welt zusammen, die Welt, in der sie mit ihrem erklärten Willen, den Kapitalismus abschaffen zu wollen, ein schönes Alleinstellungsmerkmal besessen hatten.

Plötzlich hatten wir Konkurrenz. Alles darf man dem Bürger nehmen, aber niemals seine Spareinlagen. Wer sich daran vergreift, macht ihn sich zum Feind. Nach der Lehman-Pleite hatte der Kapitalismus folglich keine Freunde mehr, und die Frustrierten machten aus ihren Herzen keine Mördergruben, sondern sie gingen auf die Straße. Mit Demos, Menschenketten, Zeltlagern zeigen sie es dem Kapital, wie wenig sie von ihm hielten.

Dem Kapital war's egal, aber für die radikale Linke war es erschütternd. Plötzlich hatten wir unser Ebenbild vor Augen, einen Doppelgänger, aber in zweihunderttausendfacher Vergrößerung. Und der Mensch ist nun mal so gebaut, dass er die gleichen Fehler, die er bei sich selber übersieht, sofort entdeckt, wenn Fremde diese Fehler machen.

Propagandistischer Antikapitalismus war schon immer eine einzige Jammertirade gewesen, aber jetzt fiel das erst richtig auf. Es klang ungefähr so: »Kapital, du hast mir meinen Spargroschen geklaut, rück ihn wieder raus!« »Kapital, du bist der fieseste unter allen gierigen Geiern!« »Kapital, du hast mich arbeitslos gemacht, wegen dir kann ich meine Raten nicht mehr zahlen!« »Kapital, wegen dir sitze ich jetzt auf der Straße statt wie früher in meinem Einfamilienhaus!«

Alles sehr erheiternd. Jedenfalls für den geschulten Marxisten, der natürlich weiß: Das Kapital ist keine Beziehungskiste, und es ist auch keine dicke alte Katze, die gestreichelt werden will. Liebesentzug und Vorwürfe sind zweckdienliche Mittel im Ehestreit, beim Kapital kommt man damit nicht weiter. Ob die Leute es mögen oder nicht, ist ihm völlig schnuppe. Für solche Signale hat es keine Antenne, für derlei Sentimentalitäten fehlt ihm jeder Sinn. Die Leute sollen einfach arbeiten und einkaufen. Und das tun sie auch, vollkommen unabhängig von den Sprüchen, die sie klopfen, was anderes bleibt ihnen gar nicht übrig.

Deshalb ist das Kapital so tolerant. Jeder unvermeidliche Gang zum Supermarkt oder zur Arbeit ist eine Abstimmung mit den Füßen, die das Kapital nur gewinnen kann. Man zeigt sein praktisches Einverständnis durch sein Verhalten. Welche Gesinnung man außerdem hegt und pflegt, ob man für Marx oder Bakunin schwärmt, ist dem Kapital egal, denn Politisieren ist eine Variante von Freizeitgestaltung. Sollen die Schwätzer doch nach Feierabend Dampf ablassen, Hauptsache sie erscheinen am nächsten Morgen pünktlich, gewaschen und rasiert im Büro. Und das tun sie, wenn sie dürfen.

Wie um die ganze Verzagtheit des finanzkriseninduzierten Antikapitalismus in den westlichen Ländern überdeutlich hervortreten zu lassen, gab es dann auch noch als Kontrastprogramm den arabischen Frühling. Die Demonstranten, die den Tahir-Platz in Kairo besetzt hielten, wussten ganz genau, was sie wollten, sie hatten eine klare und unmissverständliche Forderung, nämlich die, dass Mubarak und sein Regime verschwinden sollten.

Was genau aber wollten eigentlich die Occupy-Camper, die ihre Zeltlager in den Innenstädten errichtet hatten? Oder die Leute von Blockupy? Ich weiß es nicht, und ich bin sicher, die wussten und wissen es auch nicht. Deshalb nämlich, weil es keiner weiß, auch nicht die klitzekleine radikale Linke. Mehr noch: Wir haben es nie gewusst, wir haben uns 40 Jahre lang nur eingebildet, es zu wissen. Und als er dann kam, der vermeintlich lang herbeigesehnte Augenblick, wo die Leute uns zuhören würden, fiel uns nichts ein.

Nur »Make Capitalism History«, also »Macht aus dem

Kapitalismus Geschichte«, wie es auf der sogenannten revolutionären Berliner Maidemonstration 2012 geheißen hatte. Aber das wollten die Leute nicht wissen, und ich mag sie nicht mehr hören und nicht mehr sehen, diese Sprüche, die ungefähr so viel Substanz und Verbindlichkeit besitzen wie ein Abrüstungsappell aus der Vollversammlung der UN. Die Leute wollen wissen, und ich will es auch wissen: *Wie*?

Die Finanzkrise war für uns der Offenbarungseid. Wenn alle gegen den Sozialismus sind, bin ich dafür. Dafür sein reicht. Aber wenn die Leute ermunternd nicken, müsste ich ihn machen. Und dann kommt raus, dass ich gar nicht weiß, wie das geht. Wie bei einem Kind: »Papa, ich will auf den Baum klettern.« »Darfst aber nicht.« »Ich will aber!« »Kommt gar nicht in die Tüte.« – Wunderbar. Ich lege mich ins Gras, gucke in den Himmel und male mir aus, wie ich mit der Geschicklichkeit eines Eichhörnchens von Ast zu Ast hüpfen würde – wenn ich dürfte. Aber dann sagt der Papa eines Tages: »Mach doch!« – Verdammt. Wie komme ich da überhaupt rauf? Und wenn ich oben bin, wie komme ich wieder runter?

Es bestätigt sich abermals: Wenn die Klasse, die wir die herrschende nennen, durchhängt, tun wir es auch, nur noch mehr. Wir brechen förmlich zusammen, wenn wir wegen einer Krise oder sonst was unter Handlungsdruck geraten. Wir sind halt Schönwetter- und Wohlstandssozialisten gewesen, mehr nicht.

Wir sind so ratlos und so hilflos wie die Massen, die in der Depression nicht revolutionär werden, sondern depressiv. Sie wollen keine neue, andere Gesellschaft, sondern sie sehnen sich nach den besseren alten Zeiten zurück, als der Kapitalismus ihnen Wohlstand garantierte.

Das einzige, was in Griechenland noch wächst, ist die Selbstmordquote, ein zuverlässiger Indikator für die

Stimmung im Land. Die Selbstmordquote zeichnet sich nämlich dadurch aus, bei Revolutionen, übrigens auch bei Kriegsausbrüchen, schlagartig abzusinken. Die Menschen finden dann für ihre Aggressionen einen äußeren Feind und müssen sie nicht mehr bis zur Selbstzerstörung gegen die eigene Person richten. Sie gewinnen das Gefühl zurück, ihrem Schicksal nicht ohnmächtig ausgeliefert zu sein, sondern es selbst in die Hand nehmen zu können als Kollektiv durch die gemeinsame Aktion. Sie spüren, dass sie viele sind und als Masse tatsächliche Macht besitzen.

Keiner der linken Gruppen in Griechenland ist es gelungen, die hinter der Niedergeschlagenheit und Verzagtheit lauernde Angriffslust zu befreien. Im Gegenteil, bei der Wahl entschieden die Leute sich dafür, genau den Politikern aus der Hand zu fressen, die ins Zuchthaus zu schicken sie vorher angedroht hatten. Den gleichen Verlauf dürfte die Krise überall nehmen, wo sich die Lage verschärft.

Ursache ist einerseits, dass kein Konzept für funktionierenden Sozialismus existiert, andererseits der Sozialstaat. Man kann ihn beschimpfen, man kann gegen ihn randalieren, aber erhalten muss man ihn.

Deshalb waren die Demonstrationen in Athen, wie militant sie auch gewesen sein mochten, nur Spektakel. Denn wenn dieser Sozialstaat pleite geht, bleiben die Beamtengehälter und die Rentenzahlungen aus, und weil das keiner will, muss keine Regierung einen Umsturz fürchten. Man kann eben die Kuh nicht mehr schlachten, wenn man sich daran gewöhnt hat, von ihrer Milch zu leben.

Einerseits ist es unumgänglich, den Sozialstaat zu fordern, andererseits gibt es ihn nicht umsonst. Der Preis ist ein Ausmaß an Integration ins System, das eine Revolution nach herkömmlichem Muster unvorstellbar macht.

Auch wenn die Bedürftigen wenig und immer weniger bekommen wie in Griechenland, ist das Wenige immer noch besser als nichts. Und wer am Ende ist, bringt sich lieber selbst um, statt den Ministerpräsidenten zu erschießen, weil das auch nichts nützen würde.

Es lohnt sich deshalb, genauer hinzuschauen, wie der Sozialstaat funktioniert. Neben der Versorgung Bedürftiger organisiert er nämlich die Vereinzelung der Menschen durch Eliminierung der Massen. Die Elendsverwaltung, wie man die Sozialbürokratie polemisch nennen könnte, sorgt dafür, dass aus dem Elend Statistik wird.

Rührselige Darstellungen von Einzelfällen – im Feuilleton sagt man statt rührselig *bewegend* oder *anrührend*, was noch klebriger klingt – ändern daran überhaupt nichts. Sie verhelfen nur dem Lesepublikum zum Gefühl »wie gut es mir doch geht im Vergleich zu denen«, sonst würde es die unerfreulichen Leidensgeschichten nicht mögen. Es sei denn, man unterstellte einen sublimen Sadismus, der natürlich auch vorliegen kann und daher rührt, dass die Mittelklässler etwas Farbe in ihren eigenen faden Alltag bringen wollen.

Die Verelendeten selbst werden solche Geschichten ablehnen, und sie tun gut daran. Sie müssen nicht mehr aufgeklärt werden, das wurden sie schon, aus erster Hand, nämlich durchs Leben. Sie müssen nicht lesen, sondern handeln, aber dazu nahm ihnen der Sozialstaat sukzessive jede Chance, im Maße, wie er moderner und komfortabler wurde. Ein Beispiel:

Der immer noch geläufige Ausdruck *stempeln gehen* entstammt einer Zeit, als Arbeitslose täglich mit ihrer Stempelkarte beim Arbeitsamt erscheinen und sie abstempeln lassen mussten. Vor diesem Behördengang drückte sich keiner, weil er mit der Auszahlung der Tagesration an Unterstützung verbunden war. Es versteht sich von selbst, dass es dabei zu Warteschlangen und Gedränge kam. Die heutige monatliche Überweisung aufs Konto ist bequemer, um den Preis freilich, dass ein Arbeitsloser mutterseelenallein mit Discounterbier vor der Glotze verschimmeln kann. Ohne Aufsehen zu erregen oder ein öffentliches Ärgernis zu werden löst sich dieser Fall mit der Zeit von selbst.

Stehen hingegen hundert Einzelne wartend herum und fühlen sich von der schikanösen Prozedur provoziert, kann es zu Motzereien kommen, und die Motzereien können sich zu einem Tumult aufschaukeln. Es kann sogar passieren, dass die Einzelnen sich als Masse empfinden und so handeln, indem sie zum Beispiel das Mobiliar zerlegen und den Schalter stürmen.

In der Masse fühlt man sich geschützt und stark, die Menschen denken und handeln dann anders, als sie dies in ihrer Eigenschaft als Einzelpersonen täten. Hinzu kommt, dass man Publikum hat, und, von ihm angespornt, sich zu Äußerungen und Aktionen hinreißen lässt, die man sich verkneifen würde, stünde man allein vor dem Schalter, hinter dem der Beamte thront wie der liebe Gott. Massen sind stets ein Risiko, weil sie eine unkalkulierbare Eigendynamik entwickeln können.

Treten solche lokalen Massenphänomene öfter auf, liegen Unruhen in der Luft, von denen man im Voraus nie genau weiß, zu welchem Resultat sie am Ende führen werden. Es kann passieren, dass Teilerfolge die Massen dazu ermutigen, aufs Ganze zu gehen, es kann passieren, dass Repression ihren Zorn anstachelt, aber es kann natürlich auch passieren, dass ein Wasserwerfer genügt, die Gemüter abzukühlen und danach alles vorbei ist. Man weiß es einfach nicht.

Darum ist es sehr clever von der Sozialbürokratie, Situationen mit Restrisiko erst gar nicht entstehen zu lassen, also die Kunden freundlich zu behandeln, sie nicht dauernd antanzen zu lassen, sondern ihnen das Geld aufs Konto zu überweisen, wie wenn sie noch Gehaltsempfänger wären. Sie sind aber keine, sie treffen keine Kollegen, ein Wirgefühl stellt sich nur bei Fußballspielen der Nationalmannschaft ein. Im Alltag fühlt sich jeder so machtlos und bedeutungslos wie eine Portion Fliegendreck, und so fühlt er sich nicht nur, sondern das ist er als isolierter Einzelner auch.

Dem linken Organisator, auch er ein Kind der verwalteten Welt, fällt natürlich sofort die Lösung ein: Arbeitsloseninitiativen. Man muss die Leute aus ihrer Vereinzelung heraus und wieder zusammenbringen, gemeinsam sind wir stark. Alles ist nur eine Organisationsfrage.

Aber was sollen die Arbeitslosen denn tun, wenn sie zusammenkommen, wo jeder doch die Geschichte des anderen schon aus eigener Erfahrung kennt? Wenn sie sich in einem Raum treffen, in den sie aus freiem Willen gekommen sind und für den sie der Behörde, die ihn zur Verfügung stellte, sogar dankbar sein müssten? Nirgends ein Zwang, gegen den man sich wehren, nirgends ein Schalter, den man gemeinsam zerlegen kann – wie sollen sich unter solchen Treibhausbedingungen Kollektivbewusstsein, Solidarität und Angriffslust entwickeln?

Also was sollen sie tun? Gemeinsam »Lohnarbeit und Kapital« lesen? Sie haben doch weder das eine noch das andere, und Seminare haben noch nie genützt. Man braucht eine Wut und eine unmittelbare Konfrontation mit dem Feind für eine Revolte, ich kenne keine, die ohne die Polizei auf die Beine gekommen wäre.

Die Folgen dieser Entwicklung zeigen sich in Griechenland: Einerseits ein Szenario, von dem Linksradikale und Marxisten immer träumten: Wirtschaftskrise, Staatskrise, Massenarmut, Massenarbeitslosigkeit. Also genau die richtigen Bedingungen dafür, dass die Menschen den wahren Charakter des Kapitalismus durchschauen und erkennen, dass die sozialistische Revolution alternativlos ist. Andererseits aber: Die Revolution bleibt aus.

Damit stellt sich die Frage, ob der Linksradikalismus herkömmlicher Art nicht ein Nostalgietrip gewesen ist, der die Realität, namentlich den Sozialstaat samt seiner Integrationsmechanismen ebenso ausgeblendet hatte wie eine überalterte Bevölkerung[17] und den organisierten Kapitalismus, den Spätkapitalismus, der sich von jenem, den Marx vor Augen hatte, stark unterscheidet. Einen Sozialstaat hatte Marx überhaupt nicht gekannt, und über die Deklassierten hat er sich, zum Beispiel in »Der 18. Brumaire des Louis Bonaparte«, ausgesprochen despektierlich geäußert:

> »Geld geschenkt und Geld gepumpt zu bekommen, das war die Perspektive, womit [Louis Bonaparte] die Massen zu ködern hoffte. Schenken und Pumpen, darauf beschränkt sich die Finanzwissenschaft des Lumpenproletariats, des vornehmen und des gemeinen.«[18]

Als schwer vermittelbarer Dauerarbeitsloser und Empfänger von Hartz IV kann man angesichts dieses wenig schmeichelhaften Befundes durchaus etwas zusammenzucken und ins Grübeln kommen, ob man sich den Sieg der Arbeiterklasse wirklich wünschen soll.

[17] Wie Deutschland gehört Griechenland zu den Ländern mit dem höchsten Durchschnittsalter, ca. 41,5. Die griechische Geburtenrate ist sogar noch niedriger als die deutsche. Die revolutionären Massen waren und sind (etwa in Kairo) Leute um die 20. Eine Revolution der 40jährigen ist nicht bekannt.

[18] Karl Marx, »Der 18. Brumaire des Louis Bonaparte«, Insel-Augabe S. 64

Marx lässt es sich nicht nehmen, ins Detail zu gehen und eine ätzende Aufzählung zu liefern, ohne jede Sympathie, Empathie und Therapie. Für Randgruppen, die Sorgenkinder des Sozialstaats, hatte er nichts übrig. Er schrieb:

> »Neben zerrütteten Roués der Aristokratie mit zweideutigen Subsistenzmitteln und von zweideutiger Herkunft, neben verkommenen und abenteuernden Ablegern der Bourgeoisie Vagabunden, entlassene Soldaten, entlassene Zuchthaussträflinge, entlaufene Galeerensklaven, Gauner, Gaukler, Lazaronis, Taschendiebe, Taschenspieler, Spieler, Maquereaus, Bordellhalter, Lastträger, Tagelöhner, Orgeldreher, Lumpensammler, Scherenschleifer, Kesselflicker, Bettler, kurz die ganze unbestimmte, aufgelöste, hin- und hergeworfene Masse, die die Franzosen *la Bohème* nennen, mit diesem ihm verwandten Elemente bildete Bonaparte den Stock der Gesellschaft vom 10. Dezember. ›Wohltätigkeitsgesellschaft‹ – insofern alle Mitglieder wie Bonaparte das Bedürfnis fühlten, sich auf Kosten der arbeitenden Nation wohl zu tun.«[19]

»Auf Kosten der arbeitenden Nation« – so denken heute nur noch die Marktradikalen in der FDP, aber nicht mal die trauen sich, das auch laut zu sagen. Marx hatte keine Hemmungen, schließlich war der Sozialismus als Verein freier *Produzenten* gedacht, nicht als Unterstützungskasse für mittellose Konsumenten.

Sich auf Marx zu berufen ist also ziemlich riskant, weil er mit anderen Umständen konfrontiert gewesen war, als wir sie heute vorfinden. Revolutionsromantik hat gegen

[19] Ebenda, S. 71

den Sozialstaat keine Chance, weil die Massen, die ihn abschaffen sollen, dies aus einsichtigen Gründen nicht wollen.

Sie wollen ihn nicht abschaffen, sondern sie wollen mehr davon. Ob sie es auch kriegen, hängt davon ab, wie sich das nationale Kapital im internationalen Konkurrenzkampf behauptet. Damit müssen sie sich abfinden, und das tun sie auch.

Überhaupt ist es mit den historischen Vorbildern nicht weit her, wenn man genauer hinschaut. Vielleicht ging es vielen ähnlich wie mir: Wenn es bei Demos oder Protestkundgebungen zum rituellen Absingen der *Internationale* kam, habe ich das mit zugeklappten Ohren durchgestanden. Vom Text kannte ich nur den Refrain, die Zeile mit dem *letzten Gefecht*, die irgendwie an die Endsiegmythologie der Nazis erinnert. Aber was soll's, niemand ist vollkommen, auch die Arbeiterbewegung nicht. Irren ist menschlich, Verzeihen ist göttlich.

Man hätte besser die Ohren aufsperren und zu hören bekommen sollen:

»Wacht auf, Verdammte dieser Erde,
die stets man noch zum Hungern zwingt.«

Hier und heute doch nur noch in der Abmagerungsklinik.

Kann man so was in der BRD und an die eigene Adresse gerichtet wirklich noch singen, wo doch Übergewicht eine besonders in der Unterschicht verbreitete Volkskrankheit geworden ist? Konnte man es damals, als die Wirtschaft in Deutschland wegen der Aufrüstungsprogramme für WK1 boomte? Ich zitiere die Fassung von Emil Luckhardt aus dem Jahr 1910, die einzige, die ich in der Wikipedia fand.

Mit dem deutschen Text der Internationale hatte die

Dichtkunst ein Niveau erreicht, ab dem es nur noch aufwärts gehen konnte – ein Beweis dafür, dass die Geschichte vom Kulturverfall ein Märchen ist. Aber das ist hier nicht das Thema, sondern Thema ist die erste Hälfte der dritten Strophe, in der es heißt:

»In Stadt und Land, ihr Arbeitsleute,
wir sind die stärkste der Partei'n
Die Müßiggänger schiebt beiseite!
Diese Welt muss unser sein;«

Also die Müßiggänger müssen weg, nicht etwa die Kapitalisten. Denn alles kann man den Bürgern vorwerfen, nur nicht Faulheit. Sie waren die erste herrschende Klasse in der ganzen Weltgeschichte, die auf die absurde Idee gekommen ist, dass Arbeit den Menschen nicht schändet, sondern adelt, worüber sich schon Nietzsche beklagte:

> »Die Arbeit bekommt immer mehr alles gute Gewissen auf ihre Seite: Der Hang zur Freude nennt sich bereits ›Bedürfnis der Erholung‹ und fängt an, sich vor sich selber zu schämen. ›Man ist es seiner Gesundheit schuldig‹ — so redet man, wenn man auf einer Landpartie ertappt wird. Ja, es könnte bald so weit kommen, dass man einem Hange zur vita contemplativa (das heißt zum Spazierengehen mit Gedanken und Freunden) nicht ohne Selbstverachtung und schlechtes Gewissen nachgäbe.«[20]

Unbegreiflich, dass nach Konzentrationslagern, über deren Eingang der Satz »Arbeit macht frei« gestanden hatte,

[20] Friedrich Nietzsche, »Die fröhliche Wissenschaft«, Viertes Buch, Aphorismus 329 Muße und Müßiggang.

und nach den Arbeitslagern in der Sowjetunion, solchen Unfug heute noch jemand singen mag, wie zum Beispiel Hannes Wader. Und auf der Website der Jusos in Niedersachsen[21] steht exakt dieser Text mit dem Vermerk

> »Juso-›Liedgut‹
> Die ›Hymne‹ der Jusos ist die ›Internationale‹. Das Lied wurde 1888 komponiert und ist seitdem das meistverbreiteteste Kampflied der internationalen Arbeiterbewegung.«

Auch von der Arbeiterbewegung kann man also nur lernen, wie man es heute auf keinen Fall machen soll. Es gibt keine Tradition, die man fortsetzen könnte, und es gibt keine nacheifernswerten Vorbilder.

Der ideologische Linksradikalismus unterstellte aber deren Existenz, er war die kuschelige Höhle gewesen, in die man vor der fremden, unbekannten Wirklichkeit geflüchtet ist wie in ein Vereinslokal, wo schon die alten Kumpel sitzen, von Thomas Münzer bis Che Guevara.

Vielleicht ist es sogar heilsam, dass dieser Laden durch die Finanzkrisen in Konkurs gegangen ist.

[21] http://www.jusos-nds.de/jetzt-mitmachen/downloads/?printme=1

Unheilbare Krankheiten

Kapitalismus als System

Statt dem Sozialismus Auftrieb zu geben, haben die Finanzkrisen also seinen Untergang besiegelt. Es hat sich in ihnen gezeigt, dass der Sozialismus nicht nur faktisch tot ist, sondern tot auch als Idee. Keiner kann sich vorstellen, wie er aussehen und funktionieren soll.

Je mehr Menschen eine Abneigung gegen den Kapitalismus zu empfinden begannen, desto schärfer traten Unfähigkeit und Unmöglichkeit hervor, ihn durch ein anderes Produktionsverhältnis zu ersetzen. Während die Banken bislang noch gerettet werden konnten, ist die Linke jetzt schon bankrott. Wer den Sozialismus propagiert will nicht ihn, sondern er erhofft sich vom Reizwort eine skandalisierende Wirkung. Meistens bleibt sie aus.

»Schlagt das Kapital, international«, skandierten wir auf Demos vor 40 Jahren. Das war damals, als es den Ostblock noch gab, eine erpresserische Drohung, die wie eine Kampfansage klang – jedenfalls bildeten wir uns das ein. Wir waren klein, aber wir hatten einen großen Bruder, den in Moskau.

Zwar mochten wir ihn nicht, aber das ist bei Geschwistern die Regel und keine Beeinträchtigung der gemeinsamen Verteidigungsbereitschaft gegen familienfremde Feinde. Was uns zusammengeschmiedet hatte, war der Schützengraben. In der Entscheidungsschlacht *Kommunismus gegen Kapitalismus*, von der wir glaubten, dass sie angebrochen wäre, kämpften wir Seite an Seite und auf der richtigen Seite dazu. So dachten wir eben damals.

Das klingt idiotisch, war es aber nicht. Der Ostblockkommunismus mochte so unausstehlich gewesen sein, wie er wollte, doch hatte er durch seine bloße Existenz den Beweis geliefert, dass Kommunismus kein Luftschloss sondern möglich ist. Mit vielen Kinderkrankheiten behaftet zwar, aber die Luftfahrt in den ersten Doppeldeckern war für die Reisenden auch kein Vergnügen gewesen. Unvollkommenheit ist anfangs kein Nachteil, wichtig ist nur, dass eine Sache existiert und funktioniert. Denn wenn sie das tut, lässt sie sich auch verbessern.

Damals schien beim gealterten Kommunismus die Zeit dafür reif zu sein, für eine Verjüngungskur und eine Generalüberholung. Weltweit war die Revolution auf dem Vormarsch, in Saigon floh die westliche Supermacht Hals über Kopf vor den anrückenden Vietcong. Unsere Allianz hatte gesiegt, die Sowjetunion hatte die Waffen geliefert, wir die politische und moralische Unterstützung.

Heute ist Vietnam ein Billiglohnland für chinesische und andere Konzerne, denen China zu teuer geworden ist, und der Ostblock ist Geschichte. Heute klänge der Spruch »Schlagt das Kapital, international«, einfach so, wie wenn ein Dreijähriger seine frühkindlichen Omnipotenzfantasien in die Welt hinausplärrt.

Denn wenn die Sowjetunion der Beweis für die Möglichkeit des Kommunismus gewesen war, so wurde das heutige Russland der Beweis für seine Unmöglichkeit. Sein Status war der einer kurzlebigen, zum Scheitern verurteilten Episode.

Dagegen wird eingewendet, man müsse das schwierige Umfeld in Rechnung stellen, die katastrophale wirtschaftliche Lage in der Sowjetunion, Boykott und Sabotage durchs kapitalistische Ausland, schließlich Deutschlands Krieg gegen dies Land. Kurz gesagt: Der Kommunismus hätte sehr wohl eine Chance gehabt, sich durchzusetzen, wenn die Welt eine andere gewesen wäre, als sie dies tatsächlich gewesen ist. Aber in dieser besseren Welt, in welcher der Kommunismus sich hätte durchsetzen können, bräuchte man ihn gar nicht. Man braucht ihn, weil die Welt so schlecht ist, wie sie ist, und wenn er sich gegen diese Welt, die ihn wünschenswert macht, nicht durchsetzen kann, dann kriegt man ihn eben nicht, und statt zur materiellen Kraft zu werden, indem sie die Massen ergreift, verdünnisiert die Idee sich ins Reich der Transzendentalphilosophie.

Das ist keine Wertung, sondern eine unparteiische und nüchterne Bestandsaufnahme. Der Kapitalismus wird weder besser noch sympathischer dadurch, dass er haushoch gewonnen hat, und es gibt nicht den geringsten Grund, ihn zu preisen, zu beschönigen oder zu bejubeln. Aber noch viel weniger gibt es einen vernünftigen Grund, die offensichtliche Existenz einer Tatsache zu bestreiten, bloß weil uns diese Tatsache nicht gefällt.

Tatsache ist, dass der Kapitalismus nicht von einem Verein freier Produzenten abgelöst werden wird. Diese Möglichkeit war einmal und ist nicht mehr, sie ist Geschichte. Sie hatte ein Subjekt vorausgesetzt, das Proletariat als revolutionäre Klasse, deren Herrschaft das Kapital in seiner Funktion als universelles Regulativ der gesellschaftlichen Produktion und Verteilung von Gütern werde ersetzen können. Zugrunde lag dieser Erwartung die Idee, dass das Kapital die Klassenherrschaft der Kapitalisten wäre, also Herrschaft von Menschen über Menschen. Eine von Menschen ausgeübte Herrschaft nämlich lässt sich abschaffen oder durch die Herrschaft anderer Menschen ersetzen.

Aber das ganze Marxsche Werk handelt von nichts anderem als davon, dass das Kapital eben kein konventionelles, unmittelbares Herrschaftsverhältnis, sondern ein sachlich vermitteltes ist.

Der konventionelle Herrscher hatte über sich nur die Götter, und ob er denen wirklich gehorchte, war nicht nachprüfbar. Der Kapitalist hingegen hat über sich den Markt, und wenn er nicht tut, was dieser Markt verlangt, wenn er sich gegen dessen Gesetze versündigt, merkt man das sofort, nicht erst später im Himmel. Der Kapitalist geht bankrott.

Am Markt zu bestehen heißt, sich gegen die Konkurrenz zu behaupten. Bei Strafe des Untergangs zwingt die Konkurrenz den Kapitalisten dazu, die Produktivität der gesellschaftlichen Gesamtarbeit immer weiter voranzutreiben.

Das geschieht durch Arbeitsteilung und Spezialisierung. Die gesellschaftliche Gesamtarbeit wird dabei ein ungeheuer vielfältiges Sammelsurium unabhängig voneinander betriebener Einzeltätigkeiten, von denen jede für sich allein genommen nutzlos wäre, und die nur zusammen und in bestimmter Kombination und Proportion einen Sinn ergeben: Mit den Schrauben, die ich herstelle, kann ich verhungern, so schön diese Schrauben sein mögen, wenn sie keiner braucht und mir Kartoffeln dafür gibt.

Der Markt ist die Instanz, welche die Aufspaltung der gesellschaftlichen Gesamtarbeit in spezialisierte Einzeltätigkeiten ermöglicht, weil sie diese Einzeltätigkeiten in bestimmter Kombination und Proportion erzwingt. Nur vom Markt und durch ihn leben die Menschen, seit ihnen ihrer Vielzahl wegen der Rückweg versperrt ist, im Notfall wieder autark, also Selbstversorger zu werden.

Insofern war von Beginn an die Entwicklung vorgezeichnet, welche das Kapitalverhältnis seither durchlaufen hat. Es ist nicht die Herrschaft von Menschen über Menschen, sondern es herrscht ein Sachzusammenhang über die Menschen, der von ihnen selbst geschaffen worden ist.

Wer die gesellschaftliche Arbeitsteilung ihrer überlegenen Produktivität wegen installiert, muss sich damit abfinden, nunmehr auf ein System angewiesen zu sein, welches die Arbeitsteilung kontrolliert und regelt. Und dieses System abschütteln zu wollen ist ein ganz anderes Problem als die Aufgabe, einen Haufen Kapitalisten zu entmachten, zu enteignen oder zu verjagen. Man wäre dann zwar die Kapitalisten los, aber nicht den Kapitalismus als System.

Der Kapitalismus aber ist das Problem, nicht die Kapitalisten sind es. Ihr Reichtum steht auf dem Papier, er ist Verfügungsgewalt über Produktionsmittel. Wird das Papier umgeschrieben und die Verfügungsgewalt den Arbeitern übertragen, so ändert sich an deren materieller Lage überhaupt nichts.

Auch wenn sie über die Mehrheit in der Hauptversammlung, im Aufsichtsrat und im Vorstand verfügen, können und werden sie sich nicht die Löhne spendieren, die sie gerne bekommen würden. Denn täten sie es, wäre der Betrieb bald bankrott. Den Kapitalisten braucht man also gar nicht, um den Status quo zu erhalten, die wirtschaftliche Vernunft und die Sachzwänge genügen völlig.

Ohnehin gibt es ihn doch gar nicht mehr, den guten alten Kapitalisten mit dem Doppelkinn und der dicken Zigarre und dem noch dickeren Bauch, so wenig wie den sehnigen, ausgemergelten Arbeiter mit knochigem Gesicht. Bäuche und andere Spuren ausschweifender Lebensführung sind heute ein Indikator nicht für Wohlstand, sondern für Hartz IV.

Das Kapital stellt sich nicht mehr dar als Klassenherrschaft der Besitzenden über die Besitzlosen, der Dicken über die Dünnen, der Vollgefressenen über die Hungerleider, sondern als selbstregulatives System, worin die Kapitalisten Randfiguren und entbehrlich geworden sind.

Die Vergesellschaftung der Produktionsmittel, ursprünglich eine Forderung des revolutionären Sozialismus, hat als Aktienvergesellschaftung des Kapitals längt stattgefunden, und die Entscheidungsgewalt liegt nicht mehr bei den Eigentümern, bei den Kapitalbesitzern, sondern bei ihren Funktionären. Nicht mit Kapitalisten, sondern mit Managern haben wir es zu tun, mit Leuten, die in der Freizeit nicht schlemmen, sondern Tennis spielen, golfen oder segeln.

Sie sind die Matadore der Wirtschaft, und je nach Börsenkurs und Konjunktur erscheinen sie als Helden oder Halunken. Beim Tanz ums Goldene Kalb während der Dotcom-Blase Ende des vergangenen Jahrhunderts führten sie den Reigen an. Das war eine Massenbewegung gewesen, von deren Breite und Stärke Sozialisten nur träumen konnten.

Die Manager wurden als Zauberkünstler, Volksbeglücker und Heilsbringer gefeiert und verehrt von Kleinanlegern, die sich am Banktresen um jene Telekom-Aktien geprügelt hatten, die nach der Emission auch tatsächlich himmelwärts schossen. Kurz bevor die Blase platzte, sah im März 2000 eine *Bild*-Schlagzeile auf der Titelseite so aus: »Neuer Markt: Jetzt werden wir alle Millionäre!«

Aber auf Lust folgt Frust, Abwechslung muss sein im Leben. Die Telekom-Aktien schossen nicht mehr in den Himmel, sondern fielen in den Keller, die Kleinanleger hatten sich verzockt. Sie hatten Finanzhai spielen wollen und waren wie Kinder im Freibad an einem Hochsommertag scharenweise fröhlich ins Bassin gehüpft, worin sie dann freilich nicht die Haie, sondern die Makrelen waren, die Sorte Fisch, von welcher sich der Hai ernährt. Gott, war das lustig.

Natürlich verstanden die Volksaktionäre keinen Spaß. Eigentlich hätten sie sich vor Lachen brüllend und prustend auf die Schenkel klopfen müssen bei der Erinnerung daran, wie blind und blöde sie vor lauter Geldgier geworden waren. Blind und blöde muss man nämlich sein, um zu glauben, in dieser Welt bekäme man von wildfremden Menschen, den Managern nämlich, was geschenkt, und nicht nur etwas, sondern gleich eine Vervielfachung des eigenen Vermögens.

Weil die gescheiterten Raffzähnchen nicht über sich selber lachen wollten, brauchten sie einen Sündenbock und schufen dafür ein Ebenbild ihrer selbst: Geldgierig und dumm. Also einer wie sie, aber ein Anderer, ein Fremder, der Manager nämlich.

So wurde aus dem Volksbeglücker der Dotcom-Zeit nach dem Platzen der Blase ein Gemeinschaftsschädling, aus dem vergötterten Zauberkünstler in Sachen wunderbare Geldvermehrung wurde der Teufel in Person, und aus dem Heilsbringer wurde die Heuschrecke, der Gauner, der eigentlich in den Knast gehört.

Und das alles nur, weil die Manager es meist verstanden hatten, ihr Schäfchen ins Trockene zu bringen. Wenn nämlich die Kapitaleigner ihr Geld verlieren, heißt dies noch lange nicht, dass deshalb auch die Funktionäre verarmen. Im Gegenteil, es kann sehr lohnend für sie sein, den Anlegern eine Nase zu drehen. Und auf jeden Fall werden die Vorstandsgehälter weiter gezahlt, auch wenn die Aktionäre schon lange keine Dividende mehr gesehen haben.

Der Rollentausch von Herr und Knecht, also wie aus Untergebenen – den Funktionären des Kapitals – Bosse wurden und aus Bossen Ballast, der schließlich abgeworfen wird, ist die Wiederholung einer älteren Geschichte, wie Marx sie uns erzählt hat: Im Schoß der alten Gesellschaft bildet sich eine neue heraus, die Bürger entwickeln als dienstbare Geister des Adels, zu dessen Nutzen und von ihm protegiert, die Fähigkeiten und Fertigkeiten, einen Staat prosperieren zu lassen und ihn erfolgreich zu verwalten. Am Ende ist der Adel überflüssig, nur noch eine parasitäre, die Entwicklung behindernde Kaste, und dann wird der König geköpft. Marx dachte, so wie die Bürger es mit dem Adel machten, würden die Proletarier es mit den Bürgern machen. Er hätte Hellseher sein müssen, um zu ahnen, dass es der Job der damals noch ganz unbedeutenden Schicht der Funktionäre des Kapitals sein würde, die Kapitalisten in Pension zu schicken.

Mit dem Übergang der Verfügungsgewalt über die Produktionsmittel auf die Funktionäre tritt die Gesellschaft in ein subjektloses Stadium ein, man könnte auch sagen, der Kapitalismus kommt zu sich selbst, denn tendenziell war er das schon immer.

Wer herrscht? Das Kapital – auch die Manager sind nur dessen privilegierte Diener. Als was erscheint diese Herrschaft? Als ein Universum von Sachzwängen. Was ist das Kapital? Ein selbstregulatives System, welches die gesellschaftliche Gesamtarbeit in Einzeltätigkeiten zerlegt und diese wieder zusammenführt.

Warum braucht man dafür ein selbstregulatives System? Warum können nicht Menschen mit Vernunft gemäß ihrem Willen die Entscheidungen treffen?

Zurückgefragt: Warum braucht man einen Fliehkraftregler, um die Drehzahl einer Dampfmaschine exakt konstant zu halten, warum kriegt ein Facharbeiter mit der Hand am Ventil das nicht hin? Warum schafft ein Mensch es nicht, die Winkelgeschwindigkeit eines CD-

Players im laufenden Betrieb von Hand so zu justieren, dass die erforderliche konstante Lineargeschwindigkeit beim Abtasten der Pitspirale erreicht wird? Warum muss das ein Schaltkreis machen? Warum kann ein Astronaut die Funktionen des Raketenmotors nicht selber überwachen und regeln? Deshalb, weil die Menschen fähig sind, komplexe Systeme zu entwickeln, die zu kontrollieren und zu steuern sie unfähig sind, weshalb sie dafür weitere Systeme brauchen.

Ein derart komplexes System, dessen Kontrolle und Regelung die Menschen überfordern würde, ist die gesellschaftliche Arbeitsteilung in ihrer unendlichen Mannigfaltigkeit. Und das weitere System, welches zwecks Steuerung und Kontrolle des von Menschen nicht mehr beherrschbaren Systems erforderlich wird, ist der Markt.

Ein System, welches den Markt ablösen und ersetzen könnte, ist bislang nicht bekannt, auch die früheren Ostblockländer hatten keins. Was sich Planwirtschaft nannte, war der Versuch, eine »despotische Regierung der Produktion« einzurichten. Die aber stand hilflos einem System der gesellschaftlichen Arbeitsteilung gegenüber, das sich nicht mehr willkürlich von einer zentralen Behörde steuern lässt.

Ein triviales Beispiel waren die Engpässe bei der Versorgung mit Grundnahrungsmitteln, zu denen es regelmäßig gekommen ist. Der Ablauf: Ein Kunde will Speiseöl und Zucker kaufen, im Geschäft findet er ein leergeräumtes Regal. Er schaltet nun automatisch um in den Hamster-Modus und zieht weiter. Findet er irgendwo Speiseöl und Zucker, kauft er nicht, soviel er braucht, sondern soviel er schleppen kann. Wieder zu Hause, alarmiert er Nachbarn, Bekannte und Verwandte. Bald sind alle unterwegs, um Zucker und Speiseöl zu bunkern, im Nu sind die Läden leergekauft, die Versorgungskrise ist perfekt. Dabei gibt es Öl und Zucker genug, nur eben nicht im Geschäft, sondern in den Vorratskammern der Hurtigsten unter den Hamstern, denen mit den längsten Beinen und den meisten Verwandten. Aus Sozialismus war letztlich Sozialdarwinismus bei der Privatisierung der Bestände an Zucker und Speiseöl geworden. – Viel gesitteter und zivilisierter dagegen der Markt: Er hätte auf Nachfragespitzen automatisch mit Sonderschichten und kurzfristigen temporären Preisanhebungen reagiert, damit die Versorgungslage stabil gehalten und erreicht wird, dass nicht nur die Schnellsten, sondern alle ihr Öl und ihren Zucker kriegen.

Mit planwirtschaftlichen Experimenten ist nicht zu spaßen, sie können lebensgefährlich sein, wie Stalin mit seiner Zwangskollektivierung der Landwirtschaft leider bewiesen hatte. Die führte zu einer Hungersnot, welche mehrere Millionen Menschen das Leben gekostet haben soll, und von ihren Spätfolgen hat sich die Sowjetunion nie erholt. Bis zu ihrem Ende blieb sie unfähig, die Bevölkerung aus eigener Kraft zu ernähren, Jahr für Jahr musste sie Millionen Tonnen Weizen und Mais importieren, aus den USA und sogar aus Entwicklungsländern. Überhaupt scheinen Planwirtschaft und Landwirtschaft einander nicht zu mögen, auch Nord-Korea ist dauerhaft auf Lebensmittelhilfe aus kapitalistischen Ländern angewiesen.

Das Kardinalproblem besteht darin, das hochkomplexe und obendrein dynamische System der gesellschaftlichen Arbeitsteilung so zu steuern, dass es mit dem seinerseits auch wiederum dynamischen System der Bedürfnisse kongruiert. Eine Behörde kann das nicht, sonst hätten die Könige sie einrichten lassen und säßen heute noch auf dem Thron. Eine kommunistische Behörde kann es auch nicht, sonst wäre der Ostblock nicht Geschichte.

Ein anderes Steuerungssystem als der Markt ist bislang leider noch keinem eingefallen. Das wurde in den Finanzkrisen noch einmal schlagartig klar, weil sie zum ersten Mal in der Nachkriegszeit in breiten Bevölkerungskreisen die Bereitschaft weckten, Alternativen zum Kapitalismus zumindest gesprächsweise in Erwägung zu ziehen, eventuell sogar den Sozialismus.

Im Augenblick aber, wo ein massenhafter Wille zum Sozialismus nicht mehr vollkommen ausgeschlossen war, zeigte sich leider auch, dass der Sozialismus weniger eine Willensfrage als eine Frage des Könnens ist. Viele wollten, aber keiner konnte. Und diese Erfahrung bedeutete das Ende aller schönen Träume, auch für mich.

Angenommen, man hätte dank irgendwelcher Zauberkräfte die Macht, von heute auf morgen weltweit Kommunismus zu verordnen: Sollte man diese Macht nutzen? Auf keinen Fall, man spielt nicht mit dem Leben von 7 Milliarden Menschen. Ich jedenfalls würde vorher sehr genau wissen wollen, wie er funktionieren soll, und danach käme eine Testphase. Bei einem ungetesteten neuen Betriebssystem hängen sich schlimmstenfalls die Rechner auf, bei einem ungetesteten neuen Gesellschaftssystem möglicherweise die Menschen.

Vielleicht haben die Geld- und Warenströme im Kapitalismus sich zu Lebensadern entwickelt, von deren Funktionsfähigkeit die physische Existenz der Menschen nicht nur in den entwickelten Industriestaaten abhängt.

Vielleicht konnte man die Vorteile des Kapitalismus nicht bekommen, die überwältigende Produktivitätssteigerung, ohne die Fähigkeit zu verlieren, auf ihn je nach Wunsch auch verzichten zu können. Vielleicht hat der Kapitalismus Fakten geschaffen, die ihn alternativlos und irreversibel machen.

So wenig ein einzelner Mensch in jedem Lebensalter

die Wahlfreiheit besitzt, sich für Musik, Eiskunstlauf oder Molekularbiologie als sein künftiges Betätigungsfeld zu entscheiden, so wenig besitzt diese Freiheit vielleicht die Menschheit als Ganzes. Vielleicht ist die Entscheidung für den Kapitalismus, mit ihm leben zu müssen, dasselbe, wie bei einem Musiker, der damit leben muss, dass er sich für die Musik und nicht für die Molekularbiologie entschieden hatte.

Im fortgeschrittenen Alter einfach umsatteln geht nicht. Vielleicht geht das Umsatteln noch viel weniger bei einer Gesellschaft, die sich auf den Kapitalismus eingelassen hatte. Vielleicht gleicht der Fortschritt, um dessentwillen sie dies getan hatte, dem Ritt auf dem Tiger: Wenn man absteigt, frisst er einen auf.

Möglich, dass die Revisionisten und Reformer Recht behalten, die den Kapitalismus nicht überwinden, sondern ihn nur etwas zahmer machen wollen. Vielleicht ist Kapitalismus wie Aids, eine Krankheit, die man nicht mehr los wird, wenn man sich mal angesteckt hat, mit der man aber leben und recht alt werden kann, wenn man fortgesetzt die richtigen Pillen schluckt. Oder er ist wie eine Droge, von der man durch lange Gewöhnung vollkommen abhängig geworden ist.

Das würde bedeuten, dass der Kapitalismus durch seine lang anhaltende Dauer zu einem Wesensmerkmal der Gattung Mensch geworden ist, wie die Sprache, das Feuer, gekochtes Essen, Bestattungsrituale oder der Gebrauch von Werkzeugen. Kein Grund zur Freude, aber auch keiner zu besonderer Trauer, denn rosig waren die vorkapitalistischen Zeiten ja nun wirklich nicht gewesen.

Vermutlich gefällt dieser Text keinem, der ihn liest. Mir auch nicht, und zwar deshalb, weil ich seine Aussagen für wahr halte und diese Wahrheit mir nicht gefällt. Die Wahrheit aber besitzt einen Zeitkern, wie Adorno und Horkheimer im Vorwort zur Neuausgabe der »Dialektik der Aufklärung« schrieben. Die Wahrheiten von heute können morgen durch unvorhergesehene Ereignisse unwahr geworden sein. Die Zukunft ist nicht vorhersehbar, und die Menschen sind unberechenbar, vielleicht klappt es mit der Revolution ja doch noch. Dass nichts dafür spricht, spricht nicht dagegen, eher umgekehrt.

Voraussehbare Revolutionen passieren nicht, weil sie vor Ausbruch abgefangen oder umgeleitet werden. Sie müssen aus heiterem Himmel kommen, wenn sie Erfolg haben sollen – auch dies ein Grund, warum man den Kommunismus nach 150 Jahren Ankündigung an den Nagel hängen kann. Sie müssen vollkommen geheim bleiben. Am besten gelingt das, wenn die Revolutionäre bis zu dem Tag, wo sie die Revolution machen, selbst nicht wussten, dass sie Revolutionäre sind. Lassen wir uns überraschen.

Die Menschheit als Amöbe

Klassenkampf und Darwinismus

In Gestalt der Götter haben die Menschen angebetet, wem sie ohnmächtig ausgeliefert waren, zum einen der Natur, zum anderen ihrem eigenen Gemeinwesen Die Gesetze und Regeln, denen es sie unterwarf, verstanden sie als Befehl von oben.

Das war Vernunft, kein Aberglaube. Deshalb, weil der Einzelne fürs Gemeinwesen eine winzige, unbedeutende Episode ist, umgekehrt aber das Gemeinwesen für den Einzelnen Schicksal. Es war immer schon da, bevor er kam, es wird bleiben, wenn er gegangen ist, und das Machtgefälle zwischen einem Sterblichen und einem Unsterblichen ist nicht überbrückbar. Für jeden gilt: Die Menschheit kann ohne ihn existieren, er aber nicht ohne sie. Die Macht liegt bei ihr oder dem Gemeinwesen, das an ihre Stelle tritt.

Gemeinwesen können vielfältige und einander überlagernde Formen annehmen: Familie, Sippe, Stamm, Nation. Im Kapitalismus ist eine weitere Form dazu gekommen, das Geld. Marx hat diesen »Gott der Waren« das »reale Gemeinwesen« genannt, denn es verbindet und trennt die Menschen, es ist für sie eine Existenzbedingung geworden.

Früher war das die unmittelbare Zugehörigkeit zu einer Gruppe. Vom eigenen Stamm zur Strafe verstoßen zu werden bedeutete den sicheren Tod durch Hunger, wilde Tiere oder Feinde. Heute trägt man seine Stammeszugehörigkeit in der Brieftasche. Mit Geld gehört man zur Gesellschaft, ohne Geld ist man Ausgestoßener, Penner. Das Geld zu vergöttern ist also keineswegs nur blöde, wie Schmalspurrationalisten glauben, die sich etwas darauf einbilden, herausgekriegt zu haben, dass man es nicht essen kann. Aufessen konnte man seine Stammeszugehörigkeit, die früher die Voraussetzung für einen gefüllten Magen war, nämlich auch nicht. Der Gott, der sich im Geldbeutel versteckt, ist nur besonders tückisch, weil man ihn dort nicht als Gott erkennen kann. Als Folge davon werden die Menschen dümmer, nicht klüger. Sie verlieren den Glauben, immerhin eine Vorstufe der Vernunft, und ersetzen ihn durch den Aberglauben, auch Ereignisse begreifen zu können, die unbegreiflich sind

Bei den Wilden hingegen war alles Logik: Der Mais verdorrt, der Regen bleibt aus, nichts zu beißen. Wie kommt das? Der Regengott hält den Regen zurück. Welchen Zweck verfolgt er damit? Er will uns bestrafen. Welchen Grund hat er, uns bestrafen zu wollen? Wir haben ihm nicht genug gehuldigt. Was tun? Etwas, das ihn gnädig stimmt. Was? Ein Regentänzchen, das gefällt ihm sicher. Jedenfalls hoffen wir das, und mehr als hoffen und beten können wir nicht.

Bei uns dagegen ist alles Konfusion. Wie reagiert man in vergleichbarer Lage? Experten und Amateure gackern aufgeregt um die Wette: Abschwung, Aufschwung, Binnenkonjunktur, Weltkonjunktur, Staatsverschuldung, Finanzkrise, Schuldenkrise etc. Keiner versteht das, stimmen tut es auch nicht, und helfen schon gar nicht. Doch mit der Zeit gelangen die Leute realistischerweise zur Einsicht, dass Fatalismus das Gebot der Stunde ist. Das Leben geht weiter, die Krise wird Normalität.

Just in diesem Augenblick kommen die Marxisten hinterhergedackelt, sie folgen der Mode, allerdings stets mit Verspätung. Ende April 2012 ist zum Beispiel der Sammelband »No way out?« erschienen mit Beiträgen von Dietmar Dath bis Sahra Wagenknecht. Untertitel: »14 Versuche, die gegenwärtige Finanz- und Wirtschaftskrise zu verstehen«. Also zusätzlich zu den zahllosen bereits vorliegen Versuchen 14 weitere, von denen auch wieder keiner geklappt zu haben scheint, sonst hätte ja einer gereicht.

Was wollen diese Marxisten eigentlich verstehen? Krisen sind für den Kapitalismus ein ständiger Begleiter wie Krankheiten für alles, was lebt. Wollen sie einen weiteren Beleg dafür finden, dass der Kapitalismus ist, wie er nun mal ist? Oder wollen sie wie alle Welt vergeblich den Doktor spielen, also rauskriegen, was genau dem Patienten diesmal fehlt, und was ihm wieder auf die Beine hilft? Gerade Marxisten müssten doch gelernt haben, dass man dies beim Kapitalismus immer erst nachher weiß, hatte doch Marx nicht nur in seiner Theorie gezeigt, dass das Kapital ein für die Menschen im Detail unvorhersehbares Eigenleben führt, sondern obendrein auch noch im Selbstversuch den empirischen Beweis für diese Theorie geliefert, insofern alle seine Aktienspekulationen verlustbringende Fehlspekulationen gewesen sind.

Wer den Kapitalismus von der Krise kurieren will, soll doch Bittprozessionen organisieren. Bittprozessionen richten wenigstens keinen zusätzlichen Schaden an. Vielleicht helfen sie auch gegen zeitgenössische Versionen der Urangst, entweder werde die Menschheit verbrennen oder ersaufen. Besser beten als den alten Kühlschrank durch einen neuen mit geringerem Stromverbrauch ersetzen, dessen Herstellung ein Vielfaches der im Betrieb eingesparten Energie verschlungen hat. Beten ist überhaupt eine gute Erfindung, weil es den blinden Aktionismus dämpft.

Was uns viel blöder macht als die Wilden, sind die vom Geld geweckten Illusionen eigener Allmacht. Vor einem Gott, den man in die Tasche stecken kann, verliert man den Respekt. Geld erscheint kalkulierbar, man kann es verdienen oder sparen, man kann vor allem viel rechnen, man benutzt das Geld als zweckdienliches Mittel für den Warentausch beim Brötchenkauf. Seine Gottgleichheit sieht man ihm nicht an.

Man könnte denken, die Finanzkrisen in jüngster Zeit hätten den Blick für menschliche Ohnmacht geschärft. Krise ist, wenn das beschaulich hinterm Haus vor sich hin plätschernde Bächlein plötzlich in der guten Stube steht und darin die Möbel schwimmen. Vorher war die Natur mein Spielzeug, jetzt bin ich ihres. Sie erinnert mich daran, wer am längeren Hebel sitzt, wenn es hart auf hart kommt.

Eingetreten ist freilich das genaue Gegenteil. Die Konfusion hat zugenommen, seit alle Welt auf den Kapitalismus zeigt als universellen Bösewicht und Urheber alles Schlechten. Der Teufel ist wieder da, aber kein richtiger, mit dessen Existenz man sich abfinden muss, sondern einer, der sich manipulieren und eliminieren lässt. Andererseits wird ihm göttliche Allmacht zugeschrieben.

Das linke Fachblatt *Konkret* beispielsweise zeigte auf dem Titelblatt seiner Ausgabe 6/2012 den Globus in einer Galgenschlinge. Was das bedeuten sollte, stand daneben: »Und tschüss! Wie der Kapitalismus die Erde erledigt«. Da staunt der Laie, denn davon, dass die kommunistische Sowjetunion sich den Luxus hätte leisten können, Naturschutz zu betreiben, hat man nichts gehört. Darüber hinaus aber enthält die Anklage, der Kapitalismus stehe im Begriff, die Erde zu erledigen, eine interessante Implikation, nämlich die, dass die Menschen sich selbst erschufen und folglich keine Naturprodukte sind. Das sind sie aber, und wenn die Natur an menschengemachtem Kahlfraß oder menschengemachter Verdreckung verenden sollte, was höchst unwahrscheinlich ist, dann aus eigener Schuld.

Dann hätte die Natur in der Evolution eine Mutation zu viel durchrutschen lassen, d.h. ihr wäre mit der Tolerierung der Entwicklung des Affen zum Menschen ein Fehler unterlaufen, vorausgesetzt, dass Kahlfraß und Verdreckung den Zwecken der Evolution zuwiderliefen, was nur sie selbst entscheiden kann.

Je häufiger vom Kapitalismus gesprochen wird, desto weniger versteht man noch, was der Kapitalismus eigentlich ist. Zunächst ein Ismus, einer unter zahllosen, wie der Kommunismus übrigens auch. Schon die Ismen sind ein Problem geworden, weil sie sich unaufhaltsam vermehren bis hin zu solchen Albernheiten wie Fordismus und Bellizismus. Dies könnte ein Anlass zu Besorgnis sein, denn die Welt von tausend Ismen beherrscht zu glauben ist ein Symptom schwerer Paranoia. Zum Glück aber führt auch in diesem Fall das Überangebot zum Wertverlust. Die Nachsilbe signalisiert statt Bedeutungsschwere Bedeutungslosigkeit, seit jede Portion Mückendreck diesen pompösen Aufkleber trägt.

Ein weiteres Problem besteht in der Tatsache, dass der Marxismus irreparabel zerfallen ist in Plattheit auf der einen Seite und Mystik auf der anderen. Als Plattheit bezeichne ich jenen Marxismus, der Kapitalismus operationell definiert, also etwa sagt, Kapitalismus ist, wenn die Reichen immer reicher und die Armen immer ärmer werden. Das Pflichtenheft kann außer der Einkommens- und Vermögensverteilung selbstverständlich weitere Kriterien enthalten. Der Kapitalismus wird als Verteilungsfrage gesehen, bei Gleichverteilung wäre Sozialismus erreicht, und je ungleicher die Verteilung, desto kapitalistischer der jeweilige Kapitalismus. Aus der Quantifizierung folgt, dass der Kapitalismus sich verbessern ließe und ein sanfter Übergang zum Sozialismus näherungsweise möglich sei. Auf diese Hoffnung gründet sich die politische Programmatik linker Parteien in Hochkonjunkturphasen. Meist schon nach der Wahl, spätestens aber mit Einsetzen der nächsten Konjunkturflaute, wird diese Programmatik wieder kassiert.

Marx selbst lässt sich keine Plattheit vorwerfen, ganz im Gegenteil. Er hatte beispielsweise das Kapital als sich selbst verwertenden Wert und als automatisches Subjekt entziffert, und daraus ergibt sich ein anderes Problem: Das versteht heute nämlich keiner mehr. Wer das bestreitet, dem kann ich meine Marx-Exegese »Theorie des Gebrauchswerts« empfehlen. Er wird das Buch bald wieder weglegen. Ein einziger Leser schrieb mir damals begeistert, er habe das Buch mit roten Ohren verschlungen. Das war ein gelernter Theologe.

Wenn der radikale Marxismus zu einer Art esoterischer Geheimwissenschaft wird, ist er sinnlos, nicht nur, weil er die normalen Menschen überhaupt nicht mehr erreicht, sondern auch, weil sektenhafte Kleingruppen – und Einzelkämpfer sowieso – durch ihren Kontaktverlust mit der Außenwelt extrem anfällig werden für Wahn und Spinnereien. Kein Mensch kann der einzige Vernünftige unter tausend Idioten sein, weil Vernunft nur entsteht, wo vernünftige Leute miteinander streiten und debattieren. Metaphysik ist also durch die gesellschaftliche Entwicklung dazu verurteilt, Wahn geworden zu sein.

Andererseits aber kommt man um die Metaphysik nicht herum, wenn man eine Antwort auf die Frage sucht, was ein Ding sei. Nehmen wir einen Tisch: Ihn durch seine physische Beschaffenheit definieren zu wollen ist aussichtslos, es gibt einbeinige und vielbeinige Tische, runde, quadratische und rechteckige, sogar Nierentische, flache und hohe, und es gibt Dinge, die wie Tische aussehen, aber keine sind, sondern stattdessen Stellflächen oder Podeste.

Der Tisch ist durch seinen Zweck definiert, dass Menschen um ihn herum sitzen können, und durch die Absicht des Herstellers, diesen Zweck zu erfüllen. Sitzen kann man auch um eine Kiste herum, aber sie dient dann nur als Tisch und ist keiner, sondern eine Kiste.

Die Absicht des Herstellers fließt also stets ein in den Begriff von einer Sache. Beim Tisch ist diese Absicht bekannt, bei Dingen wie der Menschheit, der Natur oder der Erde aber nicht. Um sie trotzdem zu begreifen, werden Subjekte konstruiert, die diese Dinge erschaffen haben und damit einen bestimmten Zweck verfolgten – die Götter, die Geschichte, die Ismen und die Tümer.

Erkennen heißt verstehen, und im – nicht zufällig doppeldeutigen – Verstehen ist stets ein Moment von Einfühlen und Nachempfinden enthalten, auch in den Naturwissenschaften. Die Tumorzelle verstehe ich erst, wenn ich nicht nur weiß, was sie tut, sondern auch, warum sie es tut, welche Zwecke sie jeweils mit ihrem Tun verfolgt.

Ob sie überhaupt Zwecke und Absichten kennt, kann ich selbstverständlich gar nicht wissen, aber ich muss ihr dergleichen unterstellen, um sie verstehen zu können.

Dafür brauche ich meine Paranoia, also die Projektion meiner eigenen Empfindungen und Ambitionen auf Fremdes. Diese Methode, sich ein Bild von der fremden Welt zu machen, als Anthropomorphismus oder Animismus zu benennen, um sie auszugrenzen, nützt überhaupt nichts, weil sie allgegenwärtig ist und notwendige Bedingung von Erkenntnis. Das Moment von Projektion, welches in der Erkenntnis steckt, macht sie zeitabhängig, weil die Menschen und deren Projektionen sich ändern. Die Geschichte der medizinischen Lehrmeinungen sprüht förmlich vor Fantasie, Kreativität, würde man heute sagen, und nicht anders steht es um die Theorien der Gesellschaft, von denen die Marxsche nur eine unter vielen ist.

In beiden Fällen nützt es mir wenig, dass entweder die zu erkennende Sache ein Teil von mir ist, nämlich meine Krankheit, oder dass ich ein Teil von ihr bin, also von der Gesellschaft. Eine Krankheit in mir ist mir so fremd wie die Gesellschaft um mich herum, und wenn ich vertraut mit ihnen werden will, gelingt mit das nur durch Projektion, also durch ihre Vermenschlichung, durch die Unterstellung, sie würden ähnlich ticken wie ich.

Nicht nur Medizinbücher, sondern auch Geschichtsbücher werden ständig umgeschrieben, obgleich sie von Dingen handeln, die sich nicht verändern können, weil die entweder längst geschehen sind, oder weil es sich um die Physiologie des menschlichen Körpers handelt. Der Blutkreislauf existierte immer, aber erst im 17. Jahrhundert wurde er korrekt beschrieben, um 100 Jahre später das Muster für Wirtschaftstheorien zu werden.

Auch in der Physik steht am Anfang der Erkenntnis der Wahn, wenn man die bloße Idee, ein Hirngespinst im Wortsinn, als solchen bezeichnet. Aber danach brauche ich nur noch ein beliebig oft wiederholbares Experiment, um diese Idee als wahr oder falsch beurteilen zu können.

Dass alle Körper gleich schnell fallen, war beispielsweise zunächst nichts weiter als eine auf das Axiom von der Widerspruchsfreiheit der göttlichen Schöpfung sich gründende logische Deduktion: Wenn der leichtere Körper langsamer als der schwere fällt, müsste einerseits die

Verbindung des leichten Körpers mit dem schweren dessen Fall verzögern, ihn andererseits aber beschleunigen, weil der schwere Körper durch seine Verbindung mit dem leichten schwerer wird. Schlussfolgerung: Eine Annahme, die zu einander widersprechenden korrekten Schlussfolgerungen führt, ist falsch. Nun bedurfte es nur noch eines Experiments, um diese Schlussfolgerung – immer noch ein Hirngespinst – auch empirisch zu bestätigen.

Schon in der Medizin aber genügt ein Experiment nicht mehr. Man benötigt klinische Studien mit möglichst großen Fallzahlen, man benötigt Statistik als Hilfswissenschaft, und am Ende gibt es für den Einzelfall trotzdem keine Sicherheit, sondern nur Chancen. Der menschliche Körper ist ein zu komplexes und zu variantenreiches System, als dass sich exakt voraussagen ließe, wie er auf eine Therapie reagieren wird.

Ein ähnlich komplexes und variantenreiches System ist die Gesellschaft, mit dem gewaltigen Unterschied freilich, dass es für klinische Studien keine ausreichende Zahl von Probanden gibt, ganz abgesehen davon, dass solche Studien bei negativem Verlauf die Menschheit gefährden könnten.

Deshalb weiß man bereits über die bestehende Gesellschaft sehr wenig, und weil man sie nicht auf den Seziertisch legen kann, wird das auch so bleiben. Zumindest haben bislang weder Marxismus noch Soziologie oder Volkswirtschaftslehre die Unwissenheit über die bestehende Gesellschaft reduzieren können.

Noch nie hat eine Konjunkturprognose gestimmt, trotz der gigantischen Empirie, trotz der vielen Lehrstühle, Institute, Gleichungen und Formeln. Noch nie haben die Rezepte der Ökonomen geholfen. Das war schon deshalb unmöglich, weil verschiedene Ökonomen verschiedene

Rezepte für den selben Patienten ausgestellt haben. Wie rettet man den Euro? Soll man überhaupt? Griechenland Geld geben oder abwickeln? Eurobonds oder keine? Die Empfehlungen der Experten gehen so weit auseinander wie die Ansichten, welches das beste Hausmittel gegen Husten und fiebrige Erkältung im Winter sei.

Wenn ich einem Patienten Medizin gebe und er kippt um, oder wenn ich ihm beste Gesundheit bescheinige und anderntags ist er mausetot, dann sind diese Ereignisse Beweise dafür, dass ich den menschlichen Organismus nicht verstehe. Zumindest muss ich einräumen, dass die Sache viel komplizierter ist als das Wenige, was über sie zu wissen ich mir eingebildet hatte. Und so ist es beim Kapitalismus, er ist eine Folge unvorhergesehener Ereignisse, speziell auch für Marxisten. Sie sehen den Zusammenbruch des Kapitals voraus – es blüht auf. Sie prophezeien Massenelend – die Konsumgesellschaft kommt. Sie erwarten eine Revolution und warten immer noch wie Reisende auf einem längst aufgegebenen Bahnhof. Sie versprechen den Sieg des Sozialismus – der Ostblock kollabiert.

Noch viel unbekannter, als es die bestehende Gesellschaft schon ist, ist eine künftige. Sicher ist nur, dass sie auf keinen Fall planbar ist oder sich plangemäß entwickeln wird. Selbst wenn man die Macht dazu hätte, weltweit Kapitalismus durch Planwirtschaft zu ersetzen, bliebe es ein Glücksspiel, ob danach die Menschheit ein Verein solidarischer Produzenten würde oder die Welt ein einziges riesiges KZ oder – wahrscheinlicher – keins von beidem sondern etwas, das man sich heute so wenig vorstellen kann wie die Menschen im Mittelalter den Sozialstaat, die gleichgeschlechtliche Ehe oder den Atomkrieg.

Tatsache ist also, dass kein Mensch die Zukunft kennt, aber jeder sie gerne kennen würde. Deshalb interessiert man sich für die Vergangenheit. Wenn ich sie als Geschichte begreife und die Geschichte als Ganzes, kenne ich auch die Zukunft, die ein Teil dieser Geschichte ist, eben der künftige. Die Betrachtung der Vergangenheit lehrt mich, wie der Hase läuft, und wenn ich das verstanden habe, kann ich voraussehen, wie er weiterläuft. Der Hase ist in diesem Fall die Geschichte.

Um die Geschichte verstehen zu können, muss ich sie vermenschlichen, ich muss sie als Subjekt betrachten mit Absichten und einem Ziel. Und genau dies tut Marx, wenn er die Geschichte als Geschichte von Klassenkämpfen beschreibt.

Geschichte ist faktisch endloses Hauen und Stechen, ewige Klopperei. Einen tieferen Sinn erkennt man darin mit dem bloßen Auge nicht. Die Menschen sind halt so, die Tiere sind ja auch so. Warum? Fragen Sie den lieben Gott. Aber wenn es so ist, dann gibt es einfach nichts zu begreifen.

Um Sinn aus der Sache herauslesen zu können, muss ich – wie schon die Wilden mit der Konstruktion ihres Regengottes – Kausalität und Teleologie hineinbringen. Die Klopperei muss als Wirkung einer Ursache erscheinen, und sie muss einem Zweck dienen. Frei nach Marx klingt das ungefähr so:

1. Die Menschen waren schon Sklaven, bevor sie versklavt werden konnten, Sklaven ihrer eigenen Natur, ihres Magens zum Beispiel, und Sklaven der äußeren Natur, der sie sich unterwerfen mussten, wenn sie überleben wollten. Es herrscht Gleichheit in der naturgegebenen Unfreiheit.
2. Das änderte sich im Maße, wie die Menschen lernten, die Natur ihren Zwecken zu unterwerfen, indem sie zum Beispiel sesshaft wurden und Ackerbau und Viehzucht

betrieben. Die fortentwickelten Produktivkräfte befähigten den Einzelnen dazu, mehr zu produzieren, als er selbst aufessen musste, um zu überleben. Mit dem gesellschaftlichen Mehrprodukt entstand der Kampf um dessen Aneignung. Dieser Kampf war ein Befreiungskampf, denn die Sklavenarbeit der einen bedeutete Befreiung von stupider Plackerei für die anderen. Letztere sorgten mit der Peitsche dafür, dass die Menschen sich nicht auf die faule Haut legen konnten, wenn sie soviel produziert hatten, wie sie selbst verbrauchten. Den Ausbeutern verdanken wir die Kunst, die Kultur, und vor allem den Fortschritt.

3. Der Erfolg im Kampf ums Mehrprodukt bemisst sich an dessen Umfang, der wiederum bei gegebenem Arbeitsvolumen abhängig ist von der Produktivkraftentwicklung. Die herrschende Klasse hat also ein Interesse daran, sie voranzutreiben, und den Kampf zwischen deren Fraktionen gewinnt immer diejenige, die das am besten kann. Dieser Klassenkampf, der eigentlich ein Kampf zwischen Fraktionen der herrschenden Klasse ist, staffiert die ewige Klopperei mit einer Ursache aus und mit einem Zweck. Ursache ist, dass ich nur frei sein kann, wenn ich einen anderen versklave. Der Zweck ist der Fortschritt

4. Jetzt versteht man die ewige Klopperei schon viel besser, aus der zeitlosen Monotonie ist ein Hochrappeln geworden, es geht voran. Aber wohin? Wenn es nur endlos immer weiter aufwärts geht, ist das auch wieder sinnlose Monotonie. Irgendwann muss man den Gipfel auch erreicht haben und als Lohn einen schönen Ausblick bekommen, sonst wird die Geschichte sinnlos und langweilig.

5. Marx erzählt keine langweiligen Geschichten, die in der Mitte einfach hängen bleiben oder aufhören, er hat sich vielmehr den Clou bis zum Schluss aufgehoben. Mit

dem Kapital kommt nämlich eine neue Qualität ins Spiel. Es hat die Produktivkräfte derart gigantisch gesteigert, dass erstmals in der Geschichte Produktionsverhältnisse, die auf Ausbeutung und Unterdrückung beruhen, überflüssig sind. Die klassenlose Gesellschaft ist möglich geworden. In einem letzten Klassenkampf wird das Proletariat sie herbeiführen, wobei es aufs Ende gesehen nicht die Interessen einer neuen Klasse, sondern die der Menschheit vertritt.

Eine schöne Geschichte, fast so schön wie die vom Regen, den man herbeitanzen kann. Auf langen Umwegen war Marx wieder dort gelandet, wo die Wilden angefangen hatten. Das ist nicht abwertend gemeint, denn man brauchte als Anfang, der bekanntlich am schwersten ist, jenen erdachten Regengott, um später allmählich zur Meteorologie zu kommen. Die Idee zu entwickeln, dass der Regen die Wirkung einer Ursache sei, war eine bedeutendere Leistung, als später herauszufinden, welches genau diese Ursache ist. Die Wilden selbst werden irgendwann gemerkt haben, dass Tänze keinen Regen bewirken und man besser den Himmel beobachtet, um zu wissen, wann er kommt.

Marx aber hatte keine Chance, seine Gedankenkonstruktion von der Realität korrigieren und modifizieren zu lassen, weil sie sich auf Zeiträume bezog, die das kurzlebige Einzelwesen niemals aus eigener Anschauung kennen wird. So blieb sie stehen, diese schöne Geschichte, wie es immer weiter aufwärts geht und die Menschen zum Schluss in der klassenlosen Gesellschaft angekommen sind, wo sie Freiheit, Glück und Frieden finden.

Aber diese märchenhaften Ende-gut-alles-gut-Geschichten haben immer einen Haken, nämlich den, dass sie die Leichen im Keller vergessen. Die Toten können nicht mitfeiern, kein Sieg der proletarischen Revolution macht sie wieder lebendig. Genau besehen ist die Aufstiegsgeschichte vom Bananenfresser zum Sesselfurzer eine ziemlich triviale Schnulze, die gut hätte verfilmt werden können in der Zeit, als Hollywood sein Geld noch mit erbaulichen Monumentalschinken für die ganze Familie verdiente.

Ich erzähle die Geschichte noch einmal, etwas volkstümlicher und ergänzt um Teile, die Marx weggelassen hat:

Die Menschen haben über viele Generationen hinweg durch harte Arbeit den Urwald in Ackerland verwandelt und aus wilden Auerochsen friedliche Milchkühe gemacht. Mit nichts als Schaufel, Hacke und Körperkraft haben sie Sümpfe entwässert, Kanäle gegraben, Straßen und Dämme gebaut, sie haben sich tief in die Erde hinunter gebohrt, um von dort unten Kohle und Eisen nach oben zu holen.

Das alles hat viel Blut, Schweiß und Tränen gekostet, auch manches Bein und manchen Kopf. Aber am Ende werden Selbstaufopferung, harte Arbeit und unermüdlicher Fleiß belohnt: mit der Befreiung der Menschheit. Es stimmt also doch, was die Nazis über ihre KZs schrieben: Arbeit macht frei!

Hoch oben im Himmel schauen die Englein zu, die in ihrem irdischen Leben Sklaven gewesen waren, die ausgepeitscht und erschlagen wurden, wenn sie entkräftet zusammenbrachen. Oder Grubenarbeiter, die nie das Tageslicht erblickten und irgendwann im Schacht erstickten. Oder Kinder, die in ihrem kurzen Leben nichts zu essen hatten und daran gestorben sind.

Sie freuen sich: Wir haben nicht umsonst gelebt, wir sind nicht umsonst gestorben, unsere Qualen und unser

Leid haben sich gelohnt. Denn ihnen verdanken unsere Nachfahren es, dass sie heute ein Verein freier Menschen sind.

Dann singen alle zusammen den Schlusschor aus Beethovens Neunter. – Ende, Abspann, Vorhang.

Aber verhungerte Kinder können keine Nachfahren haben, und die Englein im Himmel gibt es nicht. Die Menschen haben nur ein Leben, und wenn ihnen dieses eine Leben von anderen Menschen genommen wird, wenn sie getötet werden, wenn man sie verhungern lässt, oder wenn man sie in die Fabrik oder ins Bergwerk sperrt, dann haben sie keins.

Warum also diese Seifenoper? Weil Marx die Geschichte als Fortschrittsgeschichte interpretieren muss, um die proletarische Revolution als deren unvermeidliche und logisch zwingende Konsequenz zu einem bestimmten Zeitpunkt daraus ableiten zu können. Er kann nicht sagen: Die ganze bisherige Geschichte war nur Ausbeutung und Unterdrückung und sonst nichts. Täte er es, so könnte er wissenschaftlich weder erklären, warum sich das überhaupt ändern soll, und schon gar nicht, warum sich das ausgerechnet heute ändern soll. Also hat er begründen müssen, warum die Revolution früher nicht möglich war, jetzt aber möglich geworden ist, er hat eine Begründung für die *termingebundene* Revolution geliefert. Aber Revolutionen muss man machen, nicht begründen, wenn man welche haben will.

Marxens Problem war ein logisches, das für Revolutionäre gar keines ist. Im Unterschied zu ihnen muss Marx als Wissenschaftler die folgende Kausalkette neutralisieren: Wenn die Menschen grundlos immer Unterdrückte gewesen sind, dann sind sie eben, wissenschaftlich betrachtet, von Natur aus so geschaffen. Sich in Ausbeuter und Ausgebeutete, Unterdrückte und Unterdrücker zu gliedern ist ihr Wesensmerkmal, wie es zu den Ameisen gehört, Arbeiterinnen und eine Königin zu besitzen. Wenn es also grundlos bislang mit der Revolution nicht geklappt hat, dann wäre die wissenschaftliche Schlussfolgerung die: Der Mensch ist nun mal zum Sklaven oder Sklavenhalter geboren. Das ist seine Naturbestimmung. Um diese Schlussfolgerung zu vermeiden, muss Marx die Geschichte schön reden, er muss sie als Fortschrittsgeschichte interpretieren, er hat gar keine Wahl.

Das ist das Elend bei der Wissenschaft: Sie braucht immer eine gute eigene Kausalkette, also wie das eine mit zwingender Notwendigkeit zum nächsten führt, um opponierende Kausalketten abweisen zu können. Revolutionen aber funktionieren ganz anders. Sie brauchen keine Kausalkette und lassen sich durch opponierende Kausalketten auch nicht aufhalten, weil der Revolutionär sagen kann:

»Die Kausalität bin ich. Der Grund, dass etwas geschehen soll, ist der, dass ich es will. Ich bin die Ursache. Wir haben diese endlose Ausbeutung und Unterdrückung satt. Das soll aufhören, jetzt! Jetzt wird abgerechnet. Friede den Hütten, Krieg den Palästen!«

Möglich, dass die materialistische Verwissenschaftlichung der Revolution durch Marx ein großer Fehler war. Möglich, dass Benjamin Recht hatte. Ihm stellten sich die Geschichte als ein einziges Verhängnis dar und der Fortschritt als endlos fortschreitende Katastrophe. Die Revolution wäre das Ende dieser Katastrophe, dessen Ausbleiben wie ein Fluch auf den Menschen gelastet hatte, seit es sie gibt. Sie warten darauf, also auf das Ende der Katastrophe, wie auf den Messias. Dessen Ankunft aber ist ungewiss. Er hätte vor 2000 Jahren erscheinen können und könnte es heute zu jeder Stunde.

Die Fortschrittsgeschichte war eine einzige Knochenmühle, die gar nicht erst in Gang gekommen wäre oder jederzeit hätte gestoppt werden können, hätten die Menschen ihre jeweiligen Ausbeuter zum Teufel gejagt, das Mehrprodukt untereinander aufgeteilt und es mit dem Fortschritt etwas langsamer angehen lassen, statt es zu dulden, dass man sie mit der Peitsche für dieses Phantom bis zur Erschöpfung zu schuften zwang. Geschichte und Kultur sind Erblasten, die von unzähligen Generationen angehäufte Schuld.

Angesichts dieser schrecklichen Vergangenheit wie Benjamin auf einen Messias zu hoffen, also auf ein Wunder, ist unrealistisch, aber wenigstens vernünftig.

Weder realistisch noch vernünftig ist es dagegen, das Reich der Freiheit zu erwarten als verdienten Lohn für jahrhundertelange Schinderei und Quälerei. Wie soll es in einem Verein freier Menschen anders zugehen als bisher, wenn doch seine bloße Existenz bewiese: Es gibt keine Gerechtigkeit.

Fürs Leben nützen solche Betrachtungen natürlich nichts. Vielleicht wäre es das Beste, die ganze Geschichte der Menschheit einfach zu vergessen, weil aus ihr, wie man sie auch dreht und wendet, nichts Gutes folgt, und Menschen darunter leiden müssen, die dafür bestimmt nichts können, weil sie erst heute geboren werden: Ein Schuldenschnitt auch in moralischer Hinsicht. Das Moralisieren besitzt immer eine sadistische Komponente, nicht nur bei den Christen.

Genealogen haben herausgefunden, dass jeder Mensch der leibliche Nachkomme mindestens eines Mörders in direkter Linie ist, und ein Irrer war auch immer dabei. Wie gut, dass man ihn nicht kennt und nichts Genaues weiß, das würde nur zu Neurosen führen und schlimmstenfalls zu einem Wiederaufflammen der Blutrache.

*

Aus der Geschichte lässt sich alles ableiten, nur kein Verein freier Menschen. Und keiner zeigt das deutlicher als Marx, wenn man sich seine Argumentation genauer anschaut.

Er will erkannt haben, dass die ganze lange Kette von Klassenkämpfen nötig war, um die Menschheit durch Fortschritt an die Schwelle zur proletarischen Revolution zu führen. Klassenkampf aber war nichts anderes als sehr freie Konkurrenz zwischen rivalisierenden Fraktionen der herrschenden Klasse.

Weil Marx die Geschichte als Fortschritt voraussetzt, muss er den jeweiligen Siegern unterstellen, sie seien die jeweils fortschrittlicheren Kräfte gewesen. Wer gewonnen hat, ist immer im Recht. Nicht anders ist die Evolutionstheorie konstruiert, welche den Sieger im Kampf ums Dasein zum Fittesten oder Bestangepassten befördert.

Was die vergangene Geschichte angeht, ist Marx Darwinist und ein Lobredner der freien Konkurrenz, was nur ein anderer Name für den Kampf ums Dasein ist. Den Glauben von Adam Smith an die »Invisible Hand«, kraft welcher der Kapitalist der Gesellschaft am meisten diene, wenn er rücksichtslos eigene Interessen verfolgt, verspottet er. Aber als Lenkerin der Weltgeschichte akzeptiert er sie und bescheinigt ihr erfolgreiches Wirken.

Wo es um die Zukunft geht, wird aber aus dem unverwässerten Darwinisten ein sentimentaler Darwinist. Zunächst sehen wir noch den alten Marx: Der finale Klassenkampf, die proletarische Revolution, ist wieder der herkömmliche Schützengraben, worin die Kämpfer die Fähigkeiten erlernen müssen, die sie als Sieger benötigen werden.

Das war schon immer so: Nur vom Kampf gestählte Naturen taugen für Führungspositionen. Das Proletariat muss den Kapitalismus besiegen, weil es die fortschrittlichere Klasse ist, so wie früher die Viehzüchter und Ackerbauern die Sammler und Jäger besiegten, die Feudalherren die Stammeshäuptlinge, die Könige die Feudalherren und schließlich die Bürger Adel und Klerus.

Doch an dieser Stelle zaubert Marx auf einmal das Kaninchen aus dem Hut. Das Proletariat, verspricht er, werde ein ganz anderer Sieger sein als alle seine Vorgänger. Sein Sieg werde das Ende aller Klassenkämpfe bringen, danach werde sich eine klassenlose Gesellschaft ohne Ausbeutung und Unterdrückung etablieren. Plötzlich wird aus dem Darwinismus Eschatologie.

Freilich ist der Darwinismus selbst schon eine ebenso brutale wie sentimentale Angelegenheit, denn aufs Ganze gesehen erscheint die Evolution als eine feine, gottgewollte Sache, hat sie doch den Menschen, die Krone der Schöpfung hervorgebracht.

Bezeichnenderweise hat die katholische Kirche Darwins Werke nie auf den Index gesetzt, und er selbst blieb sein Leben lang gläubiger Christ. Warum auch nicht. Natürlich war es Gott, der den Menschen erschuf, er hat es nur ein bisschen anders gemacht als die Bibel erzählt, nämlich indem er die Evolution installierte.

Der Trick beim »Survival of the Fittest« ist der, dass man die Tautologie nicht merkt. Fitness ist durch nichts als Überleben definiert, und Überleben wiederum durch Fitness. Dieser Trick verwandelt die Welt, wie sie nun mal ist, in eine gute Welt, insofern sich immer die Besseren oder besser Angepassten in ihr durchgesetzt hatten. Bei Marx ist es die fortschrittliche gegen die rückschrittliche Klasse, und dieser Prozess soll nun fortgesetzt und vollendet werden durch die proletarische Revolution.

Ob Kampf ums Dasein und natürliche Auslese, ob stattdessen Klassenkampf – das Resultat zeichnet sich stets durch eine gewisse Erhabenheit aus, mal ist es der Mensch als solcher, mal ist es dessen höchste Vollendung im Verein freier Menschen, und die Erhabenheit des Resultats veredelt rückwirkend seinen Entstehungsprozess, in Wahrheit ein überaus schmutziges, blutiges, grausames und von Leid durchtränktes Geschäft. Die Hymne aufs Resultat der Geschichte ist zugleich eine Rechtfertigung der Leidensgeschichte, welche durch das Resultat einen Sinn bekommt, und wenn das Leiden sinnvoll ist, warum soll es dann eigentlich aufhören.

Verzichtet man hingegen auf den Glauben an eine sich von Natur aus zu immer Höherem und Besserem entwickelnde Welt, so sieht man ein ganz anderes Bild. Als Darwinist ohne Heilserwartung im Hinterkopf würde man Marxens Klassenkampflehre grundsätzlich zustimmen, freilich ergänzen, dass beileibe nicht alle Kämpfe Klassenkämpfe gewesen sind. Vielmehr zeichnet die Spezies sich generell durch die Verhaltensauffälligkeit aus, Rudel zu bilden und dann rudelweise übereinander herzufallen.

Rudelbildung und gemeinsames Jagen kommen zwar im restlichen Tierreich genau so vor wie Revierverteidigung. Aber dass ein Wolfsrudel gegen das andere bis zum letzten Mann kämpfen würde und danach das Schlachtfeld von Wolfskadavern übersät wäre, ist noch nie beobachtet worden. Tiere führen weder Klassenkämpfe noch Kriege. Warum diese Extrawurst bei den Menschen? Weil die Spezies den Kampf ums Dasein schon gewonnen hat. Sie ist unausrottbar geworden: Keine Fressfeinde mehr, kann in allen Klimazonen existieren etc.

Um trotzdem fit zu bleiben, um in ihren Anstrengungen, besser zu werden, nicht nachzulassen, muss die Spezies im Interesse ihrer eigenen evolutionären Vervollkommnung ihren Kampf ums Dasein unter sich ausmachen. Deshalb die Gliederung der Menschheit in konkurrierende Rudel, wobei jedes Rudel insofern eine Kopie der Menschheit ist, als die Rudelbildung sich intern fortsetzt, wenn ein Rudel den Kampf ums Dasein gegen andere Rudel gewonnen hat. Das erklärt zum Beispiel den Zerfall aller großen Reiche.

*

So kann man sich die Geschichte auch zusammenreimen. Und genau das macht Marx, wenn er von der Vergangenheit spricht. Den Kampf ums Dasein zwischen verschiedenen Menschrudeln – bei Marx den Klassenkampf – hat immer das fitteste gewonnen, und deshalb verdanken wir ihm den Fortschritt.

Dabei wäre es durchaus möglich, mit Gottes schöner Schöpfung allgemein und besonders mit der Evolution zu hadern: Je mehr Evolution, desto schlimmer. Je mehr Viecher dazukommen, desto wilder das grausame Spiel vom Fressen und Gefressenwerden.

Marx entscheidet sich für die andere Version: Durch die Evolution wird es immer besser. Denn je länger die Nahrungskette für den, der oben steht, desto üppiger ist sein Tisch gedeckt.

Völlig unklar bleibt nur, wie man mit dieser materialistischen Geschichtsauffassung im Hinterkopf zu der Erwartung kommen soll, demnächst werde die proletarische Weltrevolution uns eine weltweit klassenlose Gesellschaft voller Glück und Frieden bescheren. Logisch wäre doch vielmehr, dass alles bis in alle Ewigkeit so weitergeht wie bisher.

Wenn die ganze bisherige Geschichte der Menschen Klassenkampf war, dann ist er für die Menschen so natürlich oder artspezifisch wie das Mäusefangen für die Katze oder das Bellen für den Hund. Dann hätte nicht der Kapitalismus die Menschen geprägt, sondern umgekehrt die Menschen ihn. Kann man dem Hund das Bellen abgewöhnen, der Katze das Mäusefangen, den Menschen den Klassenkampf? Welcher Dompteur soll das leisten?

Gehen wir in der Geschichte noch weiter zurück: Das Jagen, Kämpfen, Töten hat den Menschen Spaß machen müssen. Sie wären in der Wildnis untergegangen, hätten sie sich wie eine Leidensmadonna schweren Herzens mit trübem Blick durch ein freudloses Leben geschleppt.

Marxens historischer Materialismus beweist also nichts anderes als die logische Unmöglichkeit jener finalen Revolution, die wissenschaftlich zu begründen sein Ziel ist. Oder er beweist, dass eine Revolution durch ihre Verwissenschaftlichung beerdigt wird. So viel geforscht, studiert und gelesen, so viel geschrieben – und alles für die Katz.

Die Menschen machen ihre Geschichte, aber nicht mit Bewusstsein und Willen, heißt es irgendwo bei Marx. Wessen Wille ist es dann? Der Wille der Geschichte, der Wille der historischen Gesetzmäßigkeit. Und was ist das nun wieder, diese historische Gesetzmäßigkeit? Das ist, wenn der Akademiker sagen möchte: »Der liebe Gott hat es so gewollt.«

Viel Aufwand für geringen Ertrag. Sind Darwinismus und historischer Materialismus nicht etwas anstrengend und mühsam, wegen der vielen Bücher, die man lesen muss? Dabei geht es viel einfacher.

Stellen wir uns die Menschheit, als Ganzes betrachtet, doch mal vor wie eine *gigantische Amöbe*, die bei Bedarf relativ schnell benötigte Organe wie zum Beispiel kleine Beinchen bilden und bei Nichtbenutzung wieder zurückbilden kann, so ähnlich, wie wir von schwerer Handarbeit Schwielen kriegen oder Hornhaut auf der Fußsohle, wenn wir oft barfuß unterwegs sind. Die Beinchen, Werkzeuge und Organe dieser Riesenamöbe, dieses für uns unbegreiflichen Ungetüms – das sind wir. Die Amöbe verhält sich zu mir wie ich mich wiederum zu meinen Beinen. Die wissen ja auch nie, wann sie wieder rennen müssen und warum. Sie werden es auch nie rauskriegen, da können sie noch so lange grübeln. Sie reagieren nur auf Reize. Wenn ich viel rumlaufe, werden sie dicker. Wenn ich viel sitze, werden sie dünner. Aber warum sie mal Hochkonjunktur haben und dann wieder Flaute, das wissen sie nicht.[22]

Natürlich gilt das auch für die Terroristen. Je nach Partei und Geschmack werden sie als Helden verehrt und unterstützt oder als Verbrecher gehasst und bekämpft, man betrachtet sie als Retter oder Verderber der Menschheit.

Die Menschheit als Riesenamöbe vorausgesetzt, kommen wir hingegen zu dem Schluss, dass das Monster mit der Hervorbringung des Terrorismus sich selber etwas

[22] Dank an Malte Kleinjung. Er schrieb in seiner hellsichtigen Rezension meines Bändchens »Kapitalismus Forever«: »Im Science-Fiction-Klassiker *Alien* kämpft eine Raumschiffbesatzung gegen ein außerirdisches Monster. Zur Crew gehört unter anderem der Android Ash, der eine exklusive Meinung über das Monster hat: ›Ich bewundere die konzeptionelle Reinheit. Geschaffen, um zu überleben. Kein Gewissen beeinflusst es‹. Einen Bruder im Geiste scheint Ash nun in Wolfgang Pohrt gefunden zu haben, der in seinem neuesten Buch ›Kapitalismus Forever‹ einer ähnlich bizarren Schwärmerei das Wort redet … Hoffnung auf ein Leben jenseits des Kapitalismus macht Pohrt jedenfalls nicht. Er würde es in der Hinsicht wohl eher mit Ash halten: ›Sie scheinen immer noch nicht zu begreifen, womit Sie es zu tun haben: Mit einem perfekten Organismus‹.« Exakt. (Veröffentlicht auf der Website http://www.autorenbuchhandlung-marx.de/wolfgang-pohrt, der *Frankfurter Autorenbuchhandlung*).

Gutes getan haben muss und der Terrorismus also eine nützliche Funktion erfüllt, die wir nur nicht erkennen.

Vielleicht ist er so was wie eine kleine Entzündung, die der Körper braucht, um das Immunsystem zu aktivieren. Oder er ist ein Trainingscamp, um andere Organe auf kommende Schlachten vorzubereiten. Wir wissen es nicht, wir können nur spekulieren.

Über den Kapitalismus hingegen wissen wir viel mehr. Er ist das Entwicklungsstadium dieser Riesenamöbe, in welchem sie der perfekteste uns bekannte Organismus wurde. Vom Nordpol bis zum Südpol beherrscht sie die Welt, und sogar auf dem Mond ist sie schon gelandet. Bis dorthin haben es nicht mal Algen, Einzeller und Insekten geschafft, die einzigen Organismen, die auf der Erde so weit verbreitet sind wie die Menschen.

Zu dieser Geschichte gehört auch der Sozialismus. Er ist aus menschlicher Sicht eine Fehlspekulation gewesen und als solche wiederum für die Amöbe ein zweckdienliches Mittel zur späteren Herausbildung eines modernen Kapitalismus auch in dafür zunächst ungeeigneten Gesellschaften.

Wie inbrünstig hatten die Menschen in der Sowjetunion geglaubt und gesungen, wie tapfer und selbstlos hatten sie gekämpft, wie furchtbar hatten sie gelitten und gehungert. Wie viele von ihnen sind einen vorzeitigen Tod gestorben, wurden eingesperrt, gequält, gefoltert, umgebracht.

Wie geduldig haben sie es ertragen, eine immer reicher werdende Kaste von Stalins Speichelleckern mästen zu müssen, jene Kaste, deren Nachfahren den Griff in die Kasse so fleißig trainierten hatten, dass es eine Leichtigkeit für sie war, von Staatskapitalismus auf Konkurrenzkapitalismus umzuschalten, aus Funktionären waren Milliardäre geworden, ehe man zweimal hingucken konnte.

Rückblickend entpuppt sich die Oktoberrevolution als Grundsteinlegung für die Gasprom, einen der weltgrößten Energiekonzerne, dessen futuristischer Verwaltungspalast heute das Moskauer Stadtbild beherrscht, was zweifellos ein Fortschritt ist, verglichen mit den scheußlichen Denkmälern für Lenin und Stalin. Wenn die Amöbe diesen Kommunismus noch mal braucht, hält ihn keiner auf. Aber warum sollten die Menschen ihn erkämpfen wollen?

Es gibt eben Dinge, die man nur im Affekt machen sollte, zum Beispiel Revolutionen und Kinder. Wenn in solchen Fällen das Machen geplant, begründet, bedacht und begrübelt wird, wird nichts draus, oder zumindest nichts Gutes.

Sie kriegt ihn![23]

Die »Kameliendame« siegt

Entwöhnungsmittel

Das bürgerliche Zeitalter will uns von allen Süchten und Sehnsüchten heilen, von der Liebe bis zur Kippe, es ist eine fortwährende Entziehungskur. Zur Therapie gehören auch Entwöhnungsmittel, und eines davon war die »Kameliendame« gewesen, die trotz schwindenden Bedarfs immer noch in verschiedenen Darreichungsformen angeboten wird. Sie ist in Romanform wie als Theaterstück erhältlich, man bekommt sie im Kino oder in der Oper, und seit 1946 auch als Ballett.

Auf den ersten Blick schaut die multimedial verbreitete Botschaft wie eine konventionelle Liebesgeschichte aus. Doch der Lockstoff zieht die Sehnsüchtigen nur in seinen Bann, damit der Wirkstoff ihre Sehnsüchte abtöten kann.

Wie an der Nadel hatten die Menschen an der alten Volksballade mit den unendlich vielen Strophen gehangen: »Es waren zwei Königskinder / die hatten einander so lieb / sie konnten beisammen nicht kommen / das Wasser war viel zu tief.«

Dahinter steckt eine noch viel ältere Geschichte, die von Leander im antiken Griechenland. Um des Zusam-

[23] Dank an Sophie Rois. Sie gab die Anregung zu diesem Text und hat ihn mit kritischen Kommentaren begleitet.

menseins mit seiner Geliebten willen, der Aphroditepriesterin Hero, hatte er allnächtlich eine Meerenge durchschwimmen müssen, wobei er dann auch eines Tages ertrank.

Die Sehnsucht nach der oder dem durch Dornenhecken, tiefe Wasser, hohe Türme, finstere Verließe, verfeindete Sippen oder gesellschaftliche Konventionen ferngehaltenen Geliebten war durch die Jahrtausende nicht kaputt zu kriegen, so wenig wie die Bereitschaft dazu, für die Erfüllung des Verlangens das eigene Leben hinzugeben, das gesellschaftliche und äußerstenfalls das physische dazu.

Dagegen hilft kein Mittel, das man löffeln oder lutschen kann, sondern nur eine ganz bestimmte Sorte Seelenfutter, die mit dem fiesen Nachgeschmack, und solche Arznei hat Dumas mit seiner »Kameliendame« geliefert. Eigentlich hat er nur eine weitere Liebesgeschichte erzählt, diesmal aber eine zum Abgewöhnen. Neben den Drehbüchern sind zwanzig verschiedene Bühnenfassungen dem Roman entsprungen, und an den letzteren, 1848 erschienen, wollen wir uns halten.

In der Rolle des feurigen jungen Helden, der unter Einsatz seines Lebens um die Geliebte kämpft, sehen wir Armand, 24. Von Beruf ist er Nichtsnutz und als Mensch ebenfalls. Als er glaubt, seine Geliebte habe ihn verstoßen, heult er sich bei Papa aus: »Ich stürzte ohne ein Wort in seine Arme, gab ihm den Brief von Marguerite zu lesen, ließ mich auf sein Bett fallen und vergoss heiße Tränen […] Ich war nur zu froh darüber, dass mein Vater mich in meinem Kummer trösten wollte.« Widerlich, einfach widerlich, wenn man bedenkt, dass eben dieser Papa seine Geliebte bei ihm angeschwärzt hatte. Überhaupt plärrt Armand für sein Alter und vor allem sein Geschlecht viel zu viel.

Die Geliebte heißt Marguerite und verdient eigenes

Geld im Unterschied zu Armand, der es vom Papa bekommt. Sie ist bildhübsch, zwanzig Jahre alt, sehr intelligent, sehr gelehrig und außerdem Kurtisane, aber in einer Preisklasse, die Armand sich nicht leisten kann. Er schnorrt sich lieber bei den Ladenmädchen durch, denen er ernste Absichten vorgaukelt, um sich nach gehabtem kostenlosen Spaß verächtlich über ihre Liebesbriefe zu mokieren.

Dem guten Ende im Wege stehen keine schwindelnden Abgründe, fürchterlichen Ungeheuer oder Mann & Maus verschlingende Meeresfluten, sondern nur ein kleiner Intrigant, Heulsuses hinterlistiger Papa. Mit Hilfe eines raffiniert ausgetüftelten Plans erwischt er Marguerite solo, um ihr ins Gewissen zu reden.

Mehr als die plattesten Frömmeleien und Spießersprüche bringt er nicht, aber die reichen schon, um Marguerite zu beschwatzen. Sie soll Papas Einzigem den Laufpass geben, tut wie geheißen, und stirbt. – Klarer Fall, sollte man meinen, wenn das Liebe ist, dann lieber keine.

Stattdessen trat das genaue Gegenteil ein. Die halbe Welt entbrannte in Liebe zu dieser unglücklichen Frau, sogar im Himmel erwachten Frühlingsgefühle, und von höchster Stelle wurde verfügt, dass sie eine zweite Chance erhalten müsse.

Lustige Witwe

Ein gutes halbes Jahrhundert später, 1905, erobert also der »Kameliendame« Wiedergängerin die Bühne, diesmal in Wien, der Walzerstadt, wohin ihre Seelenwanderung sie entführte. Sie heißt jetzt Hanna, und das Stück *Die lustige Witwe*.

Wieder ist sie sehr jung, sehr hübsch, sehr klug, aber Tochter armer Leute. Wieder gehört sie zu den Stiefkindern der Gesellschaft, wieder droht ihr Liebesglück daran zu scheitern, dass zum einen die Familie des Geliebten auf dem Standpunkt »eine lukrative Ehe oder keine« steht, und zum anderen der Geliebte selbst ein Bübchen ist, das sich fügt. Wieder bleibt Aschenputtel allein und verlassen zurück, weil aus Männern Memmen wurden und die Prinzen ausgestorben sind, die ihr Schwert zücken und den Drachen töten, wenn er sich zwischen sie und das Mädchen stellt, das sie lieben.

Jetzt zahlt sich der Wohnsitzwechsel beim Start ins zweite Leben für Hanna aus. Restlos aufgeschmissen im republikanischen Paris mit seinem affigen Revolutionstheater und dem noch affigeren Bemühen der Bürger, Aristokratie zu spielen, findet sie im kaiserlichen Wien den Trost und Rat, den sie in der schwierigen Lebenslage benötigt. Selbstverständlich ist sie mit der langen Erfolgsgeschichte des Hauses Habsburg und dessen Usancen bestens vertraut, und sie weiß wie jedes andere Kind in ihrer neuen Heimat, welcher Sinnspruch über den Bettchen der Prinzen und Prinzesschen als Wegweiser zum erfüllten Leben an der Wand gestanden hatte, nämlich dieser: »Du, glückliches Österreich, heirate!«

Statt also wie Marguerite als Kurtisane den Männern die Kohle in mühseligster Kleinarbeit ratenweise aus den Rippen zu leiern, landet sie gleich den ganz großen Coup und wird Ehefrau. Der Erwählte ist ein Bankier, dessen gutes altes Herz die Aufregungen einer Hochzeitsnacht nicht mehr verkraftet. Als der Ernstfall eintreten soll, setzt es aus, mit fatalen Folgen für den Eigentümer.

Der ist tot und hinterlässt als Alleinerbin seines gewaltigen Vermögens eine taufrische, nicht mal angeknabberte hübsche Witwe. Kant, der Pedant und Freund klarer Worte, hatte die Ehe eine vertragliche Erlaubnis zum wechselseitigen und exklusiven Gebrauch der Geschlechtsorgane genannt, das bürgerliche Gesetzbuch spricht etwas blumiger von einer Zugewinngemeinschaft, jetzt dreht sich das Rad wieder eine Speiche weiter: Sie hat auch als reine Transferunion Bestand.

Endlich kann Hanna sich ihr unter dem Druck der Familie wie ein Gänseblümchen eingeknicktes Bübchen kaufen, und das tut sie auch, schließlich ist der Knabe kein aufgeblasenes Würstchen wie Marguerites kümmerlicher Steuereintreibersohn, sondern echtes blaues Blut, nämlich Graf Danilo.

Fortsetzung nicht ausgeschlossen, denn nach einem weiteren Trauerfall in der Familie könnte Hanna zur nächsten Runde aus der Pole Position starten, weil der Künftige nicht mehr nur um eine schöne Reiche, sondern obendrein eine Frau Gräfin werben muss. Es bleibt spannend, was man von der »Kameliendame« nie behaupten konnte, weil der Leser oder Zuschauer vorher weiß: Sie geht ein. Eher bricht das ganze Theater zusammen, als dass eine »Kameliendame« darin überlebt.

Traurige Witwe

Nicht ganz einfach zu verstehen daher, warum der alte Schlepper mit dem Debut der *Lustigen Witwe* nicht von der Bildfläche verschwand.

Wieder trat des Gegenteil der erwarteten Wirkung ein. Mit dem Garbo-Film von 1936 erreichte die »Kameliendame« international zwischen den Weltkriegen maximale Popularität. Angesprochen fühlten sich besonders Frauen, die vorangegangener hoher Verluste an den Fronten wegen in der Überzahl waren. Der Erste Weltkrieg hatte in Europa eine ganze Generation junger Männer dezimiert und die Heimkehrer fürs Leben entstellt. Kriegskrüppel gehörten damals wie nach dem Zweiten Weltkrieg wieder zum Straßenbild. Ideale Bedingungen also für ein postumes Comeback von Dumas, der sich in dem weltberühmten Best- und Longseller die Trauer über den Verlust der Männlichkeit von der Seele geschrieben hatte, dabei tränenreich vergöttert von den Frauen, die aus ihrer Perspektive großes Leid über den gleichen Sachverhalt empfanden, hatte das 19. Jahrhundert schon sie doch allesamt zu Witwen gemacht, und nur die wenigsten waren lustig.

Das große Heldensterben fing mit Napoleons Russlandfeldzug an. Mehr als 400.000 französische Männer blieben in fremder Erde auf dem Acker, und die Folgen der in dieser Dimension damals völlig neuartigen Verluste waren für das Verhältnis von Angebot und Nachfrage auf dem heimischen Heiratsmarkt verheerend. Käufliche Liebe wurde zu Zeiten der »Kameliendame« in Paris mit seinem riesigen Frauenüberschuss von den Grisetten an jeder Straßenecke zum Schleuderpreis feilgeboten.

Heiratswillige Männer waren Mangelware, und die Qualität ließ nach, denn die Helden starben damals viele Tode, von denen der auf dem Schlachtfeld nur einer war. Auch wenn ihnen sonst nichts fehlte, waren oder wurden sie sozial kastriert. In der modernen Armee wie in der Fabrik hatten die Befehlsempfänger Unterwürfigkeit und Demut, ehedem weibliche Tugenden, einzuüben. Waghalsig auf eigene Rechnung Geschäfte machen war ihnen sogar in Feindesland und erst recht an der Arbeitsfront strengstens untersagt. Der stolze Mann wurde Kanonenfutter, Arbeitstier und Opferlamm, eine Metamorphose, die nicht Einzelne betraf, sondern alle. Romantisch veranlagten Frauen trieb der Niedergang des starken Geschlechts die Tränen in den Augen, weil damit die Liebe ihren Reiz verlor, und Dumas brachte die Tränen dann zum Kullern.

Marx hätte mitgeheult, wenn er die zeitgleich mit seinem »Kommunistischen Manifest« erschienene und ähnlich populär gewordene »Kameliendame« gelesen und verstanden hätte, denn aus dem angepeilten letzten Gefecht, selbstverständlich Männersache, hatte nun ja nichts mehr werden können, weil man mit Memmen keine Schlachten gewinnt.

Aber Marx verstand die »Kameliendame« nicht, denn nur weinende Frauen vermögen es, ihr ganz tief ins Herz zu blicken, dorthin, wo die Kurtisane sich als traurige Witwe offenbart. Sie stirbt an Liebeskummer, der so schicksalhaft ist wie der Tod, denn er kommt nicht daher, dass die Frau einfach Pech hatte und den falschen Mann erwischte oder keinen, sondern daher, dass die Männer ausgestorben sind. Mutterseelenallein ist sie zurückgeblieben auf einer nur noch von Eunuchen bevölkerten Welt.

Das ist die bittere Wahrheit, mit der seine eigene Titelheldin den stümperhaften Schnulzenschreiber konfrontiert, und der Gekränkte lässt sie dafür büßen. Die zusammengeschluderte Kunstfigur wird lebendig, sie verselbständigt sich und probt den Aufstand gegen ihren Produzenten. Das zahlt er ihr heim.

Männlein oder Weiblein?

Nach Herzens Lust quält er die Frau, der er kein Mann sein kann, mit dem Sadismus des Kastraten, er halst ihr jede Menge Bettgeschichten auf, sie muss sich als Lustobjekt verkaufen, und vor allem muss sie nicht nur wie in der Bibel gebären unter Schmerzen, sondern todgeweiht leiden ihr Leben lang und schließlich unter fürchterlichen Qualen sterben.

Nichts lässt Dumas aus, nichts bleibt der armen Frau

erspart. Der Frau also solcher, könnte man fast sagen, denn Schwindsucht war damals eine Modekrankheit im doppelten Sinn, weil besonders unter den Midinettes verbreitet, den Pariser Näherinnen, die zusammengepfercht in engen, schlecht belüfteten Räumen für Hungerlohn die prächtige Imponiergarderobe der vornehmen Gesellschaft ohne Nähmaschine in Handarbeit zusammensticheln mussten.

Dramaturgisch gesehen wird aus der schlechten Absicht freilich eine gute Tat, weil die verzweifelte Lage der traurigen Witwe durch das ihr von Dumas zugedachte Martyrium körperliche Gestalt annimmt.

Auch andere Vertuschungsversuche bewirken das Gegenteil des Bezweckten. Der tödliche Quälhusten ist keineswegs Marguerites einziges frauenspezifisches Gebrechen. Dumas hat weitere Pfeile im Köcher, schon der Name im Titel ist Programm. Die Kameliendame heißt so, weil sie Camelia® braucht. Wann genau sie wieder mal periodisch arbeitsunfähig wird, sagt uns der Dichter durch die Blume. Das ist Poesie wie aus dem Album.

Aber nicht nur, sondern zugleich eine nützliche Sachinformation, unter der Bedingung freilich, dass die Feststellung des Geschlechts einer Person der plakativen Verifizierung durch Angaben über ihre Intimpflege bedarf. Dieser Fall tritt ein, wenn Menschen ohne unten noch mal ganz genau nachzugucken selbst nicht mehr so richtig wissen, ob sie Männlein oder Weiblein sind.

Der Schnulzenfabrikant verplappert sich mal wieder und lenkt das Augenmerk auf genau die Wahrheiten, die er verheimlichen will. Tatsächlich bringt sein Roman die Geschlechterordnung derart durcheinander, dass man versucht ist, einen Arzt zu konsultieren.

Denn die einzige Person mit männlichen Charakterzügen in der ganze Geschichte ist ausgerechnet die kranke

Kameliendame selbst, deren Männer wiederum an ein Rudel läufiger Hündinnen erinnern, an bedürftige, von ihren eigenen Trieben gequälte Kreatur. Sie wollen befriedigt werden, nicht erobern.

Auch Armand, Marguerites Lover, gehört zu dieser konfliktscheuen Sorte, die es in den Schoß der Frau wie zu einem Fressnapf drängt. Er ist ein weinerlicher, weibischer Waschlappen und sein mütterlicher Vater führt sich auf wie eine betrogene Ehefrau. Verwechslungstragödie oder komödiantische Transvestitenshow – jedenfalls unterhalten Vater und Sohn auf gleichgeschlechtlicher Basis eine starke ödipale Bindung, wenn man das Ding überhaupt so nennen kann. Der Vater spielt verrückt, als der Sohn sich verliebt und fremdgeht, nicht wie gewohnt die Mutter. Gleich sieht man die Männer in der Babypause beim Kinderwagenschieben um die Ecke biegen.

Unerfahrenes Einzelkind

Zeitlos modern wie der 160 Jahre alte Roman war die Biografie des Autors. Dumas der Jüngere wuchs vaterlos als Einzelkind einer alleinerziehenden Mutter heran, einer Weißnäherin, welche Dumas der Ältere geschwängert, aber nie geehelicht hatte. Das Bild der Familie beginnt, sich nach den Vorstellungen derer zu formen, die sie entbehren mussten, und nicht wissen, was ihnen erspart geblieben ist.

Aus eigener Erfahrung kennt Dumas einen richtigen Vater oder eine Familie mit allem Drum und Dran so wenig wie das Dörfchen auf dem Land. Wenn er dergleichen beschreiben will, kämmt er im Kopf abgespeicherte Kitschpostkarten durch oder kramt in seinen Alben.

Vom *Real Life* nur aus der Glotze zu wissen ist keineswegs das Privileg heutiger Kinder aus den bildungsfernen

Unterschichten, sondern lange vorher schon bewegen die Menschen sich in einer Welt aus Abziehbildern, denen die wirkliche Welt freilich immer ähnlicher wird.

Dumas' Armand beschreibt seine Marguerite so anpreiserisch und dabei so pedantisch und seelenlos, wie wenn er sie meistbietend versteigern wollte. Beim Urlaub mit ihr in der Abgeschiedenheit sollen die beiden laut seiner Aussage bisweilen tagelang gar nicht mehr aus dem Bett herausgekommen sein, wo sie doch vorher schon oft genug gewesen waren, und sowieso taten sie in trauter Zweisamkeit nichts, als einander immerfort an einem Stück nur zu lieben. Dabei weiß doch jeder, dass es für Liebende nichts Schöneres gibt als die Versöhnung nach dem Streit. Es sind keine Geschichten aus dem Leben, sondern welche aus der Werbung, die uns Dumas verkauft, und die Versteigerung von Marguerites Nachlass, womit der Roman beginnt, ist eine Schlüsselszene. Die Wohnung der Toten wird zum Warenhaus, vollgestopft mit Inventar und Nippes, das aus den Werkstätten der teuersten Markenartikelhersteller kommt. Nur fehlt das allerteuerste Stück darin, nämlich die verstorbene Eigentümerin, die ein Prestigeobjekt gewesen war wie ihre Hinterlassenschaften.

Das unterscheidet sie von der Kurtisane Balzacs, einer Frau, die etwas an sich hat, das reiche und mächtige Männer dazu bringt, für eine Nacht mit ihr alles zu opfern, im Idealfall sind sie nach dieser Nacht, von der kein Fremder etwas erfahren muss, ruiniert.

Balzac (1799-1850) ist ein Romancier der Dämmerung, die Aristokratie ist schon todmüde, die Bourgeoisie noch nicht richtig munter. Ein wunderbarer Morgenfriede, wenn schläfrige Nachtschicht auf verschlafene Frühschicht trifft. Alle Anwesenden zeigen sich aus Mattigkeit von ihrer allerbesten Seite, alle wuseln mit sich selbst beschäftigt vor sich hin, und Balzac beobachtet fasziniert ihr emsiges Treiben, woraus dann die »Menschliche Komödie« wird.

Sex sells

Erst zwei Jahre vor seinem Tod hängt eines Morgens plötzlich der Kampfanzug im Spind. Die Bürger stürzen den König, machen Republik und haben vier Jahre später einen neuen Kaiser, der einerseits die politische Opposition unter Zuhilfenahme des Mobs diktatorisch unterdrückt, andererseits zum Befreier der »Kameliendame« wird. Vorher hatte die Zensur sie in ihrem Roman eingesperrt, jetzt darf sie raus und die Bühne erobern. Warum auch nicht, Sex sells, und wenn der Pöbel mit dem Unterleib der Oberschicht beschäftigt ist, rollen keine Köpfe.

Nach der Freigabe der »Kameliendame« überrannten Menschenmassen die Theaterkassen, ein Ansturm wie heute beim Elektronikmarkt, wenn auf dem Flyer stand: »Alles zum halben Preis.« Denn für geringes Entgelt durfte der Gaffer einen Blick durch den Bühnenvorhang ins Schlafzimmer der Kurtisane werfen und auf ihr Lotterbett, den Schauplatz und stummen Zeugen der unaussprechlichsten Schweinereien. Von denen sah der Zuschauer zwar nichts, aber wenn ein Betrag von 200.000 Euro auf dem Schild am Auto steht, braucht man keine technischen Details. Sie würden nur enttäuschen, weil das Ding ja doch nicht fliegen kann, und nicht anders ist es mit dem Sex.

Die Februarrevolution von 1848 hatte allmählich die Gesellschaft umgekrempelt und das Unterste zuoberst gekehrt, womit eine Umwertung der Werte verbunden war. Das darf man gerne wörtlich nehmen, denn hatte zuvor der Wert den Preis bestimmt, so bestimmt jetzt der Preis den Wert. Man kauft sich die Dame nicht mehr, weil man sie so dringend haben will und obwohl sie so furchtbar teuer ist, sondern man kauft sie sich, weil sie so teuer ist und obwohl man vielleicht gar nichts mit ihr anfangen kann.

Der Preis bestimmt den Wert

Für Marktwirtschaftler wie für Marxisten ist diese Anomalie unbegreiflich, erst 1899 hat Thorstein Veblen sie in seinem Klassiker »Die Theorie der feinen Leute« erklärt. Ursache ist, was Veblen *conspicuous consumption* nannte, o*stentativer Konsum*, könnte man übersetzen. Emporkömmlinge und Neureiche nach gesellschaftlichen Umbrüchen betrachten ihn als die situationsgerechte Lebensart. Verschwenderischer Umgang mit Geld soll ihren neuen Reichtum öffentlich dokumentieren, jede Art von Genuss wird dem Aufstiegsstreben unterstellt.

Ob der Emporkömmling die altem Adel entstammende Schreckschraube ehelicht, ob er sich mit der potthässlichen Tochter eines mächtigen Politikers vermählt, oder ob er sich die prominente und entsprechend teure Kurtisane mit den Spitzen der Gesellschaft teilt – stets ist der Mann, wenn er in Sachen Liebe reist, geschäftlich unterwegs und damit selbst die größte Hure überhaupt. Er muss gar nicht vernarrt in die Kurtisane sein und mit ihr ins Bett schlüpfen wollen, Hauptsache er kann sich mit ihr zeigen, womit er dann Sozialprestige gewinnt. Deshalb darf er sich den Spaß ruhig etwas kosten lassen, denn das Geld ist gut investiert. Vollkommen logisch, wenn er versucht, die Ausgaben als Werbungskosten oder Bewirtungskosten steuermindernd abzusetzen.

Kalte Geschäftsmäßigkeit grundiert daher in Dumas'

(1824-1895) Roman den dick aufgetragenen Kitsch, die schablonenhafte Liebesbeteuerungsroutine, die Tränen, die bei Armand so locker sitzen wie bei John Wayne der Colt.

Der Autor ist kein Schriftsteller, der uns die Wirklichkeit erschließt, indem er sie zur Sprache bringt, sondern ein auf den Verkaufserfolg schielender Trickbetrüger, der virtuos auf der Klaviatur der bedingten Reflexe spielt. Aber das schafft er nur, weil diese Reflexe zugleich seine eigenen sind, und deshalb verrät er mehr über die Gesellschaft als Schriftsteller, die im Unterschied zu ihm diesen Namen verdienen.

Pascha und Puffmutter

Man könnte nun spaßeshalber spekulieren, welche Veränderungen im Verhältnis der Geschlechter zueinander die Folge sind, wenn die unverheiratete Frau zum käuflichen Prestigeobjekt für Männer wird, denn es ergeben sich rein logisch daraus recht interessante und durchaus überraschende Perspektiven: Gewissermaßen bildet der geschlossene Kundenkreis einer Dame nämlich einen informellen Harem oder Serail.

Das ist der Ort, wo in Gesellschaften mit Vielweiberei die Frauen durch gemeinsamen Geschlechtsverkehr mit ein und demselben Mann, dem Pascha, einander auf ganz besondere Weise verbunden sind, schwesterlich verbunden, könnte man sagen, denn wie diese teilen jene sich das Geschlechtsteil des gleichen Mann, das sie im einen Falle alle zeugte und sie im anderen Fall alle begattet.

Ein ähnlicher Effekt ist zu erwarten, wenn man das Spiel mit vertauschten Rollen spielt wie bei der Kurtisane und ihren zahlenden Verehrern. Wie Brüder alle vom gleichen Schoß entbunden wurden, versenken die Mitglieder des Kundenkreises einer Frau nun alle ihr Sperma im gleichen Schoß. So tritt die Kurtisane für die Männer die Nachfolge ihrer Mutter an, als eine Art Übermutter für erwachsene Männer, die immer noch gern unter Brüdern sind.

Das sind sie auch tatsächlich bei der *Puffmutter* – ein verräterisches Wörtchen – im Bordell, wenn der Besuch dort durch mehrere Männer gemeinsam oder gruppenweise wie bei Betriebsausflügen der gehobenen Preisklasse erfolgt. Ein Fingerzeig, dass zusätzlich ganz andere Triebe und Begierden beteiligt sind als die offiziell deklarierten. Noch grausigere Assoziationen bieten sich an, die rituellen Massenvergewaltigungen, von denen aus Bürgerkriegen immer wieder berichtet wird, und die vollkommen unverständlich bleiben ohne die männerbündische Komponente latenter und verklemmter Homosexualität.

Um miteinander sexuell zu verkehren, müssen die Männer aus Gründen der Konvention einen kleinen Umweg nehmen. Als Mittelsmann zwischen ihnen fungiert nun die Frau, deren besonderer Reiz im Bekanntsein, nicht in der Verheimlichung der Tatsache liegt, dass sie sehr viele Männer hat. War Liebe zuvor eine Angelegenheit gewesen, bei der man weder Zuschauer, noch Zuhörer oder Mitwisser haben wollte, so steigern nunmehr Öffentlichkeit und Gemeinsamkeit die Lust. Auch bei den Kurtisanen liegt gruppenweiser Bordellbesuch vor, er ist nur zeitlich entkoppelt.

Jeder mit jedem durch jeden

Damit gerät das ganze Gesellschaftsgefüge ins Rutschen. Untreue bedeutet unter dieser Bedingung, den Männerbund mit einer ihm nicht zur Verfügung stehenden Frau zu betrügen, also die Unterbrechung des gemeinsamen Verkehrs mit allen zu betreiben. Eine Frau für sich ganz allein haben zu wollen wäre logischerweise nicht nur asozial, sondern sexuell pervers, weil das Begehren sich auf die Frau beschränkt, statt wahre Erfüllung erst im zusätzlichen Wissen zu finden, dass man durch sie zugleich mit vielen anderen Männern verbunden ist. Alle sind immer unterwegs und keiner kommt an.

Die Menschen leben nicht mehr im Kapitalismus, sie sind welcher, jeder Zweck ist das Mittel für den nächsten Zweck, jeder Kontakt das Sprungbrett zum folgenden, jeder Moment ihres Lebens ein Glied in der unendlichen Selbstverwertungskette, die unterbrochen wird nur durch den Tod. Deshalb, eben weil sie stirbt und dem sinnlosen Spiel ein Ende macht, ist die »Kameliendame« so ungeheuer stark, dass der von Dumas fabrizierte Murks sie nicht schwächt, sondern sogar noch zusätzlich stärkt. Beispiele:

Der weibische Mann und die Heroine

1. *Warum ist die Ehe keine Option für Armand und Marguerite?*

Man begreift nicht ganz, um was es in diesem Roman eigentlich geht. Zwei Menschen lieben sich. Na und? Dann sollen sie doch heiraten. Sie gehören aber verschiedenen gesellschaftlichen Schichten oder Gruppen an? Okay, dann haben wir das Problem der unstandesgemäßen Ehe. Ein Problem, das man löst, indem man die Ehe schließt.

Etwa in »Adel verpflichtet«: Ein italienischer Tenor gastiert mit Mozart-Arien bei britischem Hochadel, die Tochter des Hauses, von seiner Stimme und Erscheinung bezaubert, verknallt sich in ihn und er sich in sie. Die beiden heiraten und sind, von der Familie geächtet und mit dem Entzug aller Mittel bestraft, arm aber glücklich, trotz Ehestand kein Ehepaar, sondern ein Liebespaar.

Beim gemeinsamen Geschirrspülen singt der Tenor, mit nassem Teller und Küchenhandtuch beschäftigt, »Reich mir die Hand mein Leben«, und schöner als in dieser luftigen kleinen Dachwohnung kann kein Don Giovanni je auf einer Opernbühne geklungen haben.

Viel später übernimmt beider Sohn den Fall und übt Rache an der Familie, die ihre eigene Tochter, seine Mutter, verstieß, in dem er die in der Erbfolge vor ihm stehen Mitglieder dieser Familie zur Erheiterung des Publikums sukzessive beseitigt.

So macht man das, nicht nur im Film, sondern auch im wirklichen Leben. Warum machen Armand und Marguerite es nicht? Armand erklärt es seinem Vater: »Ich bin der Geliebte von Mademoiselle Gautier, wir leben zusammen, nichts einfacher als das. *Ich gebe ihr weder den Namen, den ich von Ihnen erhalten habe*, noch gebe ich für sie mehr aus, als meine Mittel mir erlauben.«

Statt der Geliebten ein Königreich zu Füßen zu legen, statt sie auf sein Schloss zu bitten, oder, wenn er halt nichts als ein lausiger Steuereintreibersohn ist, ihr wenigsten seine Hand anzubieten, stattdessen also will er mit ihr nicht mal seinen wertlosen Namen teilen, an dem der Geizkragen klebt wie eine vom Sparfimmel besessene Hausfrau an einem steinharten alten Kanten Brot.

2. *Warum wird Armand von seinem Vater nicht enterbt und verstoßen?*

Im Gespräch mit Marguerite gibt Duval sich überzeugt davon, durch das Verhältnis mit ihr gefährde sein Sohn die eigene Zukunft, mindere den Marktwert seiner Schwester und besudele obendrein die Familienehre. Wäre er wirklich überzeugt, so müsste er als Vater anders handeln. Er hätte die Pflicht, den Sohn streng zu bestrafen, ihn zum Beispiel zu verstoßen und zu enterben. Bei Verletzung der Familienehre wäre in schweren Fällen auch eine Tötung möglich, siehe »Mateo Falcone« von Prosper Mérimée. Aus Duvals Verhalten sprechen eher mütterliche Nachsicht und Ödipus, also Eifersucht. Er spielt die Rolle der betrogenen Ehefrau, die mit ihren fünf Kindern an der Hand die Konkubine heimsucht, um ihr zu erzählen und zu zeigen, die Kleinen hätten alle nichts mehr zu essen, weil der Vater das ganze Geld mit ihr, dieser Schlampe, durchbringt.

Für den Mann jedoch ist grundsätzlich das Schwarze Schaf in der Familie ein innerfamiliär zu lösendes oder zu duldendes Problem. Als Familienoberhaupt kann er keinen Beistand von außen erbetteln, ohne seine Autorität zu verlieren. Trotzdem pirscht Duval sich an eine mit ihm persönlich nicht bekannte familienfremde Frau heran. Seine Forderungen und Vorhaltungen sind maßlos und unverschämt. Er benimmt sich wie eine Frau, die aus verzweifelter Eifersucht den Verstand verloren hat.

Auch am Ende des Romans wird aus dem Vater wieder eine Mutter. Der Erzähler begleitet Armand bei der Heimkehr ins Elternhaus, wo der Vater die beiden empfängt: »Er empfing Armand mit Freudentränen und drückte mir herzlich die Hand. Ich stellte bald fest, dass im Herzen des Generaleinnehmers die Vaterliebe alle anderen Gefühle überwog.« Das aber sind die Gefühle einer dem missratenen Sohn alles verzeihenden, weil ihm verfallenen und hörig gewordenen Mutter. Dieser Eindruck verfestigt sich durch die Suche nach einer Antwort auf die Frage:

3. *Warum schmeißt Marguerite den Alten nicht einfach raus?*

Marguerite ist intelligent und trotz ihrer zwanzig Jahre bereits mit allen Wassern gewaschen. Männer können ihr nichts vormachen, mit denen kennt sie sich bestens aus. Es liegt einem förmlich auf der Zunge, mit welchen Worten sie Duval wegschicken müsste, nachdem sie ihm ihr allerkältestes Lächeln geschenkt hat: »Ihr Sohn stirbt oder wird wahnsinnig, wenn er mich nicht kriegt. Monsieur, Sie haben mich soeben gebeten, ihn umzubringen. Tun Sie das nicht wieder!« Warum kann sie das nicht? Weil der weibische Vater sich wie eine hysterische Frau verhält und für Marguerite nur die Rolle des Mannes übrig bleibt. Sie sieht sich gezwungen, Verantwortung zu übernehmen und geht diesen Weg dann auch bis zum bitteren Ende wie ein Samurai. Bei ihrem Geliebten dagegen wieder ein großes Fragezeichen:

4. *Warum gibt Armand auf?*

Von der Geliebten mit einer dürftigen, vollkommen unglaubwürdigen schriftlichen Erklärung abgespeist, warum sie seine Geliebte nicht mehr sein wolle, wirft Armand das Handtuch und trollt sich. Unfassbar. Wo wirklich Liebe im Spiel wäre, ginge jetzt der Clinch erst richtig los, und im Handgemenge kämen die Konfliktparteien einander näher als je zuvor.

Armand hätte sich mit Gewalt Zutritt zu Marguerites Wohnung verschaffen oder sie und ihren Begleiter öffentlich zur Rede stellen und letzteren verprügeln können, mit großer Szene und einem Riesenskandal; oder mit Mord und Selbstmord drohen, oder ihr Haus belagern, oder nicht von ihrer Seite weichen, wo immer sie sich öffentlich zeigt. Nichts davon tut dieser Schlappschwanz. Statt auf Eroberung sinnt er auf Rache und findet Befriedigung darin, seine frühere Geliebte zu demütigen und zu quälen. Warum? Er handelt aus gekränkter Eitelkeit, wie eine Frau, die eine Zurückweisung nie verzeiht. Wenn Frauen hassen…

Andere Ursachen, gleiche Probleme

Kommen wir zum Schluss: Marguerite ist gestorben und begraben, ihr Geliebter heimgekehrt ins Elternhaus. Von dort berichtet der Erzähler: »Ich blieb einige Zeit im Kreise dieser glücklichen Familie, die nur darauf bedacht war, Armand wieder aufzuheitern.« Das Familienglück geht heiter über Leichen, und der Geliebte macht mit. Aller Lockstoff ist verschwunden, zurück bleibt Wirkstoff pur. Plötzlich schmeckt der Schnaps wie Jauche, das Entwöhnungsmittel ist perfekt – und schon bei der Markteinführung überflüssig, weil veraltet.

Die Paarung von Tod und Mädchen war Tatsache zu Zeiten, in denen ein Mann mehrere Frauen heiraten konnte und musste, wenn sie ihm hintereinander im Kindbett starben und die Kinder eine neue Mutter brauchten. Das dürfte häufig vorgekommen sein, sonst wäre die Stiefmutter keine Märchenfigur.

Im 19. Jahrhundert, als jene Paarung von Tod und Mädchen wieder Kunstgegenstand wurde, was sie die 400 Jahre davor nicht gewesen war, hatte sie sich in Nostalgie verwandelt. Denn wenn jemand in der Blüte seiner jungen Jahre aus dem Leben gerissen wurde, dann waren das seit Napoleons Russlandfeldzug junge Männer, in den Weltkriegen spitzte sich die Lage weiter zu. Die Liebe wurde ein Problem ungleicher Mengen bei den Geschlechtern.

Heute stellt sich die Lage noch einmal anders dar. Früher konnte ein Kind, bis es erwachsen wurde, mehrere Mütter erleben. Nun kennt es in der Regel eine Mutter, aber die Väter können wechseln und auch gleichzeitig zu vielen sein, also statt konsekutiver Vielweiberei konsekutive oder simultane Vielmännerei, vom Kind aus gesehen.

Während Dumas seine Marguerite noch fleißig ins Grab geschrieben hatte, stieg bereits die Lebenserwartung der Frauen allmählich an. Heute liegt sie so hoch, dass Frauen ab einem bestimmten Alter keine gleichaltrigen Männer mehr finden, weil die schon gestorben sind. Zugespitzt: Statt *Romeo* (16-18 Jahre) *und Julia* (13-15 Jahre) heute *Harold* (18 Jahre) *and Maude* (79 Jahre).

Erschwerend hinzu kommt die Frauenemanzipation. Im Maße, wie sie fortschreitet, schreitet auch die Witwenbildung voran, weil die Männer wegen Verlustes ihrer traditionellen Rollen immer unmännlicher werden und eine Frau die halben Portionen mindestens verdoppeln muss, um einen ganzen Mann zu besitzen. So droht das Gejammer der »Kameliendame« uns bis in alle Ewigkeit zu verfolgen, wenn nichts dagegen unternommen wird. Also soll sie ihren Armand endlich kriegen, mit dem sie uns seit 160 Jahren in den Ohren liegt. Das Zeug dazu, ihn sich zu nehmen, hat sie doch schon längst. Sie ist der einzige Mann im Stück, das muss sie nur noch kapieren und ihre Führungsrolle akzeptieren.

Die »Kameliendame« siegt

Muss das Leben so traurig sein? Gibt es für Marguerite und Armand denn wirklich gar keine andere Lösung? Aber doch, wenn man sich die Sache nur mal genauer anschaut.

Ein glückliches Leben ist Betrug, zeigt Dumas, und das stimmt auch, das ist wirklich so, daran gibt es nichts zu rütteln. Aber dann stimmt eben auch die Aussage, dass Betrug ein glückliches Leben ist. Gleichungen darf man rückwärts oder vorwärts lesen, das ist absolut regelkonform, suchen wir uns doch die bessere Richtung aus.

So wie Chaplin, dem es restlos abgebrannt ohne einen Cent in der Tasche im allerteuersten Lokal am besten schmeckt. Was kann ihm schon passieren?

Gehabter Genuss ist irreversibel, aus dem Bauch holt die Delikatessen keiner mehr raus. Wenn die Regel »Wer liebt muss zahlen« gilt, warum es nicht mal mit Zechprellerei versuchen? Dem Schicksal eine Nase drehen, dem Tod von der Schippe springen, das ist Glück.

Sowieso spielt Marguerite im ganzen Stück schon die Rolle eines tapferen Helden, der sich opfert, und sie kann sich das auch leisten, denn für einen Mann hält sie trotzdem keiner, dazu ist sie viel zu hübsch. Eigentlich müsste sie nur noch erfassen, was wir gerade eben über das Stück lernten, und den richtigen Schluss daraus ziehen, nämlich dass man sich das Glück ergaunern muss, denn es ist nicht käuflich wie das Glück in der Liebe ja auch.

Nur ein bisschen weiter in die bereits eingeschlagene Richtung steuern, nur ein bisschen konsequenter sein müsste Marguerite, schon wird aus der Tragödie die Komödie, über die man in der Zeitung lesen könnte:

Endlich eine »Kameliendame«, die ihren Tod als Kurtisane gerne stirbt und mit noch größerer Freude überlebt.

Schelmisch weint das pfiffige Kind seiner Vergangenheit eine letzte Träne nach, schickt seinem Traditionshusten zum Abschied noch ein kokettes Räusperchen hinterher, und dann? Dann erfindet sich die Dame einfach neu.

Sie bekommt ein Kind, genauer gesagt, sie adoptiert es, und das Adoptivkind ist Armand. Der hatte eine Mutter in Gestalt seines Vaters gehabt, was ihn bei der eigenen Geschlechterrollenfindung ziemlich durcheinander brachte. Jetzt kriegt er zum Ausgleich und als Gegenmittel einen Vater in Gestalt seiner künftigen Ehefrau. Es tut ihm sichtlich gut. Das Ding mit der Liebe, es funktioniert ja doch, man muss es nur richtig machen.

Auf der Bühne wie im Parkett wird nicht gelitten, sondern der Tränendrüsendrücker verwandelt sich vor unseren Augen in einen herrlich spritzigen, frechen, unterhaltsamen Theaterabend. Den gibt die Vorlage von Dumas natürlich nicht her, aber Not macht erfinderisch, und man hat sich was einfallen lassen.

Der Plot ist aktionsreicher und dichter geworden, die Handlung nimmt manch unerwartete, dabei aber stets überzeugende und plausible Wendung. Vom Sterben hält *unsere* Marguerite überhaupt nichts, und ein Armand als Rekonvaleszent im Schoß der Familie bleibt uns auch erspart.

Die Kameliendame hatte die Liebe fürs Geschäft instrumentalisiert, *Maggie* – so nennt sie sich jetzt – instrumentalisiert das Geschäft für die Liebe.

Auch Armand blüht auf, er kann viel besser die Tränen halten, seit er das Landleben nicht mehr als Logiergast und Flitterwöchner erdulden muss. Er lernt es von seiner arbeitsaufwendigen, aber einträglichen Seite kennen, und Bewegung an der frischen Luft war stets das beste Mittel gegen Depression. Wer Genaueres wissen will, soll Eintritt bezahlen, umsonst ist der Tod. Hier sei nur soviel verraten:

Die letzte Szene spielt auf einer Hühnerfarm, der Hühnerfarm *Chicken's Paradise Tony & Maggie Duval* im Bundesstaat Kentucky. Und das Federvieh auf der Bühne ist echt, es gackert. Armand und Marguerite, die Eigentümer, mustern wohlgefällig den Bestand. Armand: »Wo die sitzen, saßen früher wir.« Marguerite: »Das war einmal.« Und mit dem Trinklied aus der »Traviata«, das man gar nicht oft genug hören kann, klingt die Vorstellung aus.

Die Königskinder haben doch noch gewonnen, Dumas hat verloren, die »Kameliendame« ist tot und begraben, das Publikum ist aus dem Häuschen, und die Kritiker haben wegen der Hühner Stoff zum Grübeln. Was will man von einem Theaterabend mehr?

Dumas andersrum

Der alte Duval verlangt von Marguerite, seinem Sohn den Laufpass zu geben, und dann:

MARGUERITE: Monsieur, Ihr Sohn stirbt, oder er wird wahnsinnig, wenn er mich nicht kriegt. Was wollen Sie? Sie haben mich soeben gebeten, ihn umzubringen, ihn, den ich mehr liebe als mich selbst. Nein, ich ertrüge es nicht, wenn er vor Kummer stürbe und folgte ihm nach ins Grab. Zwei Menschenleben ausgelöscht! Von welchem Teufel sind Sie besessen? Mir schwinden die Sinne! (*greift nach der Vase mit den Kamelien, schnuppert*) Die nehme ich als Riechfläschchen. Ah, tut das gut! Ich lebe wieder.

DUVAL: Aber nicht mehr lange! Sie glauben doch nicht, dass ich auf diesen Schwindel reinfalle. Solche albernen Geschichten erzählen mir säumige Steuerzahler jeden Tag. Ich durchschaue Sie. Sie sind ein bösartiges und durchtriebenes Frauenzimmer, vor dem ich meinen Sohn und meine Familie schützen werde, und wenn ich Sie zermalmen muss!

MARGUERITE: (*Seufzt schwer und streckt ihm die Vase entgegen*) Atmen Sie, atmen Sie diesen göttlichen Duft, er wird Ihnen das versteinerte Herz öffnen.

(*Duval fuchtelt abwehrend mit den Händen, Marguerite gießt ihm wie unabsichtlich die Vase in den Schoß.*)

MARGUERITE: Oh Gott, Sie Rohling, Sie Grobian, warum haben Sie mich gestoßen, mich, eine schwache Frau? Und was haben Sie damit angerichtet? Schauen Sie sich an! Sie sehen ja wie ein Bettnässer aus. *(Steht auf, öffnet die Schlafzimmertür und zieht schnell den Schlüssel ab*). Folgen Sie mir, und reichen Sie mir dann die nasse Hose raus. Ich trockne sie schnell am Kamin.

(*Duval tut wie geheißen. Marguerite verschließt die Tür zu seinem Zimmer, probiert die Hose an und hängt sie hinter die Gardinen.*)

MARGUERITE: (*Selbstgespräch*) Oh du Geplagte! Zwei Duvals! Einer, der zu viel plärrt, und einer, der geifert. Aber ich hänge nun mal an meinem Bettwärmer. Lass dir was einfallen, du dumme Kuh, bist doch schon mit Grafen und Herzögen fertig geworden. Aber dieser Alte ist keiner von denen, das ist ja das Problem Er ist ein gemeingefährlicher Irrer, der gibt keine Ruhe.

DUVAL: (*Aus dem Nebenzimmer Geschrei*). Wo bleibt meine Hose?

MARGUERITE: (*Beiseite gesprochen*) Na bitte! (*Laut*) Es gibt keine Hose mehr. Sie ist in den Kamin hineingefallen und verbrannt. Sie müssen warten, bis Armand kommt. Vielleicht kann er Ihnen eine von seinen leihen, wenn ich ihm gut zurede. (*Es rumpelt und poltert im Nebenzimmer, Duval tritt gegen die Tür*) Hören Sie auf zu randalieren, sonst hole ich die Nachbarin. Sie ohne *Ihre* Hosen und ich mit *meinem* Ruf – da hat sie viel zu erzählen. (*Der Lärm hört auf*) Ob er wohl jetzt durchs Fenster steigt? Zuzutrauen ist ihm alles, und mein Bettwärmer ist Wachs in seinen Händen, wenn er ihn zu fassen kriegt. Weg, nichts wie weg. (*Marguerite holt Briefpapier und schreibt*). Oh ja, so könnte es klappen.

(*Armand ist angekommen und betritt das Zimmer*)

ARMAND: Welch entzückender Anblick! Lass mich gleich lesen, welche Zärtlichkeiten du diesmal für mich ausgedacht hast.

MARGUERITE: Schlingel! Hast du mir das alte Krokodil auf den Hals gehetzt?

ARMAND: Geliebte! Ich erkenne dich nicht wieder. Welches Krokodil? Wovon sprichst du?

MARGUERITE: Fehlt dir was? Mich erkennst du nicht. Und deinen Vater erkennst du auch nicht. Von ihm spreche ich. Er sitzt im Schlafzimmer, schau dir die Bescherung an.

ARMAND: (*Armand versucht es.*) Ich kann es nicht, die Tür ist verschlossen.

MARGUERITE: Natürlich! Glaubst du, den lasse ich frei herumlaufen? Dort liegt der Schlüssel. (*Armand öffnet die Tür*)

ARMAND: Vater!

DUVAL: Mein Sohn!

(*Die beiden stürzen einander in die Arme*)

MARGUERITE: Huch! Ein halbnackter Mann, und der umarmt einen anderen. Daher weht der Wind! Soll ich euch allein lassen?

(*Duval zetert, Armand plärrt*)

MARGUERITE: Ruhe! Armand, du zieht jetzt deinem Vater sofort mein Nachthemd an, das lange natürlich, der Anblick von seinen spindeldürren Beinen macht mich ganz krank. Wirst du später auch so aussehen? Schnell, Armand, beeil dich, sonst rührst du mich nicht mehr an!

(*Der Alte zetert weiter, während Armand ihm das Nachthemd überzieht*)

MARGUERITE: Ruhe! Sonst könnt ihr euch auf dem Heimweg eine Hose teilen, die anderen habe ich gut versorgt.

DUVAL: (*Eingeschüchtert, kleinlaut*) Was wollen Sie?

MARGUERITE: Geld.

ARMAND: Aber Liebste…

MARGUERITE: Armand! Plärren darfst du, verhandeln tu ich.

DUVAL: Geld? Wofür? Wieviel?

MARGUERITE: Weiß ich noch nicht. Zunächst genug für die Überfahrt, dann sehen wir weiter.

ARMAND *und* DUVAL: Überfahrt?

MARGUERITE: Nach Amerika natürlich. Gegen Schuldenfallen sind Luftveränderung und Tapetenwechsel die beste Medizin. (*Zu Armand*) Und du, mein Herzallerliebster, kommst mit.

DUVAL: Meinen Sohn wollen Sie mir rauben, ihn entführen!

MARGUERITE: Sie sehen doch selbst, was Sie aus Ihrem Sprössling gemacht haben. Vierundzwanzig Jahre alt, arbeitsscheu, und heult wie ein Schlosshund. Ich kann ihn um den kleinen Finger wickeln, nicht wahr, Armand? Jetzt wickele ich ihn mal anders rum. Wir brauchen also die Überfahrt und ein Startkapital, über die Höhe informiere ich sie später.

DUVAL: Aber Sie sind doch krank! Ihr Husten…

MARGUERITE: Der war gut, sehr gut! Hat bei Ihnen aber nicht geholfen. Normale Menschen empfinden Mitleid mit einer Todgeweihten und behandeln sie nachsichtig, aus Dankbarkeit, dass der liebe Gott sie bald zu sich nehmen wird. Das hatte ich auch von Ihnen erwartet. Aber bei Ihnen war es umgekehrt. Mein vermeintliches Siechtum spornte Sie an, mich noch mehr zu quälen. Sie wollten mich verenden sehen wie ein Tier. Die Nummer ist gestrichen, ich habe mich lange genug mit ihr abgeplagt.

DUVAL: Und wenn ich mich weigere?

MARGUERITE: Sieht ganz Paris Ihre dünnen Beinchen. Und ganz Paris erfährt, was Ihr Sohn und ich gemacht haben. Vergangene Nacht war es wieder besonders schön, nicht wahr, Armand?

DUVAL: Aber…

MARGUERITE: Schluss jetzt. Sie unterschreiben den Vertrag, bekommen Ihre Hose und verschwinden. Sie stören unsere Flitterwochen. Um diese Tageszeit machen wir es uns schon für die Nacht gemütlich. Nicht wahr, Armand?

ARMAND: Aber…

MARGUERITE: Hast du es schon wieder vergessen? Sprechen tu ich. Du sollst nicken.

(*Armand nickt*)

MARGUERITE: Na prima, du kannst es. (*Zu Duval*) Und Sie?

(*Duval nickt auch und unterschreibt*)

MARGUERITE: Bravo! Dafür gibt es ein Bonbon! Beim Abschied steht Armand ohne Damenbegleitung an der Reling, die Familienehre ist gerettet. Ich werde mich als Mann verkleiden. (*Zu Duval*) Und Sie borgen mir Ihre Hose, sie passt.

Schöne neue Welt

u.a. Texte und Interviews

Schöne neue Welt*

Nicht nur der Kommunismus war abgelaufen wie Badewasser, wenn man den Stöpsel zieht, auch der Kampf gegen den Atomtod war im Ausguss verschwunden, ohne dass es dabei wenigstens gegurgelt hätte. Unbefriedigend für die Kämpfer, aber auch für mich, hatte ich doch einige aus heutiger Sicht sinnlos vergeudete Energie daran verwendet, sie als Schwarzseher darzustellen, die den Weltuntergang brauchen, um in die Rolle des Weltenretters im günstigsten Fall und im ungünstigsten in die immer noch ehrenvolle des verkannten Propheten zu schlüpfen. An so einen Flop erinnert man sich nicht gern, es kommt zu einer Gedächtnislücke, und sie zu füllen war ein weiteres Motiv für dieses Update.

Sie kennen das sicher: Wird in den Nachrichten tagelang vor dem fürchterlichsten Wirbelsturm aller Zeiten gewarnt, und es kommt dann keiner, ist man durchaus nicht nur erleichtert, sondern fühlt sich betrogen von diesem Aufschneider. Natürlich gibt man das nicht zu,

* Es handelt sich um den einen Vortrag, den Pohrt am 12. November 2013 in Wien an der Universität für angewandte Kunst hielt und der in einer kleinen Broschüre veröffentlicht wurde unter dem Titel »Die Vertreibung aus dem Paradies – ein Jahr danach« (hochroth, Wien 2013). In dieser Broschüre ging dem Vortrag »Schöne neue Welt« ein Text voraus, der weitgehend mit dem ersten Kapitel des Buches »Das allerletzte Gefecht« (hier S. 116-141) identisch ist, das ebenfalls »Die Vertreibung aus dem Paradies« heißt. (A.d.H.)

weil die Preisgabe dieser Regung das Eingeständnis von Herzlosigkeit wäre, aber sie existiert nun mal, und keineswegs steckt nur Sensationslust dahinter, sondern auch das Interesse an einer berechenbaren und deshalb verständlichen Welt.

Wie alle angekündigten und ausgebliebenen Katastrophen rief folglich auch der Ausfall des atomaren Showdowns zwischen Ost und West Enttäuschung hervor, eine Entdeckung ohne Entdeckerstolz, sondern mit einem säuerlichen Gefühl verbunden, weil es eine uralte ist, die niederschmetternde und deshalb sogleich von der Amnesie kassierte Erkenntnis nämlich, dass Menschen weder die Zukunft vorhersagen noch aufhören können, es trotz erwiesener Unfähigkeit immer wieder zu versuchen.

Im Falle der Weltuntergangsprognose kommt hinzu, dass man sie nur entweder physisch oder geistig überleben kann, aber nie beides zugleich. So hätte die globale Atomkatastrophe zwar die Menschen physisch getötet, die in den Kategorien von Erlösung oder Vernichtung bzw. Himmel und Hölle denkenden Subjekte aber glanzvoll in ihrem Rang bestätigt, die Krone der Schöpfung gewesen zu sein. Doch diesen Gefallen tat ihnen die Geschichte glücklicherweise nicht.

Im Tode noch hätten sie ein einmaliges historisches Spektakel erleben dürfen, etwas wahrhaft Großes, und das hätte vor allem denen Genugtuung verschafft, die es immer vorhergesagt und davor gewarnt hatten, also den Schriftstellern, den Theologen, den Philosophen und allgemein der Intelligenz. Mit einem »Ich wusste es doch« auf den Lippen hätten sie alle zufrieden sterben können, aber nun lebten sie ja noch, gerupft, gestutzt und blamiert, wie sie waren, sie mussten weitermachen, und das war ohne Atomkriegsgefahr gar nicht leicht.

Bis jetzt ist das eine runde, einfache, logische Geschichte, erst kommt die Ursache, dann die Wirkung, und einen Übeltäter gibt es auch, nämlich diese Friedensapostel mit zu viel Ego. Leider stimmt sie nicht ganz, und sie kann auch nur wenig erklären.

Die Atomkriegsangst war schon vor dem Mauerfall 1989 ein Schatten ihrer selbst geworden, denn wie im Traum hatte man alles Kommende schon durchlebt und hinter sich, bevor es Wirklichkeit wurde, diesen Traum aber nicht zu deuten gewusst, den Traum von einer nicht länger atomar bedrohten Welt.

Als hätten die Menschen das nahende Ende ihrer Weltordnung gespürt wie Tiere mit unbekannten Sinnesorganen ein bevorstehendes Erdbeben, begannen sie eine große Angst zu empfinden, Angst *vor* der Sache, *um* die sie fürchteten, weil Träume wie Massenbewegungen Angstbewältigung und Wunscherfüllung leisten müssen. Was könnte mich in meiner Sorge um die auf dem Sterbebett liegende Person besser trösten als die träumerische Halluzination, diese Person habe mich überwältigt und stehe im Begriff, mir die Kehle durchzuschneiden. Aus meiner Angst vor dieser Person schöpfe ich die Gewissheit, dass sie bei Kräften und quicklebendig ist.

Die Funktion der Friedensbewegung wäre es demnach gewesen, sich die Beständigkeit einer erkennbar brüchig gewordenen Weltordnung einzureden. Eine andere Erklärung sehe ich nicht, weil die Massenbewegung in einer Phase entstand, wo das reale Risiko eines Atomkriegs im Vergleich zu früheren Perioden, etwa der Kuba-Krise, minimal geworden war.

1981 brachte sie in Bonn 300.000 Kundgebungsteilnehmer auf die Beine, im nächsten Jahr waren es 100.000 mehr, 1983 belief sich die Zahl auf eine halbe Million, und im gleichen Jahr beteiligten sich an einem Aktionstag 1,3 Millionen Menschen. Nicht nur Nonames, sondern alles, was in der Szene damals Rang und Namen hatte, von Joseph Beuys und Heinrich Böll über Helmut Gollwitzer und Günter Grass bis zu Martin Niemöller und Horst-Eberhard Richter.

Danach ebbte die Welle rasch ab und hinterließ eine große Leere, verständlicherweise, denn es war der Kampf gegen den Atomtod gewesen, der dem Leben von Millionen Menschen einen Sinn gegeben hatte. Der Sinn des Lebens ist immer das, was den Tod eines Menschen überdauern soll: Seine Kinder, sein Haus, sein Werk und solche Dinge.

Von einem Atomkrieg war angenommen worden, dass er sie alle vaporisieren, das Leben also sinnlos machen würde. Deshalb musste er verhindert werden durch Schaffung einer atomwaffenfreien Welt, und mit dieser Aufgabe bekam das Leben einen neuen, übergeordneten und alle Menschen vereinigenden Sinn. Davon profitierte jeder, die im Glauben war, einen Beitrag zur Rettung vor dem Weltuntergang zu leisten.

Um diesen plötzlich erwachenden Hunger nach Sinn zu erklären, ist es nützlich, als Hilfskonstruktion ein unbewiesenes und wohl auch unbeweisbares Kollektiv-Ich einzuführen, welches sich durch die Entspannungspolitik und das sich abzeichnende Zerbröseln der bisherigen Weltordnung in Lebensgefahr wähnte, eben nicht wegen drohender Vernichtung der Einzelnen, sondern wegen drohenden Verlustes des Zusammenhangs zwischen ihnen.

Dieser Zusammenhang ist kaum greifbar, äußerst kompliziert und sehr wichtig, was man dann merkt, wenn er nicht mehr existiert wie beispielsweise nach der Flutkatastrophe in New Orleans im Jahr 2005, wo das Versagen staatlicher Ordnungsorgane zum Krieg aller gegen alle geführt hatte mit den übelsten Verbrechern als Siegern.

Émile Durkheim hat dieses Phänomen als Anomie[24] bezeichnet, ein Zustand der Gesetz- und Regellosigkeit, vor allem aber eine Verfassung der Menschen, in welcher sie einander durch keine gemeinsamen Überzeugungen und Moralvorstellungen im weitesten Sinn verbunden sind, wie sie als Bewohner der sogenannten freien Welt, die sich wiederum als Gegensatz zum Ostblock definierte, dies wie spöttisch oder skeptisch auch immer, tatsächlich gewesen waren. Mit der Schwächung des Ost-West-Gegensatzes wäre demnach ein Anomie-Risiko entstanden, und das Kollektiv-Ich hätte nach Maßgabe der Höhe des Risikos kompensatorische Maßnahmen eingeleitet. Diese Spekulation würde auch erklären, warum die Friedensbewegung in Deutschland besonders stark gewesen ist, in einer traditionell besonders schlecht integrierten Gesellschaft also, welche der Zusammenführung durch Hitler bedurft hatte, und das gilt analog für die anderen beiden faschistischen Länder, Spanien und Italien mit ihren Separatismen, eigentlich auch.[25]

Diesmal war wegen eigener militärischer Unterlegenheit glücklicherweise nicht Welteroberung, sondern eine atomwaffenfreie Welt das Ziel, dem zu dienen die Tätigkeit eines jeden mit Sinn erfüllte. Die Schriftsteller, zwei Literaturnobelpreisträger unter ihnen, taten es auf ihre Weise, nämlich auf dem Podium. Die Massen taten es,

[24] Folge und Symptom von Anomie ist Angst als durchgängiges Lebensgefühl, also Angst vor jedem und allem, vor der Zukunft, vor Krieg, Armut, Alter, usw., die ganze Welt wird als unheimlich und bedrohlich empfunden. Dazu passt die mit der Friedensbewegung entstandene Protestform der Menschenkette: Die Teilnehmer fassen einander an den Händen, kilometerweit, wie verängstigte Kinder, die sich getröstet fühlen, wenn jemand sie bei der Hand nimmt.

[25] Zu Deutschland fällt einen sofort Hitler ein, zu Spanien Franco und zu Italien Mussolini. Zu Frankreich, England oder den USA fällt einem nichts Bestimmtes ein.

indem sie zum Kundgebungsort strömten, wo die Einzelnen einander fühlen ließen, dass sie viele waren und alle vereint durch ein gemeinsames Ziel.

Aber man konnte für den Frieden auch malen, häkeln, Friedenslieder singen oder Friedensplätzchen backen. Jedwede Tätigkeit stand im Zusammenhang mit einem großen, gemeinsamen letzten Ziel, das sie mit Sinn erfüllte. Im Maße, wie die Angst vor dem Atomkrieg nachließ und also die Aufgabe abhanden kam, ihn verhindern zu müssen, wurde folglich das sinnerfüllt gewesene Leben sinnlos.

Und sogleich schlug das Klima um. Statt »Frieden schaffen ohne Waffen« wurde der Punker-Spruch »No Future« die Tagesparole und in den Feuilletons über *Posthistoire* diskutiert. Es war wie nach dem Krieg, obwohl gar keiner stattgefunden hatte. Die letzten fünf Jahre vor dem Zusammenbruch des Ostblocks nahmen dessen Folgen teilweise schon vorweg, den Verlust einer sinnstiftend und belebend wirkenden akuten und manifesten Angst, von der freilich anzunehmen ist, dass sie in den Hinterköpfen weiterschlummerte und bei Bedarf oder aus gegebenem Anlass hätte reaktiviert werden können, solange die Ost-West-Konfrontation existierte.

Die Aufteilung der Welt in zwei miteinander rivalisierende Blöcke blieb vorerst bestehen und mit ihr doch wiederum eine Art von höherem Sinn, nämlich dem, welcher sich aus der Rivalität ergibt: Werde selber stärker und verhindere, dass der andere es wird. Freund-Feind-Verhältnisse sind eine klare Sache, und wenn es auf der Welt ein einziges, alle anderen dominierendes Freud-Feind-Verhältnis gibt, ist die Orientierung einfach, weil der Sinn jeder Handlung nur durch dieses eine Verhältnis eindeutig bestimmt ist. Sinn, behauptet Luhmann irgendwo, ist die Reduktion von Komplexität.

Erst durch den Zusammenbruch des Ostblocks, lange nachdem die Friedensbewegung zum Erliegen gekommen war, traten die Bedingungen ein, auf welche die Geschichte vorauseilend reagiert hatte. Denn nunmehr schied eine vermutlich noch latent vorhandene und bei Bedarf reaktivierbare Atomkriegsangst als Sinngeber ebenso endgültig aus wie der starke Antrieb, der aus einem klaren Freund-Feind-Verhältnis resultiert. Der Kalte Krieg war die Kombination zweier einander ergänzenden Komponenten gewesen, einer praktischen mit der Regel, auf Erden das Reich des Bösen in seine Schranken zu weisen, und einer metaphysischen mit der Aufgabe, den atomaren Armageddon durch Schaffung einer atomwaffenfreien Welt für immer und alle Zeiten unmöglich zu machen.

Das waren die Zutaten, um aus dem Weltgeschehen eine Geschichte zu backen, die wie jede Geschichte einen Anfang haben muss, das waren in diesem Fall die Anfänge der Friedensbewegung, ein Ende und einen Sinn. Ihren Sinn gewinnt die Handlung wie im Krimi, indem sie zum Ende führt. Danach ist beim Krimi Schluss, es geht nicht mehr weiter. In der Geschichte aber wird an dieser Stelle die Vergangenheit Vorgeschichte, und jetzt geht's erst richtig los, nämlich mit dem Eintritt in die Ewigkeit, ins Paradies, in den Sozialismus, ins Tausendjährige Reich, in eine atomwaffenfreie Welt. Die Wege dorthin – gottgefälliges Leben, proletarische Revolution, Welteroberung durch germanische Rasse oder Friedenskampf gegen den Atomtod – sind verschieden, aber das Ziel ist immer das Ende der Geschichte. Sie soll aufhören.

Und dann? Was machen wir, wenn alles schon getan ist, im Himmel, im Sozialismus, im globalen Germanenreich, in der atomwaffenfreien Welt? Für immer Urlaub? Eine sinnvolle Tätigkeit kann es jedenfalls nicht sein, weil die schon vollbracht ist. Also was jetzt? Eine unbeantwortete Frage, die sich auch nach dem Zusammenbruch des Ostblocks stellte, denn das Reich des Bösen war verschwunden und die ganze Welt nun freie Welt, wenn auch noch keine atomwaffenfreie, aber die Waffen waren politisch neutralisiert und wurden nicht mehr als Bedrohung empfunden. Mission erfüllt, Ziel erreicht, Endstation, alle sollten glücklich sein und in den Straßen tanzen.

Nach gewonnener Schlacht machen Kriegsheimkehrer das immer, aber auch nur einen Tag, am nächsten merken sie, dass der Triumphzug sie zu überflüssigen Veteranen degradiert hat. Arbeitslos und ohne Front und Feind als Orientierungspunkt sind sie im zivilen Leben verloren und bekommen Depressionen. Ähnlich dürfte das Kollektivempfinden einer mental demobilisierten Gesellschaft ausgesehen haben, mit dem Unterschied freilich in diesem Fall, dass die Siegesparade fehlte, weil der Sieg von den Siegern nicht erkämpft worden, sondern ihnen in den Schoß gefallen war.

Ähnlich demobilisierten Soldaten büßte die freie Welt mit dem Verlust von Front und Feind, also von Eisernem Vorhang und Blockkonfrontation, ihren Sinngeber ein, und weil Geschichte ohne Sinn nun mal nicht funktioniert, gab es erst mal keine mehr. Die Friedenskämpfer hatten mit ihren Untergangsvisionen also Recht behalten, nur war der Untergang ein anderer als geglaubt. Die freie Welt ging tatsächlich unter, da sie nur im Gegensatz zum Ostblock gedacht werden kann wie das Paradies im Gegensatz zu irdischen Mühen und Plagen. Physisch aber blieb die Welt von diesem Untergang entgegen den Erwartungen völlig unberührt, nur tickte sie nicht mehr. Geschichte war einmal und ist nicht mehr und kommt nie wieder, ab heute ist Ewigkeit, so das Lebensgefühl damals. Kein schönes Gefühl, insofern die Menschen sich von ihren vierbeinigen Lebensgefährten nach traditioneller Vorstellung durch einen gestalterischen Willen unterscheiden müssen, kraft dessen sie Geschichte machen, der sie dem Endziel näher bringt. War es etwa schon erreicht?

An dieses Ziel sich heranzurobben war ihre Mission auf Erden, der Auftrag Gottes oder ersatzweise auch des Proletariats, ohne diese Mission verlor das Leben seinen es transzendierenden Sinn, aber das täte es bei der Ankunft sowieso. Nun also der Mensch als friedliche Muhkuh, und nicht mal artgerecht auf der Weide, sondern im Stall. 2000 Jahre Abendland mit seinen geistigen Zerberussen, deren Namen sogar der größte Einfaltspinsel kennt, entwertet wie die Reichsmark nach der Inflation, Papier für den Ofen.

Die paradiesischen Jahre der Zeitlosigkeit waren nicht leicht zu ertragen, und man darf es als Ausdruck tiefster Resignation verstehen, dass 1992 Francis Fukuyama das Buch »The End of History and the Last Man« förmlich aus den Händen gerissen wurde, jedenfalls vom deutschen Feuilleton, dem es eine Saison lang Nahrung gab.

Vier weitere Jahre sollte es danach noch dauern, bis man sich wieder etwas aufgerappelt hatte. 1996 machte Samuel Huntingtons »Clash of Civilizations and the Remaking of World Order« den Verzagten neuen Mut. *Kampf der Kulturen* – das versprach ganz großes Kino, das roch nach Pulverdampf und Völkerschlacht und entpuppte sich als Strohfeuer. An 9/11 loderte es einmal kurz auf und fiel im Afghanistankrieg und im Irakkrieg in sich zusammen, zwei weiteren Kleinkriegen, welche die USA nicht wirklich gewannen, ihr letzter großer militärischer Triumph liegt mittlerweile auch schon 68 Jahre zurück.

Mit Ausbruch des Arabischen Frühlings im Dezember 2010 machte sich auch der letzte verbliebene Kandidat für die Teilnahme am globalen Endkampf davon, weil die Moslems, statt vereint gegen den Westen zu kämpfen, wie man dies von ihnen erwartete hatte, sich nach christlichem Vorbild beim Schädeleinschlagen an den lieben Nächsten hielten. Einigermaßen fassungslos mussten Abendland und Neue Welt es mit ansehen, wie der Feind zerbröselte statt sich einer Entscheidungsschlacht zu stellen. Noch einmal das gleiche Spiel wie bei Zusammenbruch des Ostblocks, welcher seiner Sprengung von außen durch eine Implosion zuvorgekommen war. Fast schon wurde es zur Regel, dass ein Feind im Augenblick, wo der Westen ihn sich ausgesucht hatte, durch Selbstentleibung entschwebte und mit diesem fiesen Trick den Gegner um Kampfeslust und Siegesfreude betrog.

In Libyen schaffte die Staatengemeinschaft es noch mit knapper Not, einen Teil der Kämpfer für Vorkämpfer der eigenen Sache zu halten, für eine Art fünfter Kolonne im Feindesland, weil man zu wissen glaubte, wer die Guten und wer die Bösen waren, in Syrien verflog auch noch diese Illusion. Ein Kommentator brachte es auf die Formel, dass eine Situation vorliege, in der man nur noch falsche Entscheidungen treffen könne. Auf wen die Bomben von oben schmeißen, weshalb und wozu? Man wusste es nicht, mehr noch, man unterließ es sogar. Dieser Krieg war unbegreiflich, man stutzte, als wäre das bei irgendeinem Krieg schon mal anders gewesen.

Im Unterschied zu früher aber fiel es diesmal auf. Wann hat man angesichts der Chance, durch Entsendung eigener Truppen an der Gestaltung des Weltfriedens mitzuwirken, wie der Waffengang gewöhnlich heißt, schon einen ratlosen Präsidenten gesehen, zögernde Militärs, ein unwilliges Parlament und eine verdrossene Bevölkerung? Auffällig am syrischen Gemetzel war ferner das Miniaturformat. Kriege, hätten alte Wehrmachtsveteranen wohl nostalgisch geseufzt, sind auch nicht mehr das, was sie mal waren.

Im Rückblick zeigt sich die Nachkriegsgeschichte als die Geschichte abklingender und auslaufender Nachhutgefechte, oder man könnte auch das Bild von einem Sturm bemühen, nach dem die Wogen noch einige Zeit brauchen, um sich zu glätten. Die Menschen sind darin die überlebenden Schiffbrüchigen, die im Rettungsboot nach einer Irrfahrt mit viel Kreisverkehr ohne Navigation an einer ihnen nicht bekannten Küste gestrandet sind und sich nun die Frage stellen: Wo sind wir eigentlich gelandet? Das Rätselraten hielt eine ganze Weile an, bis wir von Edward Snowden den entscheidenden Tipp bekamen. Von ihm erfuhren wir, zu welchen grandiosen Leistungen die NSA und andere Geheimdienste mittlerweile fähig sind, und damit hatten wir die Koordinaten zur Lokalisierung unseres Aufenthaltsorts gefunden.

Unverkennbar war dies die *Schöne neue Welt*, jedenfalls für die belesenen Abendländer. 1999 schon keimte dieser Verdacht, im Wochenblatt *Die Zeit* gab es eine Debatte, die sich um einen Sloterdijk-Artikel rankte, den ich wie alles von diesem Autor nicht lesen kann. Diesmal, wegen NSA, gab es keine solche Debatte, dafür fiel den belesenen Abendländern wieder ein, dass sie ein Recht auf Privatsphäre hätten. Schade nur, dass sie es im wirklichen Leben kaum mehr in Anspruch nehmen, insofern sie sich zum Telefonieren anders als früher nicht in eine schalldichte Zelle verkriechen, für die Handynutzung auch keine abgelegene Ecke wählen oder wenigstens leise sprechen, sondern mit lautstarkem Geplapper den ganzen Straßenbahnwagon beschallen, als wäre ein Privatgespräch ohne Publikum nur der halbe Spaß. Ein

Indikator für das Nichtvorhandensein dessen, was verletzt zu haben der NSA vorgeworfen wurde, ist auch das Verhalten kleiner Kinder und sie begleitender Eltern in der Öffentlichkeit. Die Kinder fremdeln nicht mehr, sie sind überall daheim, alles ist Kinderzimmer, auch die Straßenbahn, wo sie sich gern auf den Sitzen oder auf dem Boden wälzen, ohne dass einer Mutter dies Betragen peinlich wäre.

Überhaupt haben als peinlich empfundene Situationen oder Konstellationen stark abgenommen. Kollegial ist das Verhältnis zum oder zur Ex, sie sind gern gesehene Gäste. Kollegen, Nachbarn, Freunde und Bekannte sind mit den Beziehungen in der Patchworkfamilie bis ins Detail vertraut. Facebook konnte die Intimität im Schaufenster nur verbreiten helfen, weil sie schon vorhanden war und der Zuschauermangel das Hauptproblem der Exhibitionisten war. Also geht die Welt wieder mal nicht unter, denn die massenhafte Selbstentblößung wird durch selektive Nichtwahrnehmung kompensiert. Nacktheit kann die beste Verkleidung sein, wenn man dem Menschen zu viel zeigt, erkennt er nichts, und der ganze Beziehungsknatsch mit seinen Details, wer nachts wo ist und mit wem er was macht, öden außer bei denen, die im Rampenlicht stehen, nur noch an.

Ohnehin ist die bürgerliche Privatsphäre Geschichte, seit das Bankgeheimnis faktisch nicht mehr existiert, weil es der populären Jagd auf Steuerbetrüger und Sozialbetrüger zum Opfer fiel, oder auch dem süchtigen Verlangen nach Transparenz, die auf jeder Wunschliste ganz oben steht. Dumm von der NSA, sich nicht den Namen *Transparency International* gegeben zu haben, dann hätte man ihrem Wirken und Schaffen weit mehr Verständnis entgegengebracht. Oder vielleicht auch nicht, weil es schick geworden ist, sich zu outen, sei es als Trinker,

Schwuler, Zocker, Depressiver, Tablettenabhängiger etc., und man also keine teuren Hochleistungsrechner braucht, um das rauszukriegen.

Wowereit, Berlins regierendem Bürgermeister, hatte sein öffentliches Bekenntnis »Ich bin schwul, und das ist gut so« zum Amt verholfen, weil das Publikum solches Ausplaudern von Intimitäten bei Prominenten heute schätzt und liebt. Naiv sind nicht die Halbwüchsigen, wenn sie ins Internet Fotos stellen, auf denen sie betrunken oder in verfänglicher Pose zu sehen sind. Die Alten, die sie davor warnen, sind naiv, weil die Personalchefs vermutlich solches Bildmaterial vom Bewerber erwarten und bei Fehlanzeige Verdacht auf Asozialität oder extrem abartige Neigungen schöpfen.

Eine *Schöne neue Welt*, in der die Menschen vermeintlich dürfen, was sie wollen, und wollen, was sie dürfen, und deshalb keine Geheimnisse mehr voreinander haben, war also schon lange Realität, als die NSA-Affäre diesen Sachverhalt durch die Gleichgültigkeit einer übergroßen Mehrheit der Bevölkerung offenbarte. Rund 80 Prozent der Bundesbürger waren weder überrascht noch besorgt und gaben an, ihre Internetnutzung nicht ändern zu wollen. Nur Schriftsteller hatten einen offenen Brief fabriziert des Inhalts, die Kanzlerin möge deutsche Grundrechte vor den Amerikanern auch in Überseekabeln schützen, eine Aufgabe, mit der die U-Bootflotte der Bundesmarine wohl doch etwas überfordert wäre. Zum Protest hatte sich eine einzige Berufsgruppe zusammengefunden, und das war ausgerechnet die, welche durch die Datenausspähung nur gewinnen kann. Schriftsteller wollen veröffentlichen, und wenn die NSA mitliest, haben sie einen Leser mehr.

Also heute nochmal die gleiche Konstellation wie in der alten *Schönen neuen Welt*, verblödete Massen und ein paar Intellektuelle, die meinen, dass sie anders sind, unter ihnen Huxley. Er hatte den Roman 1932 zu Papier gebracht, ein überaus langweiliges Sittengemälde, wie ich finde, jedenfalls hat keiner meiner Anläufe geklappt, es ganz durchzulesen. Wie Porno, immer dasselbe, nur immer noch ein bisschen mehr davon, nach dem ersten Kapitel weiß man schon, wie der Hase läuft. Scharfsinniges, gut geschriebenes Feuilleton, in kleinen Portionen mit Vergnügen zu lesen, wäre mein Urteil, aber als Feuilleton viel zu lang, und durch die Romanform nicht nur endlos gestreckt, sondern obendrein verwässert. Zuviel Seele, zu viel Innenleben, die Figuren grübeln und quasseln. Trotz der Glückspille Soma Konflikte, aber solche, die an Schiller und den *Sturm und Drang* erinnern, wie wir ihn als unter Hemmungen leidende Gymnasiasten in der Schule kennenlernten und nachempfanden, etwa wenn der Held, der »Wilde«, sagt: »Ich brauche keine Bequemlichkeiten. Ich will Gott, ich will Poesie, ich will wirkliche Gefahren und Freiheit und Tugend. Ich will Sünde.«[26]

Na dann hol's dir doch, möchte man diesem geschwätzigen »Wilden« zurufen, der sich wie ein verklemmter Schüler oder Büroangestellter nach dem Geschmack von Freiheit und Abenteuer sehnt, geh zur Bank, zück den Revolver, verlange Geld – dann bekommst du alles auf einen Schlag und noch fünf Jahre Knast dazu, dort wird es richtig spannend.

Huxleys Roman ist heute restlos veraltet und war schon immer falsch. Veraltet, weil der Autor eine Gebärmaschine konstruiert, die extrem leistungsfähig ist und aus einer Eizelle über 16.000 Embryos machen kann. Wohin damit, fragt man sich heute, Menschen gibt es schon im

[26] Aldous Huxley, »Schöne neue Welt«, Frankfurt 2003, S. 236

Überfluss, was fehlt sind Jobs und Platz. Falsch, weil die Fabrikation von Menschen sinnlos ist, wenn sie möglich wird, denn der Herstellungsprozess setzt ein technologisches Niveau voraus, welches Menschen in der Produktion tendenziell überflüssig macht. Falsch auch deshalb, weil im Augenblick, wo es gelänge, durch Embryonenselektion, Embryonenmanipulation und Konditionierung Menschen herzustellen, welche restlos identisch sind mit der Funktion im Produktionsprozess, die sie erfüllen sollen, weil also in diesem Moment auch das Ende von Ausbeutungs- und Herrschaftsverhältnissen gekommen wäre. Weder Arbeitsameise noch Arbeitsbiene werden von ihrer Königin ausgebeutet oder beherrscht. Sie tun ohne Zwang genau das, was ihre Natur von ihnen verlangt. Die Königin tut das auch, und beide, Königin und Arbeiterin sind so verschieden, dass sie einander nie in die Quere kommen können. Und klappte das bei den Menschen dereinst auch, so wären sie eben keine mehr und damit alle ihre Probleme gelöst. Kein Fall mehr für Geschichtenerzähler, Moralisten und Gesellschaftskritiker, sondern einer für Verhaltensforscher.

Im nachträglichen Vorwort, 1946 geschrieben, ein Jahr nach Hiroshima und 14 Jahre nach Erscheinen des Romans, werden die Schwächen des Autors abermals ganz deutlich. Er warnt vor einer kommenden »Wohlfahrtstyrannei Utopias«[27], was insofern unsinnig ist, als man immer einen hungrigen Esel und eine Mohrrübe braucht, die man ihm vor die Nase halten kann, damit die Karre läuft. Huxley macht den Fehler, in der Mohrrübe die Ursache der Folgsamkeit des Esels zu sehen, während die Ursache in Wahrheit sein Hunger ist. Der darf nicht aussterben, wenn die Tyrannei überleben will. Die aber

[27] Aldous Huxley, »Schöne neue Welt«, Frankfurt 2003, S. 19

bleibt unangetastet, beklagt hingegen wird die Infiltration der Eigengruppe durch die Verbreitung schlechter Tischmanieren und, damit einhergehend, eine gesellschaftliche Nivellierung, welche die im Wohlstand Lebenden um den Spaß bringt, in der Oper eine *Carmen* oder *La Traviata* zu genießen, also für zwei Stunden im Sessel teilzuhaben an einer Welt mit Liebe, Leidenschaft und Glanz und Elend, die man sich im wirklichen Leben mit aller Kraft vom Leibe hält.

Der Roman wäre heute bedeutungslos, hätte Adorno ihn nicht 1948 in seinem Essay »Aldous Huxley und die Utopie«, ursprünglich ein Vortrag fürs Institut, verewigt. Wie sich das für einen Vortrag gehört, schließt er mit mahnenden Worten:

> »Die Menschheit hat nicht zwischen totalitärem Weltstaat und Individualismus zu wählen. Ist die große historische Perspektive überhaupt mehr als eine Fata Morgana des verfügenden Blicks, so geht sie auf die Frage, ob die Gesellschaft schließlich sich selbst bestimmen oder die tellurische Katastrophe herbeiführen wird.«[28]

Große Worte, tiefer Sinn, aber der listenreiche Adorno macht sie schon beim Aufsagen mit einem bösen Seitenhieb wieder ganz klein und flach. Vielleicht, gibt er zu bedenken, vielleicht ist sie ja nur eine Fata Morgana des verfügenden Blicks, diese große historische Perspektive, die sich so effektvoll am Ende eines Vortrags plazieren lässt. Vielleicht ist das donnernde Gerede, die Menschheit stehe an einem Scheideweg vor der Wahl, entweder

[28] Theodor W. Adorno, »Aldous Huxley und die Utopie«, in: Theodor W. Adorno: Gesammelte Schriften, GS 10.1, S. 122

Selbstbestimmung oder tellurische Katastrophe, vielleicht also ist das alles nichts weiter als bombastischer Schwulst und Teil einer Selbstinszenierung des Sprechers als Prophet. Und das ist ein Gedanke, den man gar nicht als Gewissheit herausbrüllen und verkünden muss. Ihn in die höfliche Form eines leisen Verdachts zu kleiden reicht, damit es den Leuten wie Schuppen von den Augen fällt: Genau so ist es.

Der verfügende Blick ist der Überblick des Kommandanten, des Warners und des Visionärs, sie alle erwarten Gehorsam. Doch statt sich von ihnen adoptieren zu lassen, wofür er die besten Voraussetzungen mitbrächte, bleibt Adorno auf Distanz. Huxleys großbildungsbürgerlicher Kulturpessimismus, verrät er, ist ja auch wieder nur ein Trick, den eigenen Rang in der Hackordnung zu behaupten, welche verantwortlich ist für die Hässlichkeiten des modernen Lebens, unter welchen die Ästheten genussvoll leiden. Sie lesen kopfnickend den ziemlich trivialen Schauerroman mit wohligem Gruseln, weil er sie in der Auffassung bestätigt, sie seien die letzten Mohikaner, die einzig Verbliebenen aus besseren Zeiten, die Einzigen, die noch wissen, was Familie, Individualität, Freiheit, Musik, Kunst, Autonomie etc. bedeutet haben, und nun sind sie vereint in edler Trauer, wie nur geistig hochstehende Menschen sie empfinden können, als kleine Gruppe derer, die es besser wissen, mit einem Wort: Elite, selbst als Inbegriff von Herrschaft der Ursprung dessen, worüber sie sich beklagt.

Natürlich sagt Adorno dies längst nicht so grob und unhöflich, wie ich ihn hier paraphrasiere, im Gegenteil, er respektiert Huxley und schätzt ihn, was sich vielleicht aus dem zeitlichen Abstand erklärt. Was früher original Huxley war, pfeifen heute die Spatzen von den Dächern, Huxleys Zivilisationskritik wurde so oft wiedergekäut, dass man sie nicht mehr hören mag. Während ich mich heute durch die Seiten quäle, hat Adorno das Buch damals wohl verschlungen und aus Begeisterung für den Roman, gleichsam mit liebendem Blick, Argumente gegen ihn gefunden, verglichen mit welchen die meinigen banal sind. Der Ästhet bemerkt und zeigt, wo Huxley gegen seinen Willen und ohne es zu bemerken die Fronten vertauscht.

Der Roman ist penetrante Tendenzliteratur, muss man vorausschicken, die in jeder Zeile die Scheußlichkeit der *Schönen neuen Welt* denunzieren will. Nie wird man im Zweifel darüber gelassen, was der Autor verachtet und was er schätzt, ein Wink mit dem Zaunpfahl folgt dem anderen, Huxley trägt viel dicker auf als er müsste, um das geneigte Massenpublikum auf seine Seite zu ziehen. Nach diesem Muster ist auch die Schlüsselszene gestrickt, wo es zu einer erotischen Konfrontation zwischen guter alter und schrecklicher neuer Welt kommt, und zwar so, dass der Leser sich von letzterer angewidert abwenden und einer Vergangenheit nachtrauern möge, in der alles viel schöner war. Aber Adorno sieht es anders und schreibt:

> »Die scène à faire des Romans [also die für das Genre obligatorische oder typische Standardszene] ist der erotische Zusammenstoß der beiden ›Welten‹; der Versuch der Heldin Lenina, des Typus der gepflegten und wohlgeratenen amerikanischen ›career woman‹, den ›Wilden‹, der sie liebt, nach den Spielregeln pflichtgemäßer Promiskuität zu verführen.[…] Der Konflikt entsteht dadurch, daß John die sachliche Selbstpreisgabe des schönen Mädchens als Herabwürdigung seines sublimen Gefühls für sie empfindet und davonläuft. Die Überzeugungskraft der Szene kehrt sich gegen ihr the-

> ma probandum [also gegen das, was sie demonstrieren und beweisen will]. Die künstliche Anmut und zellophanhafte Schamlosigkeit Leninas macht keineswegs den unerotischen Effekt, der ihr zugewiesen wird, sondern einen überaus verlockenden, dem selbst der entrüstete Kulturwilde am Ende des Romans erliegt.«

An diese Beobachtung knüpft Adorno nun eine Deutung der Folgen und Ursachen des als verlockend empfundenen Effekts:

> »Wäre sie [also die künstliche Anmut und zellophanhafte Schamlosigkeit Leninas] die imago der Brave New World, so verlöre diese das Grauen. Wohl ist jede ihrer Gebärden gesellschaftlich präformiert, Teil eines konventionellen Rituals. Aber indem sie [also Lenina] bis zum Kern mit der Konvention eins ist, zergeht die Spannung des Konventionellen und der Natur, und damit die Gewalt, welche das Unrecht der Konvention ausmacht: psychologisch ist das schlecht Konventionelle immer Mal einer mißlungenen Identifikation.«

Noch bezieht sich die Argumentation auf die Deutung einer Beobachtung an Lenina. Wenn man ihr zuschaut, kann man zu dem Schluss kommen, nicht die Konvention selbst sei das Übel, sondern vielmehr der Zwang, welcher den Menschen angetan wird oder welchen sie sich selbst antun müssen, um sie durchzusetzen. Nun aber verlässt Adorno Lenina und philosophiert weiter, und dabei wird es recht abstrakt:

> »Wie sein Gegensatz würde der Begriff der Konvention selbst hinfällig. Durch die totale gesellschaftliche Vermittlung stellte gleichsam von außen nach innen zweite

Unmittelbarkeit, Humanität sich her. Es fehlt nicht an solchen Ansätzen in der amerikanischen Zivilisation.«[29]

In sich schlüssig ist diese Argumentation, und sie kann sogar den angenehmen Wesenszug der amerikanischen Zivilisation erklären, welche die Menschen eher umschmeichelt als dass sie verlangt, vor ihr strammzustehen. Zwanglosigkeit ist das Merkmal von Menschen, die sich selbst nicht zwingen müssen zur Einhaltung der Konvention, weil das ihre zweite Natur geworden ist.

Ein schöner Gedanke, aber ein falscher auch durch die philosophische Ungenauigkeit, den unter ganz bestimmten und einmaligen Umständen gefundenen Zusammenhang als allgemeingültiges Gesetz zu formulieren. Es ist eben keineswegs so, dass aus totaler gesellschaftlicher Vermittlung notwendig Humanität entsteht, oft entsteht sogar das genaue Gegenteil.

Zwar ist jede Zivilisation mit Tradition besser als keine, weil sie schon bewiesen hat, dass die Menschen mit ihr leben können, und je besser, also zwangloser, desto besser die Zivilisation. Aber das erkennt man erst am Resultat, denn Rezepte dafür, sie herzustellen, sind nicht bekannt. Alle bekannten Rezepte, von denen der Kommunismus eines gewesen ist, haben versagt und bewiesen: Auch Gewalt und Zwang können total gesellschaftlich vermittelt sein, ohne dass sie deshalb besser oder weniger schmerzhaft würden.

[29] Das gleiche Motiv in »Kulturkritik und Gesellschaft, Luccheser Memorial«, GS 10.1, S. 396. Aber es geht auch anders herum: »So ist menschlich gerade der Ausdruck der Augen, welche denen des Tiers am nächsten sind, der kreaturhaften, fern von der Reflexion des Ichs. Am Ende ist Seele selber die Sehnsucht des Unbeseelten nach Rettung.« (»Minima Moralia. Reflexionen aus dem beschädigten Leben: Prinzessin Eidechse«, GS 4, S. 194)

Im Recht ist Adorno wiederum, wenn er im Folgenden Huxley kritisiert. Aber die Kritik schlägt um, wo sie sich auf ein humanes Versprechen der Zivilisation beruft. Das ist Geistesgeschichte, die sich zu immer weiteren Höhenflügen aufgeschwungen hatte, zur Freiheit, zur Vernunft, zur Humanität, sogar zum ewigen Frieden. Die Realgeschichte muss man anders bilanzieren: Versprochen wurde Humanität und geliefert Auschwitz, wer wüsste das besser als Adorno. Hier jedoch ignoriert er es:

> »Huxley aber konstruiert Humanität und Verdinglichung in starrem Gegensatz, einig mit der gesamten Romantradition, die den Konflikt des lebendigen Menschen mit versteinerten Verhältnissen zum Gegenstand hat. Er verkennt das humane Versprechen der Zivilisation, weil er vergißt, daß Humanität wie den Gegensatz zur Verdinglichung auch diese selber in sich einschloß, nicht bloß als antithetische Bedingung des Ausbruchs, sondern positiv, als die wie immer brüchige und unzulängliche Form, welche die subjektive Regung verwirklicht einzig, indem sie sie objektiviert. Alle die Kategorien, auf welche das Licht des Romans fällt, Familie, Elternschaft, der Einzelne samt seinem Besitz, sind bereits Produkte der Verdinglichung. Huxley verhängt diese als Fluch über die Zukunft, ohne am Segen des Vergangenen, den er anruft, des gleichen Wesens innezuwerden.«[30]

Aber wo ein Wesen ist, könnte man mit Adorno gegen Adorno einwenden, ist das Unwesen nicht weit. Unbestritten war die alte Konvention Familie auch dies. War-

[30] Theodor W. Adorno, »Aldous Huxley und die Utopie«, in: Theodor W. Adorno: Gesammelte Schriften, GS 10.1, S. 107 ff.

um sollte es bei einer neuen Konvention anders sein? Eher ist doch zu erwarten, dass sie den Doppelcharakter ihrer Vorgängerin erbt, Instrument der Befreiung und Fessel zugleich zu sein, dies nur auf zeitgemäße Art und Weise.

Man könnte vielleicht sagen, dass diese Passage zwinkert, sie wechselt zwischen dem erkennenden Blick des wachen, unbefangenen Beobachters, dem beseelten und verstehenden Blick des Deuters und schließlich dem verfügenden Blick des Philosophen. Adorno sagt: »Durch die totale gesellschaftliche Vermittlung stellte gleichsam von außen nach innen zweite Unmittelbarkeit, Humanität sich her.« Er vergisst, hinzuzufügen: »Bei Lenina.« Im Normalfall nämlich eher nicht, aus vielerlei Gründen, unter denen der Widerstand der menschlichen Natur gegen ihre Vergesellschaftung, der sie oft genug scheitern und immer nur partiell und temporär glücken lässt, nur einer ist.

Wenn das passiert, was Adorno bei Lenina beschreibt, ist es wunderschön, es so zu deuten, wie Adorno das macht. Aber weder aus der Beschreibung noch aus der Deutung ist abzuleiten, wie man das Beschriebene und Gedeutete herbeiführen soll. Seine Entstehung ist Glückssache, wie es in Miniaturform Kunstwerke sein mögen.

Zu Recht wurde der kritischen Theorie Praxisferne attestiert, sie taugt nicht für gesellschaftspolitische Programme. Nimmt man trotzdem Adornos Deutung als Anleitung, wozu die Spekulation über einen Kausalzusammenhang zwischen totaler gesellschaftlicher Vermittlung und Humanität verleiten könnte, so dürfte das Resultat nur in wenigen glücklichen Ausnahmefällen eine Lenina sein, und auch sie muss einen glücklichen Moment und eine glückliche Gelegenheit erwischen, um ausnahmsweise einmal die Person zu sein, welche Adorno als gelungen betrachtet, im Normalfall ist sie das genaue Gegenteil.

Adornos Paradies ist so wenig vorsätzlich machbar wie Huxleys Hölle. Deren Bewohner funktionieren doch gar nicht richtig, dauernd brauchen sie zentral gesteuerte und veranstaltete Unterhaltung, außerdem Indoktrination und ihre Glückspille Soma. Sie spielen mit, solange der Souffleur im Kasten sitzt. Bricht der sich auf dem Weg zur Arbeit das Bein, fällt die Vorstellung aus oder das Stück verschwindet sogar aus dem Repertoire.

Ein solches System ist für Dauerbetrieb viel zu störanfällig, und Adorno irrt, wenn er die Humanität als Versprechen der Zivilisation und als Folge totaler gesellschaftlicher Vermittlung betrachtet. Es mag Menschen gegeben haben, die unfähig waren, einem Happen besonders zarten Fleisches zu widerstehen und deshalb ihre Säuglinge statt aufgezogen aufgegessen haben. Wir können nichts von ihnen wissen, weil sie wegen Nachwuchsmangels ausgestorben sind.

Eigenschaften des Individuums, welche wir als Tugenden bezeichnen, wie zum Beispiel Nächstenliebe, Selbstlosigkeit, Opferbereitschaft, kommen nicht aus der Zivilisation sondern daher, dass sie unter Naturbedingungen Voraussetzung der Arterhaltung waren. Wer sich nicht anpasste unterlag. Die Nazis waren eben nicht nur furchtbar schlecht, sie haben auch verloren.

Huxleys Dämonisierung der Droge Soma zum zuverlässigen Lieferanten abrufbaren, dauerhaften Glücks auf Bestellung ist so unsinnig wie die Erwartung, in einer versöhnten Gesellschaft erfahre man es alle Tage. Unsinnig, weil das Wesen des Glücks seine Flüchtigkeit ist und Unglücklichsein voraussetzt. Es ist die Schaltsekunde zwischen zwei Zuständen, ungeliebt und geliebt, nicht verliebt und verliebt, arm und reich, unfrei und frei. Dieser Moment ist unkalkulierbar. Sogar wenn er eintritt, muss man ihn nicht erleben, sondern kann ihn auch verschlafen und es besteht dann eine geringe Chance, ihn im Gedächtnis zu rekonstruieren und dergestalt zu erfahren, wenn er in der *mémoire involontaire* schlummert und zufällig geweckt wird, wie Benjamin dies in »Über einige Motive bei Baudelaire« beschreibt. Voraussetzung dafür, dass er eintreten kann, ist allein die Fortsetzung des Spiels.

Gewiss haben darin auch die großen historischen Perspektiven und die als Glücksbringer gedachten großen Ideen ihre Funktion, vielleicht die der Mohrrübe vor des Esels Nase, die er nie bekommt, die ihn jedoch anspornt. Aber man kann nur froh sein, dass keines ihrer Versprechen in Erfüllung gegangen ist, das versprochene Paradies könnte sich als Hölle entpuppen.

So lernt man – und das ist eine weitere Funktion der großen Ideen – die Welt in ihrer Unvollkommenheit zu lieben und ihr Beharrungsvermögen zu bewundern. Den Snowden und die NSA – ans Herz drücken möchte man sie alle beide. Wie schön, dass das zweitälteste Gewerbe der Welt noch lebt. Immer noch spionieren sie herum. Warum? Weil sie immer noch nicht alles wissen. Und wenn dann obendrein ein Weltmachtpräsident nicht mehr weiter weiß, wird es zur Gewissheit: Noch ist nicht alles verloren. Kopf hoch!

Wenn die Maus den Elefanten tritt*

F: Angesichts der Finanzkrise sucht die gutbürgerliche *Zeit* händeringend nach »Alternativen zum Kapitalismus« und selbst der konservative *FAZ*-Herausgeber Frank Schirrmacher fragt, ob die linke Kapitalismuskritik nicht gute Gründe hat. Müssen wir uns Sorgen um die Marktwirtschaft machen?

Pohrt: Eher um Literatur und Theater. Wenn dort nichts los ist, gehen die Feuilletonisten fremd. Ersatzweise betrachten sie die reale Welt als Bühnenstück und kommen als Rezensenten zu dem Schluss, dass es auch nichts taugt. Sie besitzen einfach kein Gespür für packende Stoffe und große Themen. Was wollen die eigentlich? 100 Jahre Geldwertstabilität und Wirtschaftswachstum? Zum Gähnen! Selbst ein Shakespeare hätte unter diesen Bedingungen die Waffen gestreckt, den Griffel hingeschmissen und das Theater dicht gemacht. Kaum kommt mal Bewegung in die Verhältnisse und liefert eine wenig Stoff für Dramen und Romane, sehen unsere Feuilletonisten wieder schwarz. Das verstehe, wer will.

* Das Interview führte Peter Laudenbach. Es erschien anlässlich der Buchveröffentlichung »Kapitalismus Forever« in *Brand Eins* 4/12. (A.d.H.)

F: Also ist diese Kapitalismuskritik im Feuilleton nichts als ein folgenloser Zeitvertreib aus Gründen der Langeweile und des Geltungsbedürfnisses?

Pohrt: Viel einfacher. Sie vergessen den Produktionsdruck. Über irgendwas muss man ja schreiben, die Zeitungsseiten müssen voll werden, möglichst mit etwas, das die Leser interessieren könnte. Und der moderne Mensch, auf der Suche nach Ersatz für den alten Dorfklatsch, interessiert sich immer für das, wovon er meint, dass andere Leute darüber reden, weil es dauernd in den Medien ist. Wir tun es im Augenblick ja auch. So zieht dann die Kapitalismuskritik ihre Kreise, neulich war es zur Abwechslung mal der Wulff. Das brauchen wir für unser Wohlbefinden, irgendein gemeinsames Thema, worüber man sich mit Arbeitskollegen ereifern kann, egal ob Klimawandel, Atomkraft oder Kapitalismus.

F: Sie verspotten die Occupy-Zeltlager in den Innenstädten als Nachahmung der Vorliebe Oberst Gaddafis, bei seinen Staatsbesuchen im Zelt zu residieren. Was stört Sie an den Occupy-Aktivisten? Ist die Empörung über die obszön hohen Banker-Boni nicht allzu nachvollziehbar?

Pohrt: Die Occupy-Camper stören mich doch nicht. Sollen sie zelten, wenn sie mögen. Im Gegenteil, ich wünsche ihnen sogar, dass sie nicht allein bleiben. In jeder Großstadt gibt es Obdachlose, die draußen schlafen, nicht weil sie wollen, sondern weil sie müssen. Die hätten auch gern ein Plätzchen im Grünen und zugleich mitten im Zentrum. Ich glaube nur, dass die Occupy-Camper sich in Gesellschaft derer, denen es wirklich dreckig geht, nicht besonders wohl fühlen werden. Und was die Banker-Boni betrifft: Meinen Sie, dass die Bedürftigen das Geld bekämen, wenn es den Bankern weggenommen würde?

F: Weshalb nennen Sie die westliche Empörung über die Arbeitsbedingungen in chinesischen Kohlegruben oder beim chinesischen Apple-Lieferanten Foxconn »verlogen«?

Pohrt: Gut, dass Sie Foxconn erwähnen. Ich zitiere aus der *Süddeutschen Zeitung*: »Seit Anfang des Jahres haben sich 20 Mitarbeiter von France Télécom das Leben genommen, im Schnitt jeden Monat mehr als zwei. Hinzu kommen weitere zwölf Selbstmordversuche seit Februar 2008.« (20.8.2009) »Die aufsehenerregende Selbstmordserie unter Mitarbeitern des französischen Telekomriesen France Télécom hat einen neuen dramatischen Höhepunkt erreicht. Am Dienstag verbrannte sich ein Beschäftigter auf dem Parkplatz einer Unternehmensniederlassung bei Bordeaux. Für den 57 Jahre alten Mann sei jede Hilfe zu spät gekommen, teilte das Unternehmen mit.« (26.4.2011). Muss ich das kommentieren? Ich glaube nicht.

F: Dass sich France Télécom-Mitarbeiter das Leben nehmen, ändert nichts an den Verhältnissen in asiatischen Sweatshops oder der Diskrepanz zwischen dem Image, das Apple pflegt, und den Verhältnissen bei Foxconn. Werden die akzeptabel, nur weil France Télécom möglicherweise auch nicht sehr höflich mit den eigenen Mitarbeitern umgeht?

Pohrt: Sie verniedlichen Arbeitsbedingungen, die Menschen kaputt machen, zu einer Frage guten oder schlechten Benehmens. Solche Arbeitsbedingungen gehören zum

Kapitalismus und nicht zur Globalisierung. Zur Globalisierung gehört, solche Arbeitsbedingen in fernen Ländern anzuprangern, nicht daheim, damit die Kritik folgenlos bleibt. Und was das Apple-Image betrifft: Keine Ware darf nach dem Schweiß der Arbeit riechen, wenn sie im Schaufenster steht.

F: Sie verspotten die westliche Globalisierungskritik als »Besitzstandswahrung im Altersheim« und schreiben, »Globalisierungskritiker gibt es erst, seit aus Kolonialvölkern (....) extrem erfolgreiche und überlegene Konkurrenten« wurden. Stört die Globalisierungskritiker in Wirklichkeit, dass der Westen seinen Vorsprung verliert?

Pohrt: Das ist das zentrale Motiv. Globalisierungskritiker sind Globalisierungsverlierer, so einfach ist das. Die Privilegien, welche die alten Industrieländer auf Grund ihrer technologischen Entwicklung besessen hatten, brechen weg. In den alten Zeiten brachte ein deutsches Kofferradio Marke Grundig in der Türkei ein kleines Vermögen ein. Heute werden unter der Marke Grundig in der Türkei hergestellte Flachbildfernseher in Deutschland vertrieben. Der Preis der Arbeit, der Lohn, wird auf seinen wahren Wert reduziert. Extraprofite für Made in Germany entfallen. Und damit entfällt auch die Chance für Unternehmer, den Beschäftigten von diesen Extraprofiten etwas abzugeben, um sie bei Laune zu halten.

F: Kapitalismuskritik ist in Ihren Augen etwa so wirkungsvoll »wie wenn die Maus dem Elefanten auf den Fuß tritt. Der Maus mag es Befriedigung verschaffen, sie kann vor anderen Mäusen damit angeben, der Elefant merkt davon nichts.« Gibt es keinen Grund, den Kapitalismus zu kritisieren?

Pohrt: Ein Auto bleibt ein Auto, allen Verbesserungen oder Verschlechterungen zum Trotz. Wer den Individualverkehr abschaffen will, weil man vor lauter gestapeltem Blech am Straßenrand die Stadt kaum noch sehen kann, erkennt keinen wesentlichen Fortschritt darin, dass die Blechkisten weniger Benzin schlucken. Und so ist das mit dem Kapitalismus auch. Er verbessert sich, er verschlechtert sich, und bleibt dabei immer, was er ist. – Ob es keinen Grund gibt, den Kapitalismus zu kritisieren? Nicht einen, sondern jede Menge. Aber die Kritik muss praktisch sein. Die praktische Kritik an der Todesstrafe zum Beispiel ist ihre Abschaffung. Aber beim Kapitalismus funktioniert das nicht.

F: Um im Bild zu bleiben: Die vielen Autos gibt es, weil es Leute gibt, die sie kaufen und lieber damit fahren, als den Individualverkehr abzuschaffen. Dass ist die Freiheit des Marktes. Was ist so schlecht daran?

Pohrt: Es gibt auch eine ganze Menge Leute, die gerne Heroin, Kokain oder Haschisch kaufen würden. Sie dürfen es nicht. Ich zum Beispiel rauche. Fast überall wird es mir verboten, und die Tabaksteuer ist prohibitiv. Begründung: Macht krank, gerade auch die Passivraucher. Das tun Autos auch. Anwohner verkehrsreicher Straßen sterben früher. Aber das Hauptproblem ist ein anderes. Alle träumen vom freistehenden Einfamilienhaus mit Garten drum herum als Eigenheim. Wenn jeder sich eines leisten könnte, gäbe es in Deutschland vermutlich keine landwirtschaftliche Nutzfläche mehr. Und bei den Autos hat die Marktfreiheit dazu geführt, dass die Städte unter Blechlawinen ersticken.

F: Ist Kritik an den Produktionsverhältnissen wirklich wirkungslos? Ist das schöne am Kapitalismus nicht gerade seine Lernfähigkeit, mit der er jede zurechnungsfähige Kritik nutzt, um sich zu modernisieren?

Pohrt: Wie alle Lebewesen bis hin zu den Viren und Bakterien haben die Menschen sich immer angepasst, sich modernisiert, wenn Sie so wollen, sonst wären sie einfach ausgestorben. Den Kapitalismus zeichnet nur aus, dass er sich anpassen und dabei doch im Prinzip immer derselbe bleiben kann. Kraft dieser Fähigkeit zur Selbstverewigung steht er einem substanziellen Fortschritt im Wege, was man begrüßen oder entsetzlich finden kann.

F: Seit 150 Jahren prognostizieren Marxisten den baldigen Zusammenbruch des Kapitalismus. Die Bourgeoisie, glaubten Marx und Engels 1848 im »Kommunistischen Manifest«, produziere »ihren eignen Totengräber. Ihr Untergang und der Sieg des Proletariats sind gleich unvermeidlich.« Waren das einfach grobe Irrtümer?

Pohrt: Das Wort von der Unvermeidlichkeit hat sich als großer Irrtum erwiesen. Mehr noch: Das war Zweckpropaganda, und Marx wusste es. Sonst hätte er sich die Mühe sparen können, »Das Kapital« zu schreiben. Wenn eh alles kommt, wie es muss, kann man sich auch auf die Couch legen. Marx wusste, dass es Menschen sind, die die Revolution machen müssen. Und wenn sie es nicht tun, weil sie keine Lust dazu haben, dann findet sie eben nicht statt.

Ich glaube mit Marx, dass eine solche Revolution damals möglich gewesen wäre. Aber über vergangene Möglichkeiten zu reden ist immer nur Spekulation. Ich glaube ferner, dass heute, nach 150 Jahren Kapitalismus, eine solche Revolution kaum noch möglich ist. Das Kapital hat in dieser Zeit Bedingungen geschaffen, unter denen es unersetzbar und unverzichtbar geworden ist.

F: Spricht es nicht einfach für die Funktionsfähigkeit des Marktes, wenn Sie konstatieren, dass er in den wiederkehrenden Wirtschaftskrisen nicht kollabiert, sondern im Gegenteil, prächtig gedeiht?

Pohrt:: Das spricht für die überlegene Funktionsfähigkeit des Kapitalismus und ist zugleich ein Beweis seiner Unmenschlichkeit im emphatischen Sinn. Der Mensch war von Natur aus ein ziemlich zähes und aggressives Biest. Er musste es sein, sonst wäre er vor 10.000 Jahren jämmerlich und leise weinend eingegangen. Er funktioniert am besten unter Bedingungen, die seine Existenz bedrohen. Dann werden das Adrenalin und andere Hormone ausgeschüttet, die einen physischen und mentalen Leistungsschub bewirken. Der Kapitalismus hat es nun geschafft, die permanente Existenzbedrohung in die Zivilisation hinüber zu retten. Von Adorno stammt der kluge Gedanke, das, was millionenschwere Topmanager antreibe, sei in letzter Instanz die atavistische Angst vorm Verhungern. Wollen wir das? Immer mit der latenten Angst vorm Verhungern leben, einer Angst, die in Krisenzeiten ganz real wird und ungeahnte Leistungsreserven mobilisiert? Ich will es nicht. Ich sehe nur keine Möglichkeit mehr, diesen Zustand zu ändern. Ich kann zwar zwischen 50 Sorten Waschmittel wählen, aber beim Produktionsverhältnis habe ich leider keine Wahl. Und die Geschichte ist kein Theaterstück, das man bei Nichtgefallen absetzen und dann ein neues auf die Bühne bringen kann. Das übersehen die Feuilletonisten.

F: Ein Beispiel für die mehr oder weniger intelligenten Moden der Kapitalismuskritik: Am Stuttgarter Staatstheater lässt der Regisseur Volker Lösch die Erniedrigten und zu kurz Gekommenen, von Migranten bis Arbeitslosen, als Laiendarsteller in Chören aufmarschieren und markige Parolen von sich geben, das Subventionstheater macht's möglich. Bewirkt das, außer etwas Aufregung im Feuilleton, irgend etwas?

Pohrt: Es wirkt Wunder. Schönes Beispiel für die an Zauberei grenzende Fähigkeit des Kapitalismus, aus Scheiße Gold zu machen. Die Intendanten am württembergischen Staatstheater Stuttgart verdienen in den Sparten Schauspiel, Ballett und Oper zwischen 173.000 Euro und 204.000 Euro im Jahr. Der Rechnungshof hat die Gagen neulich erst als »deutlich überhöht« gerügt. Sogar das Elend ist verwertbar, und wenn man es richtig macht, verdient man dabei glänzend.

Marxisten sind einander Feind genug*

F: Herr Pohrt, warum ist die Lektüre des »Kapital« und der »Grundrisse« für Sie vernachlässigenswert?

Pohrt: »Vernachlässigenswert« nennt man Abweichungen, Störungen, Verunreinigungen, Fehler, Symptome, wenn Grenzwerte nicht überschritten werden. Bücher würde ich nicht so nennen. Sie sind weder beachtenswert noch vernachlässigenswert. Ein Buch ist kein unüberhörbares Signal, das ich beachte oder ignoriere, sondern ein Gebrauchsgegenstand, den ich benutze oder nicht.

Wenn man das Buch benutzt, sollte man wissen, was man dann tut, nämlich lesen. Das ist eine sehr stille, einsame, zurückgezogene, friedfertige, nach außen nicht in Erscheinung tretende Tätigkeit, wenn man es überhaupt als Tätigkeit bezeichnen will. Einen schärferen Gegensatz zu Protest, Revolte, Revolution gibt es nicht.

Beim »Kapital« – drei Bände, davon zwei sehr dick – dürfte die Klausur sich über Jahre hinziehen, und nimmt man den »Rohentwurf« dazu – tausend Seiten –, dauert sie noch länger. Und das ist erst der Anfang. Natürlich sollte man auch Feuerbach und Hegel kennen. Von Hegel führt der Weg zu Kant. Und so geht das immer weiter.

* Das Interview über »Kapitalismus Forever« führte Reinhard Jellen und erschien in *Telepolis* am 15. April 2012. (A.d.H.)

Bert Brecht hat mal spaßeshalber ausgerechnet, was ein gründliche Ausbildung in Marxismus kosten und wie lange sie dauern würde.

Das kann man natürlich machen, nur bitte nicht unter dem Vorwand, man täte es für die Revolution. Revolutionen werden nicht im stillen Kämmerlein gemacht und im Seminar schon gar nicht.

Aber Marxens Hoffnung war es ja, dass der Gedanke zur materiellen Gewalt werden könne, also auch der im stillen Kämmerlein gedachte. Ich fürchte, dass wir diese Hoffnung nach dem Zusammenbruch des Ostblocks endgültig begraben müssen. Dort wurde das Werk von Marx nach Kräften gepflegt und verbreitet. Und was kam am Ende dabei heraus? Dass aus Marxisten Kapitalisten wurden.

F: Sie schreiben in Ihrem Buch: »Marxismus ist Schlafmittel, Beruhigungspille und Beschäftigungstherapie. Wir beobachten ihn immer dann, wenn die Leute lieber noch mal ein ganz dickes Buch lesen und danach gleich noch eins.« Keine »Kapital«-Exegese zu betreiben, weil diese von der linken Praxis abhalten und die eigenen wie auch potentielle Mitglieder abschrecken würde ist jedoch nach unserem Forschungsstand zumindest inoffiziell die Linie der DKP, einer Partei deren politische Harmlosigkeit nun wirklich seinesgleichen sucht. Stimmt Sie diese Übereinstimmung nicht ein wenig nachdenklich?

Pohrt: Grundsätzlich stimmt mich gar nichts nachdenklich, was die DKP sagt oder macht, weil ich diese Partei nicht kenne und auch nicht kennen lernen will. Aber natürlich tut sie gut daran, »Kapital«-Exegese zu blockieren, man hat ja schließlich Erfahrung damit. Wenn Marxisten anfangen, sich über die richtige Auslegung des

Kapitals zu streiten, wird der Klassenfeind überflüssig. Die Marxisten sind einander Feind genug.

F: Karl Marx vertrat gemeinsam mit seinem Kumpel Friedrich Engels zum Thema Krieg Standpunkte, die sie nicht gerade zum Eintritt in die hiesige Friedensbewegung prädestinierten. Mögen Sie vielleicht uns diese ein wenig erläutern?

Pohrt: Nein, Friedensbewegung ist nicht mehr aktuell. Aber ich nenne mal drei Zitate:

»Krieg früher ausgebildet wie Frieden; Art, wie durch den Krieg und in den Armeen etc. gewisse ökonomische Verhältnisse wie Lohnarbeit, Maschinerie etc. früher entwickelt als im Innern der bürgerlichen Gesellschaft. Auch das Verhältnis von Produktivkraft und Verkehrsverhältnissen besonders anschaulich in der Armee.«*

»Der Krieg ist daher die große Gesamtaufgabe, die große gemeinschaftliche Arbeit, die erheischt ist, sei es um die objektiven Bedingungen des lebendigen Daseins zu okkupieren, sei es um die Okkupation derselben zu beschützen und zu verewigen.«**

»Der Krieg ist daher eine der ursprünglichsten Arbeiten jedes dieser naturwüchsigen Gemeinwesen, sowohl zur Behauptung des Eigentums als zum Neuerwerb desselben.«***

F: Sie schreiben in Ihrem Buch, dass der Kapitalismus unabänderlich ist. Ist es nicht ein wenig deprimierend,

* Karl Marx »Einleitung zur Kritik der politischen Ökonomie«, MEW Bd. 13, S. 639

** Karl Marx »Formen, die der kapitalistischen Produktion vorhergehen«, MEW Bd. 42, S. 386

*** ebenda, S. 399.

mehr oder minder auf die selben Ergebnisse wie Jan Fleischhauer und Konsorten zu kommen, die dazu nicht einmal das »Kapital« studieren mussten?

Pohrt: Die Frage ist doch nicht »deprimierend oder erheiternd«, sondern »wahr oder unwahr«. Klar gefällt es mir nicht, dass die Verhältnisse so sind, wie ich sie beschreibe. Aber das ist kein Grund, obendrein noch sich selber zum Affen zu machen, indem man schwachsinnigen Optimismus verbreitet.

F: Natürlich haben die 68er erst einmal für einen Modernisierungsschub in den westlichen Gesellschaften gesorgt: Dieser kam auch genau dann zum stehen, als er für die Wirtschaft nicht mehr profitabel war. Gleichfalls war Marx damals bestimmt mehr Mode als man wahrhaben wollte. Kann man das aber Marx vorwerfen?

Pohrt: Das tut doch keiner. Warum fragen Sie?

F: Sie führen aus, dass es zwischen Christen und Moslems keine unüberbrückbaren Gegensätze gibt und sich im Vergleich zum Christentum der Islam historisch geradezu harmlos ausnimmt. Weiter sollte sich der »aufgeklärte« Westen erst einmal um den Balken im eigenen Auge kümmern, bevor er sich um Islam-Splitter Sorgen macht. Menschenrechtsvorwürfe in Richtung Islam dienten erst einmal dazu, den massiven Unrat der eigenen Vergangenheit unter den Teppich zu kehren. – Kann man aber nicht sowohl das Christentum, die westliche Zivilisation mit ihren riesigen Massakern in der Vergangenheit und der Barbarei in ihren Hinterhöfen und den Islam gleichzeitig und von der selben Warte aus kritisieren?

Pohrt: Nein, kann man nicht, weil die Zusammenhänge viel komplizierter sind. Hier Christentum – dort Islam: So hübsch und übersichtlich sortiert stellt sich das kleine Fritzchen die Welt vor. Ein Irrtum.

Wenn in Ägypten Muslimbrüder und Salafisten Wahlen gewinnen, dann deshalb, weil die Bevölkerung ohne Arbeit in bitterer Armut lebt und Unterstützung nur von Muslimbrüdern und Salafisten bekommt, nicht vom Staat. Das Geld, das die Muslimbrüder und besonders die in der Tat ziemlich unangenehmen Salafisten verteilen können, bekommen sie aus Saudi-Arabien. Dort wiederum sind die Wahhabiten am Ruder, ein Spielart des Islam, die es bequem mit den übelsten evangelikalen Sekten auf christlicher Seite aufnehmen kann. Und die Wahhabiten sind dort am Ruder, weil Saudi-Arabien seiner gigantischen Ölvorkommen wegen ein enger Verbündeter der USA geworden ist, die das Regime mit allen Mitteln stützen.

Saudi-Arabien hat alles, was sich Moslemfresser wünschen: Verbot des Autofahrens für Frauen, Verbot für Frauen, sich in der Öffentlichkeit mit fremden Männern zu zeigen, öffentliche Scharia-Strafen wie Hinrichtungen und Auspeitschungen, Verbot der freien Religionsausübung. Aus Saudi-Arabien kommen die Gelder für Salafisten und Taliban. Es gilt aber nicht als Schurkenstaat und wird vollgepumpt mit Waffen auch aus der Bundesrepublik.

Wer hatte im Iran einen Pfauenthron installiert? Wer hatte Saddam Hussein in seinem Krieg gegen den Iran unterstützt? Wer unterstützte das Mubarak-Regime und ist immer noch Geldgeber für das ägyptische Militär? Allah war und ist es nicht.

Es ist ziemlich blöde, den Moslems Nachhilfeunterricht geben zu wollen, wenn man es nicht mal im eigenen

Land schafft, die Ausfuhr von Waffen nach Saudi-Arabien zu verhindern, die von der saudischen Armee bei der Niederschlagung von Aufständen in Bahrain eingesetzt werden können.

Eine Richtigstellung*

F: »Wolfgang Pohrt, den *Konkret* in den Jahren von 1980 bis 2003 mit dem Abdruck von 118 Beiträgen einer größeren Leserschaft bekannt gemacht … hat«, heißt es in einem kurzen Verriss Ihres Buches »Kapitalismus Forever«, den das Blatt in seiner Maiausgabe brachte. Stimmt das?

Pohrt: Es bestätigt meine Vermutung, dass die Linken zunehmend unter einem ausgeprägt egozentrischen Weltbild und dem damit verbundenen Realitätsverlust leiden. Warum aber *Konkret* sich in diesem Fall eine solche Blöße gibt, ist mir unbegreiflich, weil die Fakten so leicht nachprüfbar sind.

Bekannt wurde ich durch die ganzseitige Rezension meines 1980 erschienenen Bändchens »Ausverkauf« von Wolfram Schütte in der *Frankfurter Rundschau*.** 1981 kam eine zweite Auflage, 6. bis 8. Tausend. Weil ich bekannt war, wurde ich in Gremlizas Auftrag von einer Literaturagentin angesprochen, *Konkret* wolle einen Artikel von mir, ein Blatt, das vorher in meinem Kopf überhaupt nicht präsent gewesen ist, an welches ich mich aus eigener Initiative nie gewendet hätte. So kamen wir ins Geschäft.

* Diese Richtigstellung war ein Selbstinterview, das *Konkret* aus naheliegenden Gründen nicht druckte. Es erschien dann unter dem Titel »Probe aufs Exempel« in der *jungen Welt* vom 3. Mai 2012. (A.d.H.)
** Abgedruckt in Pohrt »Werke Bd. 2«. (A.d.H.)

Die Geschäftsbeziehungen gestalteten sich wechselvoll. Mein wichtigster Artikel damals, »Ein Volk, ein Reich, ein Frieden«, wurde von *Konkret* abgelehnt, Gremliza war noch linientreuer Friedensfreund, verständlicherweise, denn die Heerscharen von Friedensbewegten wurden als potentielle Kunden betrachtet. Ein Grund mehr für die *Zeit*, den Artikel ganz groß herauszubringen. Außerdem erschien er in der *taz*. Dort erschien auch ein anderer Artikel, den *Konkret* nicht bringen wollte, »Deutsche Friedensmahner, polnischer Widerstand«. Der war Gremliza zu antikommmunistisch.

Mein nächstes Rotbuch-Bändchen, »Endstation«, versammelte 1982 daher Artikel, die in der *taz*, in der *Zeit*, in *Konkret* und anderswo erschienen waren. Eine zweite Auflage, 8. bis 9. Tausend, erschien 1983. In der Zwischenzeit hatte ich im *Spiegel* eine Buchkolumne über »Das braune Grün der Alternativen« (Dezember 1980) und eine weitere über Enzensberger (Dezember 1982) untergebracht. Im Februar 1983 hatte an gleicher Stelle Henryk Broder mein Bändchen »Endstation« besprochen.*

Als *Konkret* mich 1984 befristet als Kulturredakteur engagierte, hatte ich also meine größten publizistischen Erfolge schon hinter mir, und ich habe nie mehr daran anknüpfen können.

F: Warum haben Sie danach fast ausschließlich in *Konkret* publiziert und sich nicht nach anderen Publikationsmöglichkeiten umgesehen?

* Unter dem Titel »Die Linke fühlt deutsch« abgedruckt in Wolfgang Pohrt »Werke Bd. 2«. (A.d.H.)

Pohrt: Weil ich immer nur dann nach anderen Publikationsmöglichkeiten gesucht habe, wenn ein Artikel von mir abgelehnt worden war, und bei *Konkret* kam das nicht mehr vor.

F: Ich zitiere nochmal aus den Verriss: »Pech für Pohrt, das nicht vor dreißig Jahren gesagt zu haben – anstatt den gegenteiligen ›Quatsch‹, wie er seine früheren Einsichten jetzt nennt –, er verzehrte heute in einer Villa am Stadtrand die Woche über seine Pension als Professor und polierte am Sonntag sein Verdienstkreuz.« Ihr Kommentar?

Pohrt: Kindisch. Wenn jeder, der den Kapitalismus derzeit für unüberwindbar hält, zum Lohn dafür eine Villa am Stadtrand bekäme, lebten wir im Schlaraffenland.

Die Linken halten ihre antikapitalistische Gesinnung – mehr als Gesinnung ist es ja nicht – für einen Goldschatz, den sie teuer verkaufen könnten, wenn ihre Gesinnungstreue sie daran nicht hindern würde. Gremliza soll doch mal die Probe aufs Exempel machen. Ich wette, dass er für seine Gesinnung nicht mal einen gebrauchten Kleinwagen kriegt.

Der Mensch ist ein bösartiges Tier[*]

F: Herr Pohrt, Sie drohen einen Vortrag in der Volksbühne »Zur Soziologie des Kapitalismus« an, der bei Adam und Eva beginnt und irgendwann in der Gegenwart endet. Castorfs Volksbühnen-Inszenierungen dauern in der Regel mindestens vier Stunden. Wie lange brauchen Sie für Ihren Schnelldurchlauf durch die Menschheitsgeschichte?

Pohrt: Die langen und strapaziösen Theaterabende sollen die Verkürzung der Arbeitszeit kompensieren, als eine Art ausgleichende Ungerechtigkeit. Irgendwo muss der Mensch sich schließlich quälen. Die Kunst hält die Welt im Gleichgewicht, sie funktioniert wie ein Stabilisator. Ich gehe in meinem Vortrag darauf ein. Der Kapitalismus interessiert mich übrigens diesmal kaum, es geht um Geschichte. Die Menschen denken sich eine Geschichte aus, wenn sie sich den Kopf darüber zerbrechen, wie sie wurden, was sie sind. Die Geschichte muss die Gegenwart erklären. Und wenn sie das nicht mehr kann, weil die Zeiten andere geworden sind, muss man sich eine andere Geschichte ausdenken. Das versuche ich.

[*] Das Interview führte Peter Laudenbach. Es erschien im *Tagesspiegel* vom 22. September 2012 und zwar anläßlich eines Vortrags von Pohrt, der auf Initiative von Sophie Rois zustande kam und am gleichen Tag im Sternfoyer der Volksbühne stattfand. (A.d.H.)

F: Der Kapitalismus ist mit rund 200 Jahren ein relativ junges Gesellschaftsmodell und, zumindest für Marx, ein erfreulicher geschichtlicher Fortschritt. Weshalb müssen Sie Adam und Eva und den Sündefall bemühen, um zu erklären, was heute los ist?

Pohrt: Zu Zeiten des Kalten Krieges war es im Westen gängiger Sarkasmus, die DDR ein »Arbeiterparadies« zu nennen. Eine Skala mit der Hölle als Minimum und dem Himmel als Maximum ist unausgesprochen der Maßstab, an dem wir die irdischen Verhältnisse messen. Sie liegen irgendwo in der Mitte. Wenn sich der Wert in Richtung Himmel verschiebt, sprechen wir von Fortschritt, obgleich das eigentlich ein Rückschritt ist. Im Paradies haben Adam und Eva nie Hunger gelitten. Wenn es wieder so wird, ist das ein Schritt dorthin. Dies Motiv ist viel älter als der Kapitalismus und war die Voraussetzung für seinen überwältigenden Erfolg. Er versprach den Menschen die Befreiung von irdischer Not schon im Diesseits durch fortwährende Steigerung der Produktivität und wurde deshalb die erfolgreichste Religion aller Zeiten. Natürlich prägt er die Menschen. Aber umgekehrt hatten die Menschen auch ihn geprägt. Schließlich hatten sie selbst und kein Anderer vom fremden Stern ihn hervorgebracht. Das wird zu oft vergessen.

F: Was Sie sagen, klingt als sei der Kapitalismus schlicht die logische Folge anthropologischer Konstanten. In dieser Perspektive kann die Gesellschaftskritik einpacken und das Feld den Evolutionsbiologen überlassen, oder?

Pohrt: Im Gegenteil. Wenn ich weiß, dass die Natur mir eine übergroße Neigung zu Jähzorn oder Trübsinn ins Erbgut packte, kann ich Präventivmaßnahmen ergreifen, zum Beispiel keine geladene Pistole rumliegen lassen, oder ich kann meinen Verstand abschalten, wenn es mich wieder überkommt. Ich sollte meine Marotten, ob angeboren oder erworben ist ganz egal, als solche erkennen, um die Welt und mich selbst vor ihnen schützen zu können. Zu diesen Marotten gehört wohl auch der Drang, ein Paradies auf Erden zu errichten. Sie werden es vielleicht als anstößig empfinden, was der Romancier Joseph Conrad schrieb: »Der Mensch ist ein bösartiges Tier. Seine Bösartigkeit muss organisiert werden. Das Verbrechen ist eine notwendige Bedingung der organisierten Existenz.« Dabei begründet Conrad mit diesem Statement doch eigentlich nur die Notwendigkeit einer demokratischen Kontrolle des Staates und den Sinn einer Balance of Power zwischen seinen Gliederungen.

F: Entdecken Sie im Alter wie Jürgen Habermas das Interesse an der Religion, oder weshalb lautet der Titel Ihres Vortrags alttestamentarisch »Die Vertreibung aus dem Paradies«?

Pohrt: Weil er mir gefällt. Und weil die Menschheit sich wie ein gigantischer Heimatvertriebenenverband verhält. Die Vertriebenen wollen immer dorthin zurück, wo sie angeblich mal gewesen sind, und wo sie es gar nicht aushalten würden, wenn sie dort ankämen. Natürlich bekommt die Geschichte bei mir eine nicht ganz bibelkonforme Pointe. Von Habermas weiß ich nichts. Ist er fromm geworden? Ich verstehe das, die Bibel ist bedeutend lebhafter als seine Bücher.

F: Was ist so schlimm am Garten Eden und an der Phantasie glücklichen Müßiggangs für alle?

Pohrt: Für ein funktionierendes Paradies braucht man Engel. Die Menschen sind keine. Wenn man sie ins Paradies schafft, wird's die Hölle. Es hat schon seinen Grund, dass dort nur Verstorbene aufgenommen werden. Sündigen können die nicht mehr.

F: Sie arbeiten sich in Ihren Büchern seit Jahrzehnten an der generationsspezifischen Prägung durch 1968 ff. ab. Sind die nebligen Utopien von damals für Sie desavouiert?

Pohrt: Mich abarbeiten ist etwas, das ich grundsätzlich nicht mache. Etwas abarbeiten tut man im Büro, ich habe keins. »Generationsspezifische Prägung«? Das ist Ihre Journalisten-Schmalspursoziologie. Damals wie heute versuche ich, die Gegenwart zu verstehen. Ideen sind immer zeitbedingt, die damaligen genau so wie die von heute. An eine Gesellschaft ohne Sieger und Verlierer glaube ich heute tatsächlich nicht mehr. Die Menschen sind Glücksritter und Spieler. Sie wollen nicht nur leben, sondern auch gewinnen. Man kann nur die Spielregeln ändern und dafür sorgen, dass Leute, die beim Gewinnspiel nicht mitmachen wollen oder können, deshalb nicht in Armut leben müssen.

F: Das klingt, als sei ein halbwegs funktionierender Sozialstaat alles, was Sie sich politisch noch erhoffen.

Pohrt: Eine andere Möglichkeit sehe ich im Augenblick wirklich nicht. Aber wenn ich keine sehe, heißt das nicht, dass es keine gibt. Große Veränderungen geschehen immer dann, wenn sie keiner erwartet. Das sieht man am arabischen Frühling oder dem Zusammenbruch des Ostblocks. Für völlig ausgeschlossen halte ich nur, dass die kommende Gesellschaft wird, wie sie Marx skizziert hat: »Morgens zu jagen, nachmittags zu fischen, abends Viehzucht zu treiben, nach dem Essen zu kritisieren, wie ich gerade Lust habe«. Das würde den Menschen langweilig werden. Aber es werden andere Zeiten kommen, und man wird wieder eine andere Geschichte erfinden.

Wie Adorno und Horkheimer mich vor einen Studienabbruch bewahrten*

Gesellschaft ist, wenn es wehtut. Sie ist eine gigantische Knochenmühle, aber noch schlimmer ist es, wenn man draußen steht und nicht dazugehört. Es gibt kein Entkommen. Das ist eine Erfahrung, die jeder macht, mag er auch auf Rosen gebettet sein. Normalerweise wird diese Erfahrung schnell verdrängt und erst bewusst in schweren Stunden. Umständehalber war in meinem Fall das Verdrängen nicht so leicht.

Aus sehr privaten Gründen hatte ich mitten in der Abiturklasse im Herbst 1964 das Gymnasium in Süddeutschland abgebrochen, war von daheim abgehauen und Hilfsschlosser bei Siemens in Berlin geworden. Die vom Arbeitgeber zur Verfügung gestellte Werksunterkunft war ein trübes möbliertes Zimmer bei einer Schusterwitwe, die mich am Samstagabend einlud, mit ihr Peter Frankenfeld zu gucken. Die Straße war in Siemensstadt und hieß Kapellensteig, gegenüber war ein Bestatter mit Särgen im Schaufenster.

An eine betriebliche Jubiläumsfeier für einen altgedienten Mitarbeiter erinnere ich mich noch. Der arme Tropf hatte 40 oder 50 Jahre Betriebszugehörigkeit auf dem Buckel, und man sah sie ihm an. Ich hatte einen

* Der letzte autobiografische Text, den Wolfgang Pohrt geschrieben hat, entstand Ende 2014 auf Nachfrage von Dirk Braunstein. (A.d.H.)

Blick in meine eigene Zukunft geworfen, davon wurde mir schlecht. Ich schaute rüber zu einem mit mir gleichaltrigen Kollegen, ob es ihm auch so ging. Das tat es. Er machte eine Geste, die besagen sollte: »Da kann man sich ja gleich aufhängen.«

Das tat ich nicht, kündigte stattdessen bei Siemens, schrieb mich in einer privaten Abendschule ein und lebte von Gelegenheitsjobs. Damals gab es in Berlin eine »Reifeprüfung für Schulfremde«. Ich bestand sie und konnte studieren. Physik war am Gymnasium mein Lieblingsfach gewesen, aber das kam jetzt nicht mehr infrage. Ich wollte wissen, warum die Menschen ein ungelebtes Leben hinnehmen und dachte, Psychologie sei für diese Frage das zuständige Fach. Meine schlechten Noten verhinderten Konsequenzen aus dieser fatalen Fehleinschätzung, für Psychologie hätte man bessere gebraucht. Ersatzweise wählte ich Soziologie, damals ein Fach ohne Zugangsbeschränkungen.

Mit Studienbuch und Studentenausweis begann die Resozialisierung, ich war wieder *drin,* konnte auf die Frage, was ich sei, eine den Frager zufriedenstellende knappe Antwort geben, während ich zuvor einen ganzen Roman hätte erzählen müssen. Aus dem Paria *Schulabbrecher & Gelegenheitsarbeiter* war ein anerkanntes Mitglied der Gesellschaft geworden, ein Student. Das machte sich beim Trampen und bei der Jobsuche viel besser.

Am faktischen Leben änderte sich wenig. Ich bekam Stipendium nach dem Honnefer Modell, aber das waren ungefähr 200 Mark im Monat, und die nur in der Vorlesungszeit, man musste also jobben. Aber auch ohne Job fuhr ich bald nur noch zum Abfuttern meiner Sozialessensmarken für die Mensa zur FU.

Als Junge hatte ich kiloweise Groschenhefte verschlungen, jetzt las ich Dostojewski. Mit diesem Bildungshintergrund, also von Spannendem verwöhnt, hält man Soziologie an der Uni gar nicht durch. Die Langeweile ist hochkonzentriert wie reine Schwefelsäure und wäre in hundertfacher Verdünnung noch unbekömmlicher. Man bräuchte das Naturell eines Krokodils, das tagelang im Schlamm liegend auf seine Beute warten kann, ohne dass ihm je langweilig würde.

Die Dozenten schreckten vor keiner Banalität zurück, »Einführung in die strukturell-funktionale Theorie« hieß ein Highlight an Dreistigkeit in diesem Sinn. Es wurde immer nur eingeführt, dabei wäre Abführen viel nötiger gewesen. Struktur und Funktion stehen in einem Zusammenhang, hieß die Botschaft. Aber dass ein Tomatenmesser anders gebaut ist als eine Käsereibe, weiß eigentlich jeder. Um es auch zu wissen, braucht der Soziologe ein paar Regalmeter Fachliteratur und viele weitschweifige Belege. Offensichtlich hat sich bei ihm der Groschen im Schacht verklemmt. In einer Stunde Physikunterricht am Gymnasium habe ich mehr gelernt als an der Uni in einem Semester.

Ich stand wieder mal vor der Frage, ob ich abbrechen oder durchhalten sollte, und beschloss, der Soziologie eine letzte Chance zu geben. Dabei ging ich systematisch vor.

Was ist Soziologie überhaupt? Soziologie ist ein großer Haufen Bücher. Die wichtigsten sollte ich vielleicht mal lesen, und die würde ich in der kleinen Seminarbibliothek finden, wo die Bände im Regal standen und man sie sofort und ohne Umstände entleihen konnte.

Wegen der alphabetischen Reihenfolge war beim ersten Stapel, den ich heimschleppte, auch ein schmales graues Bändchen der mir damals vollkommen unbekannten Autoren Adorno und Horkheimer, die »Dialektik der Aufklärung«. Vielleicht hatte ich das Buch gleich in den ersten Stapel gepackt, weil mir der Umfang sympathisch war, es handelte sich um die Originalausgabe vom Querido Verlag in Amsterdam.

Ich verstand alles und nichts, weil ich viele Vokabeln gar nicht kannte und nur aus dem Zusammenhang auf ihre Bedeutung schließen konnte. Die Fremdwörter schrieb ich auf, wenn ich mich nachts durch das Büchlein durchbiss, um sie am nächsten Tag in der Unibibliothek nachzuschlagen. Das machte mir überhaupt keine Mühe, sondern war ein Vergnügen wie die Lösung eines interessanten Rätsels, eigentlich Detektivarbeit. Ich las das Buch wie einen Krimi, es hielt mich nächtelang wach. Ich glaubte, eine ungeheure Willenskraft und einen tiefen Ernst zu spüren, das Gegenteil von der mir zutiefst verhassten üblichen infantilen akademischen Gemütlichkeit, und stellte mir Adorno und Horkheimer als Menschen vor, die Büchner mit einem aufgeklappten Rasiermesser verglichen hatte. Sie waren das genaue Gegenteil, keine Fanatiker, sondern Genießer. Unbestechlich, wie ich denke, aus Eigennutz, weil sie wussten, dass ihre Gedanken unbezahlbar, nicht in Gold aufzuwiegen waren.

Sie erwiesen sich später gegen Gefallsucht resistent und haben ihre Bewunderer in der Protestbewegung, die sie mit einem freundlichen Wort hätten um den Finger wickeln können, stets unnachsichtig kritisiert, statt wie manche andere als jugendbewegte Greise durch die Manege zu turnen und die Massen, deren Diktat sie sich unterwarfen, wie Popstars zu begeistern. Adorno und Horkheimer erkannten in der frühen Protestbewegung schon den konformistischen Schrott, als der sie sich viel später entpuppen sollte.

Der Krimi ging weiter, als ich die zweibändige Ausgabe der »Authoritarian Personality« in die Hand bekam. Es gab sie damals nur auf Amerikanisch, und von empirischer Sozialforschung hatte ich keine Ahnung. Ich wurde ein Student, wie man sich ihn vorstellt: Einer, der nächtelang mit heißen Ohren wissenschaftliche Bücher verschlingt und mit sich selbst um die Wahrheit ringt. Ein Studienabbruch stand nicht mehr zur Debatte.

Pressestimmen:

»Das ist, wie immer bei Wolfgang Pohrt, um ein paar Klassen besser als das, was man sonst lesen muß.«

Hans Magnus Enzenberger über »Kapitalismus Forever«

»Diese Unbedingtheit auch der eigenen Vergangenheit gegenüber – ohne zu Kreuze zu kriechen – macht Pohrt keiner nach. Insofern sind seine defätistischen Reflexionen Aufklärung im besten Sinne. Man kann so etwas nicht jeden Tag lesen. Aber es ist ab und an gut, um das Hirn durchzupusten. Pohrt bringt einen zum Denken. Das ist das Beste, was sich über sein Buch sagen läßt.«

Rudolf Görtler, *Fränkisches Tagblatt*, 2012

»›Was trifft, trifft auch zu‹, sagt Karl Kraus. Wenn das stimmt, ist Wolfgang Pohrt wohl der treffsicherste Autor deutscher Sprache. Rücksichten kennt er keine. Widersprüche, auch eigene, hält er aus. Selbst, wo er sich im Nachhinein korrigieren muß, behält er am Ende recht. [...] Sein aktuelles Buch zur Dauerkrise könnte man kühl als marxistisch geschulten Assoziationsrap klassifizieren. Aber das ginge am Wesentlichen vorbei. Es gibt Passagen darin, die man sich, sofern kein Wutbürger anwesend ist, laut vorlesen möchte. So klug, so klar, so heiter.«

Malte Lehming, *Tagesspiegel* vom 13.2.2012

»Dieser Mann hat keine Ahnung.« – »Wer hat denn diesem vertrockneten Gehirn die Freude gemacht, sich so

blamabel auskotzen zu dürfen?« – »Durchgeknallte Typen wie dieser Wolfgang Pohrt.« – »Ein offensichtlich geisterkranker Schreiberling.« – »Eine abstoßende Manifestation von Haß und Ignoranz.« – »Die prätentiöse Geschwätzigkeit Ihres Kolumnisten Pohrt wird nur noch durch seine Dummheit übertroffen.« – »Unfassbar!« – »Sein Pamphlet ist als absoluter Schwachsinn zu betrachten.« – »Geistiger Dünnpfiff.« – »Kranke, unausgegorene Fantasien!« – »Klägliches Geschmiere.« – »Es reicht, ihr linksfaschistisches pack überschreitet so langsam die grenze des erträglichen, den bullshit von Wolfgang Pohrt abzudrucken.«
Leserbriefzuschriften an den *Tagesspiegel*, der am 5. Februar 2012 ein Kapitel aus Pohrts Buch »Kapitalismus Forever« vorabdruckte

»Wolfgang Pohrt verabschiedet sich vom Marxismus. Witziger wäre es, er würde sich vom schlechten Wetter verabschieden, denn sein Hauptvorwurf an den Marxismus lautet, daß er nichts bringt.«
Christof Meueler, *junge Welt* vom 15.3.2012

»Wolfgang Pohrt, den *Konkret* in den Jahren von 1980 bis 2003 mit dem Abdruck von 118 Beiträgen einer größeren Leserschaft bekannt gemacht und dem der Betrieb wegen Frechheit – genauer: wegen Unanstelligkeit – jeden Dank in Form von Anstellung in Institut oder Redaktion versagt hat, hat vor kurzem ein Pamphlet mit dem Titel ›Kapitalismus Forever‹ vorgelegt, das ihn spät, aber nicht zu spät neben den anderen Gefallenen des Bürgerkinderkriegs von 1968 ff. beisetzt: ›Überhaupt‹, hat er auf seinen Grabstein gemeißelt, ›kann man den Kapitalismus nur bewundern, je länger man sich mit ihm befasst. Marx ging es wohl ganz ähnlich, er hat am Ende nicht mehr gewusst, durch was man ihn ersetzen könne.‹ Pech für Pohrt, das nicht vor dreißig Jahren gesagt zu haben – anstatt den gegenteiligen ›Quatsch‹, wie er seine früheren Einsichten jetzt nennt –, er verzehrte heute in einer Villa am Stadtrand die Woche über seine Pension als Professor und polierte am Sonntag sein Verdienstkreuz. Ersatzweise gibt Pohrt nun den volksnahen Feind aller Theorie, der das *Konkret*-Streitgespräch über die Krise des Kapitals ein ›sinnfreies akademisches Geschwätz‹ schimpft, als hieße er Franz Josef Wagner, und den Proleten Feuer unterm Hintern machen möchte, als wäre er der Hans-Olaf Henkel.« *Konkret* 5/12

»Pohrt war einst ein gefürchteter linksradikaler Polemiker, der geschliffen mit dem Besteck der Kritischen Theorie operierte und sich seine Feinde gern im eigenen Lager machte. [...] Pohrt bedient sich recht rabiater dialektischer Kunstgriffe. Das verleiht dem Text häufig eine satirische Tönung.«

Mark-Stefan Tietze, *Süddeutsche Zeitung* vom 18.9.2012

»Heute hält Pohrt es – wenn zwar nicht affirmativ, so doch in der Abwesenheit von transzendierenden Gedanken – mit dem Sieger der Geschichte, dem Kapitalismus.« Theodora Becker, *jungle world* vom 28.3.2013

»Für den Medien- und Talkshow-Zirkus ist er zu klug und zu schlecht gelaunt, und offenbar hat er bislang auch kein gesteigertes Interesse daran gezeigt, sich diesem anzudienen oder sich jenen Ex-Genossen anzuschließen, die heute im Springer-Konzern ihre Gesäße an der Heizung wärmen.«

Thomas Blum, *Neues Deutschland* vom 11./12.5. 2013

Register

Wolfgang Pohrt
Werke in 11 Bänden

Herausgegeben von Klaus Bittermann

Über 40 Jahre hat Wolfgang Pohrt viele wichtigen Debatten in der linken, linksliberalen, bürgerlichen und feuilletonistischen Öffentlichkeit mit seinen brillanten Kulturkritiken und Gesellschaftsanalysen beeinflusst, zugespitzt und dabei in der Regel alle gegen sich aufgebracht. Zeit also, die z.T. schon lange vergriffenen Bücher zusammen mit Unveröffentlichtem in einer Werkausgabe neu zugänglich zu machen.

Bd. 1: Theorie des Gebrauchswerts, 1976, überarbeitete Fassung von 1995, erweitert um eine »Vorbemerkung«, »Nutzlose Welt«, »Vernunft und Geschichte bei Marx«, Texte zur Wissenschaftspolitik und um einige Seminarpapiere. Mitherausgeber: Arne Kellermann, 592 Seiten, 32.- Euro

Bd. 2: Ausverkauf (1980) & Endstation (1982) & frühe Schriften aus den 70ern und Anfang der 80er. Erscheint Herbst 2019, 544 Seiten, 30.- Euro

Bd. 3: Honoré de Balzac. Der Geheimagent der Unzufriedenheit (1981), in der erweiterten und überarbeiteten Fassung von 2012. 2. Auflage, 144 Seiten, 18.- Euro

Bd. 4: Kreisverkehr, Wendepunkt & Stammesbewußtsein, Kulturnation (1984) und andere unveröffentlichte Texte (1982-1984). 584 Seiten, 30.- Euro

Bd. 5.1: Zeitgeist, Geisterzeit (1986) und andere unveröffentlichte Texte (1985-1986). 360 Seiten, 26.- Euro

Bd. 5.2: Ein Hauch von Nerz (1989) und andere unveröffentlichte Texte (1987-1989). 352 Seiten, 26.- Euro

Bd. 6: Der Weg zur inneren Einheit. Elemente des Massenbewußtseins – BRD 1990 & andere Texte. 472 Seiten, 30.- Euro

Bd. 7: Das Jahr danach. Ein Bericht über die Vorkriegszeit & andere Texte aus 1990-1992. 528 Seiten, 30.- Euro

Bd. 8.1: Harte Zeiten (1994) und andere Texte 1992-1997. 312 Seiten, 26.- Euro

Bd. 8.2: Brothers in Crime. Die Menschen im Zeitalter ihrer Überflüssigkeit & Interviews (1996). 312 Seiten, 26.- Euro

Bd. 9: FAQ. Zoff im Altersheim, Ergänzungstexte & Vorträge, 1998-2004, ca. 380 Seiten, ca. 28.- Euro

Bd. 10: Kapitalismus Forever & Das allerletzte Gefecht & Schöne neue Welt & Wie Adorno und Horkheimer mich vor einem Studienabbruch retteten & Interviews. Texte 2011-2014, 312 Seiten, 22.- Euro

Bd. 11: Briefe & Bibliographie. Ca. 400 Seiten. Erscheint als Abschlussband 2022

Klaus Bittermann, »Der intellektuelle Unruhestifter Wolfgang Pohrt. Die Biographie«, erscheint Herbst 2021, ca. 400 Seiten, ca. 30.- Euro

Aus der Reihe Critica Diabolis

21. *Hannah Arendt,* Nach Auschwitz, 13,- Euro
45. *Bittermann (Hg.),* Serbien muss sterbien, 14.- Euro
65. *Guy Debord,* Gesellschaft des Spektakels, 20.- Euro
129. *Robert Kurz*, Das Weltkapital, 18.- Euro
171. *Harry Rowohlt, Ralf Sotscheck*, In Schlucken-zwei-Spechte, 15.- Euro
210. *Berthold Seliger*, Das Geschäft mit der Musik, 18.- Euro
216. *Ingo Müller*, Furchtbare Juristen, 22.- Euro
223. *Mark Fisher*, Gespenster meines Lebens, 20.- Euro
225. *Eike Geisel*, Die Wiedergutwerdung der Deutschen, 24.- Euro
231. *Funny van Dannen*, An der Grenze zur Realität, 16.- Euro
235. *Wiglaf Droste & Nikolaus Heidelbach*, Nomade im Speck, 18.- Euro
245. *Ralf Höller*, Das Wintermärchen. Münchner Räterepublik, 20.- Euro
246. *Mark Fisher*, Das Seltsame und das Gespenstische, 18.- Euro
248. *Wiglaf Droste*, Kalte Duschen, warmer Regen. Neue Glossen, 16.- Euro
251. *Georg Seeßlen*, Is This the End? Pop-Kritik 16.- Euro
253. *Wolfgang Pohrt*, Werke Bd. 10, Kapitalismus Forever & Texte, 22.- Euro
254. *Wolfgang Pohrt*, Werke Bd. 3, Honoré de Balzac, 18.- Euro
256. *Jan-Christoph Hauschild*, Das Phantom, B. Traven, 24.- Euro
257. *Joe Bauer*, Im Staub von Stuttgart, Ein Spaziergänger erzählt, 16.- Euro
258. *Simon Bowowiak*, Frau Rettich, die Czerni und ich, 16.- Euro
259. *Funny van Dannen*, Die weitreichenden Folgen des Fleischkonsums, 16.-
260. *Wolfgang Pohrt*, Werke Bd. 5.1, Zeitgeist & Texte 85-86, ca. 26.- Euro
261. *Wolfgang Pohrt*, Werke Bd. 5.2, Hauch von Nerz & Texte 87-89, 26.-
262. *Wolfgang Pohrt*, Werke Bd. 4, Kreisverkehr & Texte 82-84, 30.- Euro
263. *Carl Cederström*, Die Phantasie vom Glück, 18.- Euro
264. *Claudius Seidl*, Die Kunst und das Nichts, Feuilleton, 18.- Euro
265. *Berthold Seliger*, Vom Imperiengeschäft, Musikindustrie, 20.- Euro
266. *Léon Poliakov*, St. Petersburg – Berlin – Paris, Memoiren, 24.- Euro
267. *Wolfgang Pohrt*, Werke Bd. 2, Ausverkauf & Endstation u.a. Texte, 30.-
268. *Wolfgang Pohrt*, Werke Bd. 1, Theorie des Gebrauchswerts u.a., 32.- Euro
269. *Klaus Bittermann*, Einige meiner besten Freunde & Feinde, 20.- Euro
270. *Martha Gellhorn*, Der Blick von unten, Reportagen Bd. 1, 28.- Euro
271. *Eike Geisel*, Die Gleichschaltung der Erinnerung, Essays, 26.- Euro
272. *Mark Fisher*, k-punk, Nachgelassene Schriften (2004-2016), ca. 30.- Euro
273. *Fritz Eckenga*, Das Ende der Ahnenstange. Erschöpfungsgeschichten, 14.-
274. *Wiglaf Droste*, Die schweren Jahre ab dreiunddreißig, 18.- Euro
275. *Martha Gellhorn*, Das Gesichtdes Friedens, Reportagen Bd. 2, 32.- Euro
276. *Wolfgang Pohrt*, Werke Bd. 7, Das Jahr danach & Texte, 30.- Euro
277. *Iris Dankemeyer*, Die Erotik des Ohrs. Emanzipation nach Adorno, 30.-
278. *Wolfgang Pohrt*, Werke Bd. 6, Massenbewusstsein BRD 1990, 30.-
279. *Heiko Werning*, Wedding sehen und sterben, Geschichten, 16.- Euro
280. *Pascal Bruckner*, Der eingebildete Rassismus, Islamophobie, 24.-
281. *einzlkind*, MINSKY, Roman über die künstliche Intelligenz, ca. 20.-
282. *Wolfgang Pohrt*, Werke Bd. 8.1, Harte Zeiten & Texte, 26.- Euro
283. Amerikanische Korrespondenten berichten aus Nazi-Deutschland, 20.-
284. *Caroline Fourest*, Generation Beleidigt, 18.- Euro
285. *Peter Schneider*, Follow the Science? Gegen Verschwörungstheorien, 16.-

http://www.edition-tiamat.de